FRAGMENTS

BIBLIOTHÈQUE DES TEXTES PHILOSOPHIQUES

Fondateur Henri GOUHIER Directeur Emmanuel CATTIN

Alcméon de Crotone

FRAGMENTS
TRAITÉ SCIENTIFIQUE EN PROSE OU POÈME MÉDICAL ?

Nouvelle édition traduite des fragments, introduction et notes

par

MAGALI ANNÉE

Ouvrage publié avec le concours
du Centre national du livre

PARIS
LIBRAIRIE PHILOSOPHIQUE J. VRIN
6 place de la Sorbonne, V[e]

2019

Imprimé en France

ISSN 0249-7980
ISBN 978-2-7116-2944-2

www.vrin.fr

πειράσθω θυμὸν
(Tyrtée, fr. 1, 44 Année [= 12, 44 West])

POUR UNE RÉINTERPRÉTATION RYTHMIQUE DES FRAGMENTS D'ALCMÉON[1]

1. Je tiens ici à reconnaître ma dette envers Stavros Kouloumentas dont les deux conférences prononcées au Centre Léon Robin (UMR 8061) dans le cadre du Séminaire Présocratique, « Alcmaeon and his addressees » (Centre Léon Robin, Paris, 20/06/2015 = Kouloumentas 2018) et « Reconsidering some *dubia* : Alcmaeon, Alcman or Anaxagoras ? » (Centre Léon Robin, Paris, 19/09/2015), ont en quelque sorte servi de déclencheur aux analyses que j'ai menées et à l'édition subséquente que celles-ci ont rendue nécessaire. Il va sans dire que cette dernière ne prétend supplanter en aucune manière l'édition complète et commentée que prépare Stavros Kouloumentas. Qu'il soit donc remercié d'avoir ouvert, sans le savoir, un chemin à l'hypothèse parallèle et complémentaire que suggère le présent ouvrage.

Introduction

Dans son commentaire au traité d'Hermogène *Sur les Catégories du Style*, Jean le Siciliote, rhéteur byzantin du tout début du XIe siècle, nous livre un témoignage assez rare qui souligne, de façon inattendue, l'égale puissance du rythme dans les élégies d'exhortation de Tyrtée et dans les airs spondaïques des Pythagoriciens. Les lignes qui précèdent précisent qu'il existe différents facteurs capables de transformer la prose en périodes rhétoriques, et c'est en premier lieu le *rythme* qui se trouve ainsi mentionné :

Jean le Siciliote, *Commentaire au traité d'Hermogène*, Sur les Catégories du Style (Walz 1832-1836, vol. 6, p. 138, 25-139, 5) = Tyrtée, *test.* 26 (Année) :

Εἰ δὲ καὶ τοῦ ῥυθμοῦ ὡς παρακολουθοῦντος ἐμνημόνευσε, διὰ τοὺς ἀντικειμένους τοῦτο πεποίηκε μουσικούς, οἵ τὴν πρώτην αὐτοὶ τάξιν ἀπονέμουσιν εἰκότως, ὅτι περὶ μόνην τὴν αἴσθησιν καταγίνεται, καὶ οὐ περαιτέρω τῆς ἀκοῆς, ὡς ὁ λόγος διαβαίνει. Πλὴν ὅτι **ἰσχυρός ἐστιν ὡς ἀληθῶς παρ' αὐτοῖς ὁ ῥυθμὸς**, ὡς καὶ ἠθῶν ἀλόγων περιγινόμενος, καὶ ταῦθ' αἱ ἱστορίαι διδάσκουσι, καὶ γὰρ ὁ τὸν Σαοὺλ ἄγχων δαίμων τῇ τοῦ Δαυὶδ ἀνεκόπτετο λύρᾳ, καὶ Ἐλλισσαῖος πρὸς τὸ ἱλαρὸν καὶ εὔθυμον διεχέθη · οὕτω καὶ Λακεδαιμόνιοι πάντα τὸν χρόνον ὑπὸ τῶν Μεσσηνίων ἡττώμενοι **τοῖς Τυρταίου ποιήμασιν ἀνελάμβανον τὸν θυμὸν καὶ ἐνίκων, καὶ οἱ Πυθαγόρειοι δὲ σπονδειακῷ μέλει τὰ πάθη τῆς ψυχῆς ἀντιπαρῇδον**.

Si (la modification [ἐξάλλαξις]) concerne le rythme accompagnant (les séquences prosodiques [κῶλα]), cela se fait alors au moyen d'un réseau de correspondances musicales, lesquelles organisent elles-mêmes de façon appropriée le premier ordonnancement, à savoir, celui qui s'attache à la seule perception, et par-dessus lequel, puisqu'il ne dépasse pas la sensation auditive, la raison passe. À moins, toutefois, que **le rythme, dans ces séquences, ne soit assez véritablement vigoureux** pour s'emparer des caractères en mal de raison, comme l'histoire nous l'enseigne : quand, en effet, l'esprit malin oppressait Saül, c'est la lyre de David qui le repoussait, et par elle, Élisée se sentait pénétré de joie et de ferveur. De même, les Lacédémoniens, tout le temps qu'ils le cédaient aux Messéniens, **c'est grâce aux poèmes de Tyrtée qu'ils retrouvaient leur ardeur et la force de triompher, et les disciples de Pythagore, c'est par la modulation spondaïque de leurs chants qu'ils repoussaient les souffrances de l'âme.**

Replacé dans la tradition néo-platonicienne qui nous a transmis les doctrines de l'ancien pythagorisme, le rapprochement ici établi entre les Lacédémoniens de Tyrtée et les disciples de Pythagore n'a en fait rien de surprenant : si Plutarque a pu souligner que c'est bien sur la partie irrationnelle de l'âme (τὸ ἄλογον τῆς ψυχῆς) que les mélodies des Pythagoriciens exerçaient leur pouvoir d'« enchantement »[1], de leur côté Porphyre et Jamblique ont insisté, l'un, sur le fait que parallèlement aux rythmes et aux mélodies, les premiers Pythagoriciens usaient de chants incantatoires pour agir aussi bien sur le corps que sur l'âme[2], l'autre, surtout, sur ce que leur thérapie musicale, par-delà la *katharsis* elle-même, n'avait finalement pas d'autre but que de conduire à l'ἀνδρεία[3], ce « courage » dont Platon ne fait certes que la quatrième composante de sa vertu globale mais qui, chez Tyrtée, constitue précisément l'ἀρετή suprême

1. Dans le *De Iside et Osiride* (384 A 4-5), Plutarque dresse une comparaison entre certaines exhalaisons propices aux rêves et les rythmes par lesquels les Pythagoriciens « enchantaient et ainsi soignaient la partie émotive et irrationnelle de l'âme » (οἷς ἐχρῶντο… οἱ Πυθαγόρειοι, τὸ ἐμπαθὲς καὶ ἄλογον τῆς ψυχῆς ἐξεπᾴδοντες οὕτω καὶ θεραπεύοντες).

2. Comme le fait remarquer A. Provenza (2015, p. 97), Porphyre (*Vita Pythagorae*, 30 et 33), à la différence de Jamblique, « never uses *katharsis* in reference to the effects of music on those who listen to it, and instead attributes its healing function to the power of the rhythms and the melodies, as well as to spells (ῥυθμοῖς καὶ μέλεσι καὶ ἐπῳδαῖς), or he expressly speaks of music as θεράπεια ('care') and παραμυθία ('comfort'), referring the first action to the body and the second to the soul ».

3. Si Jamblique semble insister sur la fonction éminemment *kathartique* de la musique pythagoricienne – « as a liberation from disturbances and from a pathological state of depression and dejection » (Provenza 2015, p. 102) – son effectivité s'exprime davantage en termes de « correction » et de « transformation » (*ibidem*, p. 113), et cette transformation vise en particulier à réduire à la mesure (ἄχρι τοῦ μετρίου) les emportements du θυμός pour les « accorder aux valeurs du courage viril », σύμμετρα πρὸς ἀνδρείαν ἀπειργάζοντο, (*De vita Pythagorica* 225, 5-6). Concernant la fonction *kathartique* de la musique et le lien que celle-ci entretient avec la médecine, voir notamment Neubecker 1990, p. 162-168. Parmi les nombreuses sources attestant que, pour les Pythagoriciens, la musique était à l'âme ce que la médecine était au corps, on peut mentionner Aristoxène, fr. 26 Wehrli (= *FGrHist* 566 F 32) ; Strabon, *Géographie* I, 2, 3 ; Ps.-Plutarque, *De musica* 1146 E-1147 A ; Athénée, *Deipnosophistes* XIV, 627 e. Concernant la diversité des pratiques instrumentales et musicales selon les fonctions qui leur étaient assignées, ainsi que le processus de théorisation qui leur est lié dès la seconde génération pythagoricienne, à Tarente, voir Lupo 2014.

à laquelle les citoyens-guerriers de Sparte étaient tenus de parvenir *en éprouvant* et *en faisant la preuve* de leur θυμός (πειράσθω θυμὸν)[1].

Pourtant, en dépit de ce genre de correspondances naturellement proposées par certaines sources anciennes, et malgré les efforts croissants de spécialistes de plus en plus nombreux pour abolir la dichotomie traditionnelle entre « poètes » et « philosophes » à l'époque archaïque[2], celle-ci demeure encore suffisamment vivace pour qu'on continue de penser qu'un poète comme Tyrtée ne pouvait rien avoir de commun avec un penseur comme Pythagore, de la même manière qu'on reste convaincu qu'Alcméon, pour être l'inventeur de la médecine scientifique[3], n'en fut

1. Pour la nature du rapport qui relie, sans aucun doute étroitement, la quatrième vertu de Platon au courage de Tyrtée, voir Année 2017, *Colophon*, p. 957-978.

2. Après un premier pas accompli par les différents articles de l'ouvrage Laks, Louguet 2002 et les remarques introductives d'A. Laks lui-même sur la notion de « présocratique » (Laks 2002), je pense ici, surtout, à la salutaire persévérance des travaux de M. L. Gemelli Marciano attachés à saper les fondements de l'idée rationnelle et moderne de « philosophie présocratique » (*cf.* Gemelli Marciano 2002, 2007, 2008, 2012, 2014 et 2013 qui constitue une belle synthèse de son approche et de sa méthode), à l'article de G. Most (2011) et aux deux ouvrages collectifs Desclos, Fronterotta 2013 et Desclos 2017 respectivement consacrés à montrer quels authentiques *poïètes* et σοφοί étaient tout à la fois lesdits « philosophes » et « poètes » de la période archaïque. J'ajouterai encore les réflexions anthropologico-musicales de S. Klotz (2014) qui, pour comprendre l'absence de toute spécialisation et de toute frontière entre « poètes-philosophes », « chanteurs épiques » et « théoriciens de la musique », propose de repenser la vaste « culture de l'action immédiate » qui caractérise la période archaïque en termes de « réciprocité » et de « complémentarité », l'un et l'autre découlant selon lui de l'idée fondamentalement grecque et fondamentalement musicale de σύμ-μετρον.

3. Tandis que Diogène Laërce (fr. **T1** = 24 A 1 DK ; pour la numérotation des fragments ici adoptée, voir p. 131-132), tout en présentant Alcméon surtout comme un médecin (τὰ πλεῖστά γε {τὰ} ἰατρικὰ λέγει), le donne également à voir comme un *physiologue* (φυσιολογεῖ ἐνίοτε, φυσικὸν λόγον συγγεγραφέναι), et que, de fait, l'ensemble des fragments le concernant laissent entrevoir un savoir sans doute beaucoup plus *polymathe* – comme celui de presque tous les σοφοί de l'époque archaïque –, la plupart des spécialistes s'accordent à penser et à démontrer que la force et l'originalité de sa pensée tiennent, pour l'essentiel, à son savoir médical et biologique : « la testimonianza di Diogene Laerzio ci conferma che la medicina era il prevalente interesse di Alcmeone : καὶ τὰ πλεῖστά γε ἰατρικὰ λέγει » (Fausti 1973, p. 91 ; voir également Gemelli Marciano 2007, p. 21). Ainsi, si d'un côté le lemme des *Placita* (ou *Aëtiana*) consacré à Alcméon (fr. **Fp6** = 24 B 4 DK), exceptionnel par sa longueur et son détail, peut apparaître comme « a clear indication that he was supposed to make a significant contribution to medical theorizing » (Kouloumentas 2014, p. 870), de l'autre, le caractère innovant de ses intuitions et de ses probables découvertes lui valent d'être reconnu tantôt comme un « archegete, a sort of Thales of medicine » (*ibid.*, p. 870, n. 6), tantôt comme « l'iniziatore della psicologia sperimentale » ou encore « un precursore geniale » dans le champ « dell'embriologia e della genetica in generale » (*cf.* Fausti 1973, p. 104). Voir également, dans le même sens, Wellmann 1929 ; Lesky 1952, qui voit en Alcméon l'auteur de la plus ancienne théorie encéphalo-myélogénétique sur l'origine de la

pas moins « philosophe » – « the first philosopher-cum-doctor »[1] – et qu'en tant que tel, il est impossible qu'il ait composé autre chose qu'un traité en prose[2].

Considérer ce dernier comme un « médecin "global" » et non comme un « philosophe », c'est-à-dire un savant de l'époque archaïque à la « conscience réceptive » pour qui l'homme et le *kosmos* avaient même composition et mêmes mécanismes, est une étape salutaire que l'on doit à Maria Laura Gemelli Marciano[3]. Mais il faut encore aller plus loin. Comme

semence ; Cawadias 1953 et encore Panegyresa 2016 pour qui les découvertes d'Alcméon sur le système nerveux seraient, au même titre que la théorie humorale d'Hippocrate, à la base de tous les systèmes modernes ; Gago 2006 qui rappelle qu'Alcméon est sans doute le premier à avoir reconnu la primauté du cerveau et des fonctions cérébrales dans les processus sensoriels et cognitifs. Peu de spécialistes se sont élevés contre cette opinion majoritaire. Voir également Lebedev 2017, p. 233-234 qui en fait le père de la tradition céphalocentrique ancienne en le reconnaissant à l'origine de l'analogie entre ἀκρόπολις et κεφαλή. On peut néanmoins mentionner les réserves émises par J. Mansfeld (1975) qui, fidèle à la datation tardive traditionnelle d'Alcméon au milieu du ve siècle, juge outrancier, par rapport au contexte savant contemporain, d'en faire le père de l'anatomie scientifique. Concernant, enfin, l'idée même de « précurseur », de « πρῶτος εὑρετής », outre l'ouvrage de référence de Kleingünther 1933, voir Ford 2002, p. 144-145 à propos de la liste dressée par Aristophane dans les *Grenouilles* (v. 1030-1036), et surtout Baumbach 2016 qui fait remonter au VIIe siècle cette nécessité d'identifier un premier inventeur, en en montrant une trace chez Phoronis (fr. 2 Bernabé), comme on tend à en reconnaître une autre dans le fr. 4 Page = 57 Calame d'Alcman (*cf.* Calame 1983, p. 424).

1. *Cf.* Kouloumentas 2014, p. 868 et n. 3 : « Although most ancient reporters present him as a 'natural *philosopher*' or an author of a treatise *On Nature*, his deep interest in the functioning of plants, animals and humans indicates the considerable overlap and continuous interaction between *philosophy* and medicine in early Greek thought » (c'est moi qui souligne).

2. À ma connaissance, personne n'a encore jamais cherché à nuancer la nature du φυσικὸν λόγον, ou συγγρᾶμμα, que Diogène Laërce attribue à Alcméon (fr. 24 A 1), ni encore moins songé – sans doute à cause de la haute scientificité de ce qui semble avoir été son contenu – que cette œuvre pût avoir été composée autrement qu'en prose. Ainsi C. Schick (1955), notamment, qui distingue quatre premiers types de prose, range-t-elle Alcméon aux côtés de Zénon, de Mélissos, de Philolaos, et d'Archytas comme précurseur de la « prose scientifique et rhétorique », considérant son style éminemment caractéristique d'une volonté de démonstration rigoureuse (*ibid.*, p. 122). Quant à D. Fausti (1973, p 91, n. 35), s'étonnant pourtant « che l'opera di Alcmeone fosse redatta in prosa, mentre in ambiente orfico e pitagorico permane a lungo l'abitudine a scrivere in versi », elle se contente d'établir, à juste titre, un rapprochement entre son *incipit* et les préambules en prose de l'ἱστορίη ionienne. C'est pourtant l'absence de solution de continuité entre la prose et les rythmes de la poésie qui semble avoir caractérisé les compositions des premiers savants de l'époque archaïque. Voir en ce sens les remarques de Walker 2000, p. 21-22 et les études de Mansour 2009 et Gheerbrant 2017 (p. 13 notamment) qui montrent bien quels effets ont su tirer de l'emploi de séquences rythmiques, Hérodote pour l'un, Phérécyde de Syros pour l'autre.

3. Comme elle a parfaitement raison de le signaler d'entrée de jeu, « le fait qu'Alcméon ait été considéré comme un "philosophe" et non comme un médecin "global", pour lequel,

tous les σοφοί de l'époque archaïque, qui – indépendemment de l'usage plus ou moins *hypomnématique* de l'écrit[1] – ne connaissaient pas d'autre circulation du savoir que celle de l'oralité du discours, Alcméon était aussi, nécessairement, un véritable artisan de la langue, un *poïètes* capable de *travailler* la langue (*poïein*) non seulement pour l'adapter au contexte et à l'auditoire qui étaient les siens, mais aussi, pour la façonner à l'image même du savoir qu'il prétendait proférer, afin qu'elle puisse d'emblée et à chaque instant le subsumer tout entier. C'est être dans l'erreur que d'oublier ce qu'a si bien formulé Nicole Loraux pour introduire sa traduction de *The Best of the Achaeans*, à savoir que la période archaïque est « un monde où la réalité se muait d'elle-même en discours »[2]. Et se demander si Alcméon fut l'auteur d'un traité médical ou bien un (véritable) « philosophe » de la nature n'est donc résolument pas la première question à se poser[3].

Un réexamen attentif à l'organisation sous-jacente – sonore et rythmique – de la structure syntaxique de l'*incipit* d'Alcméon nous met d'emblée sur la piste en mettant au jour toute son expertise *poétique* et, en particulier, sa maîtrise de certaines formes rythmiques, dont on a des raisons de croire qu'elles avaient notoriété dans la région de Crotone au VIe siècle *a. C.* L'analyse ici proposée permet égalemennt de reprendre à nouveaux frais la question de la soi-disant obscurité des *incipit* savants et de nuancer la dichotomie tranchée, à laquelle conduit notamment l'étude de Maria Laura Gemelli Marciano, entre deux sortes de commencements liés à deux sortes de publics, l'un large et communautaire, l'autre élitiste et confidentiel[4]. Plus encore que « médecin "global" », il semble qu'Alcméon

comme pour Empédocle, l'homme et le cosmos ont la même composition et fonctionnent selon les mêmes mécanismes, a compromis aussi la compréhension de l'*incipit* tel qu'il est transmis par Diogène Laërce » (Gemelli Marciano 2007, p. 18-19). Concernant la notion de « receptive consciousness » qu'elle reprend à A. Deikmann (« A Functional Approach to Mysticism », *in* J. Andersen, R. Forman (eds.), *Cognitive Models and Spiritual Maps. Interdisciplinary Explorations of Religious Experience*, Thoverton, Imprint Academic = Special Issue of *Journal of Consciousness Studies* 7/11-12, 2000, p. 75-91), voir Gemelli Marciano 2014, p. 131. Dans cet état de conscience qui caractérise la pensée archaïque, et qui s'oppose à l'« instrumental consciousness » moderne, « the boundaries between the subject and environment are blurred » et la réalité est perçue « as a connected whole ».

1. Voir Kahn 2003, p. 142-143 et les conclusions de Gheerbrant 2017, p. 14-15, qui, sans remettre en cause, ni l'importance du « support de conservation (l'écrit) », ni sa possible fonction d'aide-mémoire (*hupomnéma*), les distinguent nettement de la performance nécessairement orale et publique du discours.

2. *Cf.* Loraux 1994, p. 14.

3. « Medical Writer or Philosopher ? » est la question par laquelle commence l'article consacré à Alcméon dans la *Stanford Encyclopedia of Philosophy* (§ 1.1). *Cf.* Huffman 2013.

4. Voir Gemelli Marciano 2007 dans son ensemble et p. 9 pour la formulation initiale de la dichotomie. Concernant la question de l'obscurité, voir notamment Mansfeld 1995,

fut un véritable poète-médecin pour qui le rythme du discours importait autant que son contenu pour la simple raison qu'il devait représenter, à ses yeux, l'une des « puissances constituantes » – l'une des δυνάμεις, pour reprendre le terme du fr. **Fp6** (24 B 4 DK)[1] – de son savoir médical. Sans jamais perdre de vue les données contextuelles dont nous disposons, c'est ce que le long commentaire introductif qui suit espère montrer, grâce à la mise en pratique d'une nouvelle philologie « phonico-pragmatique », intéressée au premier chef par les effets pragmatiques (ou communicatifs) de la matière rythmique et sonore de la langue grecque.

pour qui les proèmes d'Héraclite, de Parménide et d'Empédocle auraient été conçus en vue d'intriguer un auditoire d'élus et ainsi de mieux capter son attention. Pour l'idée selon laquelle le caractère obscur d'un proème est fondamentalement lié à l'écoute attentive des paroles du poète-savant dont le but est de « produire l'expérience dont il parle », voir Gemelli Marciano 2007, p. 11-13 et p. 12, n. 5. Plus particulièrement, pour Héraclite, voir Gemelli Marciano 2007, p. 13-18 et Année 2013, p. 97-101 ; pour Parménide, Kingsley 2003 et Gemelli Marciano 2008 ; pour Empédocle, Kingsley 2002 et 2003.

1. Le nom δύναμις est celui qu'on trouve dans le lemme des *Placita* (fr. **Fp6** = 24 B 4 DK) pour désigner les différentes « puissances corporelles » qui, tant qu'elles entretiennent entre elles des rapports de force équilibrés et paritaires, maintiennent le corps en bonne santé : τῆς μὲν ὑγείας εἶναι συνεκτικὴν τὴν ἰσονομίαν τῶν δυνάμεων. Pour le sens et l'usage de ce terme, fréquemment employé par les auteurs du *Corpus hippocratique*, et pour son interprétation en termes d'« excess or deficiency » plutôt que de simple « constituent », voir Kouloumentas 2014, p. 875. Pour la coloration aristotélicienne de la glose τὰ ποιά qui reprend le terme δύναμις à la fin du lemme des *Placita*, voir Fausti 1973, p. 109 ainsi que Kudlien 1967, p. 60 dont elle reprend la définition : « parte elementare costituente di un organismo (inteso in un senso molto lato) ».

Chapitre premier

LA FORME SEMI-STROPHIQUE DU (DOUBLE) *INCIPIT* ET L'HYPOTHÈSE D'UNE DOUBLE PERFORMANCE

Le chapitre de Diogène Laërce, qui nous a transmis l'*incipit*, mérite d'être cité dans son entier. Mais, pour se prémunir d'emblée contre toute pré-interprétation intempestive, il convient aussi de le restituer tel que les manuscrits nous l'ont livré :

Diogène Laërce, *Vies des philosophes* VIII, 83[1]
Manuscrits (cf. *sigla* Dorandi 2009, p. 60) :
B = *Neapolitanus* III B 29 (XIIe siècle) ;
P = *Parisinus graecus* 1759 (XIe -XIIe siècle) ;
F = *Laurentianus graecus* 69, 13 (XIIIe siècle) ;
Q = *Parisinus graecus* 1758 (XIVe siècle) ;
Φ = *Vaticanus graecus* 96 ff. 29v-88r (XIIe siècle) ;
Φh = *Vaticanus graecus* 96 ff. 19r-29v (XIIe siècle) ;
Vi = *Vindobonensis, phil. gr.* 314, ff. 27r-29v (925) ;
Z = *Raudnitzianus Lobkowicensis* VI Fc 38 (XVe siècle).

Ἀλκμαίων Κροτωνιάτης. καὶ οὗτος Πυθαγόρου διήκουσε· καὶ τὰ πλεῖστά γε {τὰ} ἰατρικὰ λέγει, ὅμως δὲ καὶ φυσιολογεῖ ἐνίοτε λέγων, **δύο τὰ πολλά ἐστι τῶν ἀνθρωπίνων** (**F2** ; *cf.* **T3a** = 24 A 3, 8 DK). δοκεῖ δὲ πρῶτος φυσικὸν λόγον συγγεγραφέναι, καθά φησι Φαβωρῖνος ἐν Παντοδαπῇ ἱστορίᾳ, **καὶ τὴν σελήνην καθόλου ταύτην ἔχειν ἀΐδιον φύσιν** (**Fp1**).

1. Le texte ici proposé suit celui de l'édition Dorandi (2009, p. 649), sauf dans les cas où celle-ci préfère corriger la leçon manuscrite. L'apparat placé sous le texte est donc modifié en ce sens. La traduction est de mon fait.

ἦν δὲ Πειρίθου υἱός, ὡς αὐτὸς ἐναρχόμενος τοῦ συγγράμματός φησιν· **Ἀλκμαίων Κροτωνιήτης τάδε ἔλεξε Πειρίθου υἱὸς Βροτίνῳ καὶ Λέοντι καὶ Βαθύλλῳ· περὶ τῶν ἀφανέων περὶ τῶν θνητῶν σαφήνειαν μὲν θεοὶ ἔχοντι, ὡς δὲ ἀνθρώποις τεκμαίρεσθαι** (**F1** = 24 B 1 DK) καὶ τὰ ἑξῆς· **ἔφη δὲ καὶ τὴν ψυχὴν ἀθάνατον, καὶ κινεῖσθαι αὐτὴν συνεχὲς ὡς τὸν ἥλιον** (**Fp2**).

Ante 1 tit. ἀλκμαίων F : om. BP || 2. τὰ in P erasum, om. rec. || 5-6. ἐν παντοδαπῇ ἱστορίᾳ om. F || 6. καθόλου ταύτην codd. : καθόλου <…> ταύτην Dorandi | καθόλου <τε τὰ ὑπέρ> ταύτην Diels (DK) | <καὶ ὅλον τὸν οὐρανὸν> καθόλου Zeller | καὶ τὴν σελήνην καὶ θόλον ταύτην Apelt || 8-9. ὡς ... φησὶ (sic) om. F^1, suppl. F^{2mg} || 10. βροτίνω BP : βροντίνω F | Βαθύλλῳ BP : φαθύλλω F || 10-11. βαθύλλῳ· περὶ τῶν ἀφανέων περὶ τῶν θνητῶν BPF, Gemelli Marciano : βαθύλλῳ· περὶ τῶν ἀφανέων, περὶ τῶν θνητῶν Diels (DK) | βαθύλλῳ περὶ τῶν ἀφανέων· περὶ τῶν θνητῶν Gomperz, Dorandi, L.-M., Kouloumentas 2018 | περὶ τῶν θνητῶν secl. Cobet | {περὶ τῶν ἀφανέων} περὶ τῶν ἀθηήτων Wachtler post Bernays (ἀθεήτων) || 11. θνητῶν codd. : θήιων Lebedev 2107, p. 227) || 12. ἀνθρώποις codd. : ἀνθρωπίνοις Lebedev 2107, p. 227) || 13. αὐτὴν om. F | συνεχὲς BP : συνεχῶς F.

Alcméon de Crotone. Lui aussi a entendu prononcer les leçons de Pythagore. Il parle surtout de sujets médicaux, cependant, s'intéressant aussi au domaine naturel, il a dit : **en deux se tiennent la plupart des choses humaines** (*cf.* **T3a** = 24 A 3, 8 DK)[1]. Il semble qu'il ait été le premier à composer un discours sur la nature, comme Favorinus le rapporte dans son *Histoire variée*, et considère que ce que représente la lune dans sa globalité est d'éternelle nature (**Fp1**)[2].
Il était fils de Peirithous, comme il le dit lui-même au commencement de son ouvrage : (**F1** = 24 B 1 DK), etc. Il dit aussi que l'âme est immortelle et que celle-ci se meut continûment comme le soleil (**Fp2**).

1. Pour l'interprétation du mot δύο, ici – qu'on retrouve également chez Aristote (*Métaphysique* A 5, 986 a 22 = fr. **T3a** [24 A 3, 8 DK]) – en termes de « dualité » plutôt que de « couples d'opposés » (Heidel 1940, p. 4), et plus encore que d'un « principe double » à l'origine de la totalité des choses (Isocrate, *Sur l'échange* [15], 268 = fr. **T3b** [24 A 3, 14-16 DK et Stella 1939, p. 263), voir Fausti 1973, p. 87, n. 14. Pour l'heureux établissement d'une distinction entre la notion philosophique de « dualisme » et l'expression de « dualités », chez les penseurs pré-platoniciens et en particulier chez Alcméon, Parménide et Empédocle, il faut voir Journée 2015.

2. Le groupe τὴν σελήνην καθόλου ταύτην, que nous livrent les manuscrits, ne me semble pas si incompréhensible qu'il faille à tout prix chercher à le corriger. Ταύτην peut parfaitement représenter le pronom démonstratif en fonction d'attribut, assimilé en genre avec le nom qu'il qualifie, et se trouver lui-même précisé par l'adverbe καθόλου, dont le sens est « dans l'ensemble, en général ».

Comme cela a été remarqué, l'énoncé sur la dualité des choses humaines, bien qu'il ne fasse pas l'objet d'un fragment dans l'édition Diels-Kranz, ressemble fort à une première citation[1]. La seconde, dont on ne peut douter qu'elle constitue le début du discours composé par Alcméon, est clairement délimitée par le verbe « dire » (φησιν) de la l. 9 et par la formule καὶ τὰ ἑξῆς de la l. 12 qui indique une troncation, volontaire ou non, de la part de Diogène Laërce ou de ses sources[2]. Mais elle se caractérise, surtout, par une bipartition centrale, juste après la mention du troisième destinataire, Bathyllos.

On sait que cette ponctuation est au cœur de la querelle des interprétations doxographiques et philosophiques, et que la plupart des spécialistes, face à la répétition de la formule prépositionnelle en περὶ τῶν, préfèrent la modifier[3]. Cependant, outre qu'une attitude philologique conservatrice est encore le plus prudent pour aborder un texte qui ne paraît peut-être difficile qu'aux modernes que nous sommes, il suffit de prêter attention à l'économie interne de la citation pour voir que c'est *justement* cette ponctuation, telle que les manuscrits la présentent, qui en fait toute la cohérence.

Deux éléments en particulier, qui sont en eux-mêmes suffisamment rares pour attirer l'attention, permettent de l'expliquer. C'est l'emploi de l'aoriste dans la première partie de l'énoncé et la répétition elle-même des deux expressions consécutives, περὶ τῶν ἀφανέων περὶ τῶν

1. Voir Balaudé 1999, p. 1008, n. 3, ainsi que Zoumpos 1963-1964, qui, s'intéressant quant à lui à la version qu'en donne Aristote (*Métaphysique* A 5, 986 a 22 = fr. **T3a** [24 A 3, 8 DK]), identifie clairement cet énoncé comme un authentique fragment. On va voir que des raisons métriques peuvent permettre de confirmer cette hypothèse.

2. Comme S. Kouloumentas (2018, p. 7 et p. 23, n. 2) l'a souligné, contrairement aux deux autres cas où Diogène Laërce signale la troncation d'une citation (en I, 57 et en VIII, 66), celle qui concerne Alcméon ne trouve aucune justification dans l'économie de son œuvre doxographique – qu'il s'agisse de la volonté de cibler l'information (I, 57) ou de ne pas répéter une forme précédemment développée (VIII, 66) – et ne peut s'expliquer, par conséquent, que par sa limitation même dans la source qu'il utilise, les *Pinakes* de Callimaque ou le traité *Sur les poètes et écrivains homonymes* de Démétrios de Magnésie. Concernant le premier, voir Blum 1991, p. 124-181 ; pour le second, voir Mejer 1981.

3. Pour les différentes propositions qui ont été faites voir l'apparat critique du texte. On y trouve tantôt l'insertion d'une ponctuation faible entre les deux expressions prépositionnelles jugées en asyndète, tantôt la suppression de l'une des deux supposée dittographique, tantôt encore le déplacement de la ponctuation forte qui se trouve après Βαθύλλῳ entre les deux expressions en περὶ τῶν, sous prétexte d'une distinction entre première présentation thématique (τὰ ἀφανέα) et commencement de la démonstration au sens strict (*cf.* Gomperz 1928 et 1953, p. 65). Seule M. L. Gemelli Marciano (2007, p. 20) a défendu et justifié la lettre des manuscrits en suggérant que c'est un lien syntaxique qui reliait les deux formules prépositionnelles.

θνητῶν : parfaitement symétriques d'un point de vue formel et plusieurs fois assonantes d'un point de vue phonique, elles devaient constituer un ensemble indissociable et cohérent.

Le type de formule introductrice associant le verbe « dire » λέγειν, ou son dérivé primaire λόγος, à un pronom-adjectif démonstratif, le plus souvent en -δε, est bien connu pour ce que bon nombre de savants de l'époque archaïque y ont eu recours en lui ajoutant parfois leur propre nom en guise de *sphragis* initiale[1]. Mais elle a ceci de particulier que sa valeur fortement déictique et énonciative, destinée à souligner la matérialisation sonore, et partant, la réalité effective des paroles ainsi désignées[2], implique naturellement la temporalité du présent. L'aoriste sigmatique que nous livre Diogène Laërce, τάδε ἔλεξε, est une variation *hapax* de cette forme de commencement qui pourrait avoir subi l'influence des premières compositions historiographiques, où le verbe γράφω se substitue au verbe λέγω et tend à être employé à l'aoriste.

Type λέγω / λόγος + pronom-adjectif démonstratif :

Héraclite, fr. 22 B 1 DK (Sextus Empiricus, *Contre les Savants [Adversus Mathematicos]* VII, 132) :

τοῦ δὲ λόγου τοῦδ' ἐόντος ἀεὶ ἀξύνετοι γίνονται ἄνθρωποι καὶ πρόσθεν ἢ ἀκοῦσαι καὶ ἀκούσαντες τὸ πρῶτον· ...

1. Concernant la notion de σφραγίς, « sceau », liée ou non à un phénomène de mouvance des textes des poètes-savants au cours de leur transmission, les réflexions qu'a suscitées son usage dans le recueil des *Theognidea* peut fournir un bon éclairage général : voir notamment Calame 2004a, Edmunds 1997, Ford 1985, West 1974, p. 40-71. Remarquons que cette forme de « signature » semble avoir été une pratique assez coutumière d'Alcman puisqu'on en trouve trois variantes dans ses fragments (fr. 17, 4 ; 39 ; 95b Page = 9, 4 ; 91 ; 92 Calame), dont la plus explicite (fr. 39 Page = 91 Calame) se trouvait vraisemblablement à la fin, et non au commencement, de la composition (pour le commentaire et quelques références bibliographiques, voir Calame 1983, p. 480). Pour un exemple de *sphragis* auctoriale cachée chez Empédocle (fr. 31 B 100 DK), voir Rashed 2008, p. 461-462). Sur la mouvance de ce qu'il faut considérer comme des « "open" texts », voir Thomas 1992, p. 48 et 50.

2. Il serait trop long de faire ici état des études nombreuses et variées qui ont mis en évidence la valeur éminemment déictique des pronoms et adverbes grecs en -δε, propres à faire *réellement* advenir, au moment de la performance orale, ce qu'ils servent à désigner. Je me contenterai de renvoyer à Edmunds 2008 qui constitue un bon état de la question déictique en général, au chapitre qu'E. Bakker consacre à la question dans son *Companion to the Ancient Greek Language* (2010), ainsi qu'au numéro spécial de la revue *Arethusa* (n° 37/3, 2004) entièrement dédié à la *deixis*, essentiellement chez Pindare, et en particulier aux pronoms-adjectifs démonstratifs.

Ce discours présent qui est, toujours, les hommes en sont déconnectés, tout autant avant de l'entendre qu'en l'entendant pour la première fois ; …[1]

Xénophane, fr. 21 B 34 DK (Sextus Empiricus, *Contre les Savants [Adversus Mathematicos]* VII, 49, 110) :

καὶ **τὸ μὲν οὖν** σαφὲς οὔτις ἀνὴρ ἴδεν οὐδέ τις ἔσται
εἰδὼς ἀμφὶ θεῶν τε καὶ **ἅσσα λέγω** περὶ πάντων·
Or donc, la claire certitude, nul homme ne la sut voir ni nul non plus ne lui sera
prédisposé, sur les dieux comme sur toutes les choses que je dis ;[2]

Ion de Chios, fr. 36 B 1 DK (Harpocration, *Lexique* s. v."Ιων) :

ἀρχὴ δέ μοι **τοῦ λόγου·** …
Ainsi commence mon discours : …

Démocrite, fr. 68 B 165 DK (Sextus Empiricus, *Contre les Savants [Adversus Mathematicos]* VII, 265) :

λέγων τάδε (ou **τάδε λέγω**) περὶ τῶν ξυμπάντων
Voici les paroles que je tiens sur la totalité des choses

Type historiographique γράφω / συνέγραψε (+ pronom-adjectif démonstratif) :

Hécatée, *FGrHist* 1 F 1a (Démétrios, *Traité du Style [De elocutione]* 12, 9) :

Ἑκαταῖος Μιλήσιος ὧδε μυθεῖται· **τάδε γράφω**, ὥς μοι δοκεῖ ἀληθέα εἶναι· οἱ γὰρ Ἑλλήνων λόγοι πολλοί τε καὶ γελοῖοι, ὡς ἐμοὶ φαίνονται, εἰσίν.
Ainsi raconte Hécatée de Milet : les choses que voici, je les écris comme elles me semblent vraies ; car les écrits des Grecs sont, à ce qu'ils m'apparaissent à moi, aussi divers que ridicules.

Antiochos de Syracuse, *FGrHist* 555 F 2 (= fr. 3, 6-8 Müller 1848-1870, vol. 1) :

Ἀντίοχος Ξενοφάνεος **τάδε συνέγραψε** περὶ Ἰταλίας, ἐκ τῶν ἀρχαίων λόγων τὰ πιστότατα καὶ σαφέστατα.
Antiochos, fils de Xénophane, écrivit ces choses au sujet de l'Italie, qui, parmi les discours du passé, sont les plus véridiques et les plus dignes de foi.

1. Pour cette traduction, voir Année 2013, p. 98.
2. On reviendra plus loin sur ce fragment de Xénophane. *Cf.* p. 50-57.

Thucydide, *Histoires* I, 1, 1 :

Θουκυδίδης Ἀθηναῖος **ξυνέγραψε τὸν** πόλεμον τῶν Πελοποννησίων καὶ Ἀθηναίων,...
Thucydide a composé le récit des événements qui opposèrent les Péloponnésiens et les Athéniens,...

Si, comme cela est à peu près unanimement reconnu, la formule τάδε ἔλεξε est attribuable à Alcméon lui-même et appartient donc bien à son *incipit*, cela signifie qu'il entendait indiquer un dédoublement temporel de l'énonciation en deux moments distincts : un premier moment d'adresse appartenant au passé et un second correspondant à la temporalité propre au discours en train de se faire. Autrement dit, en son commencement même, tout se passe comme si le discours d'Alcméon se dédoublait en deux débuts : un préambule de type *sphragis*, d'abord, servant d'auto-présentation et renvoyant probablement à une première performance savante ; le début véritable du discours proprement dit, ensuite.

La volonté de distinguer deux moments énonciatifs, que l'emploi du présent dans les autres formules confond habituellement, invite à considérer la possibilité que le deuxième début transmis par Diogène Laërce, c'est-à-dire le commencement propre du discours qu'il nous livre, était à destination d'un public plus large et qu'il ouvrait non pas un traité mais peut-être une sorte de synthèse ou de compte rendu public d'un échange antérieur d'Alcméon avec les trois interlocuteurs susnommés, Brotinos, Léôn et Bathyllos. On reviendra plus loin sur cette hypothèse[1]. Ce qu'il convient de remarquer pour le moment c'est que, si τάδε ἔλεξε représente un premier commencement remarquable en lui-même, l'unité répétitive περὶ τῶν ἀφανέων περὶ τῶν θνητῶν est incontestablement la mieux placée pour en constituer un autre, plus frappant encore et plus propre à capter l'attention d'un vaste auditoire. Car la symétrie de l'ensemble n'est pas seulement morphologique et sonore. Il est évident

1. Une hypothèse similaire a été formulée par S. Kouloumentas (2018, p. 21-22), celui-ci distinguant deux groupes de destinataires : un premier « groupe restreint et spécialisé » (sans doute d'obédience orphico-pythagoricienne) qu'Alcméon aurait cherché à convaincre lors d'un précédent « débat privé ou public », et un second « groupe plus large » : « Alcmaeon also has a broader and less specialised audience in mind, whoever might attend these contests between "wise men" or pick up a copy of his treatise, whom Alcmaeon would like to get to favourably compare his arguments against the Pythagoreans in question [Brotinos, Léôn et Bathyllos] and contrast their method in acquiring knowledge ». On va voir que les analyses ici proposées restent toute différentes et personnelles, puisqu'elles s'attachent essentiellement à la texture linguistique et métrique du fragment, et que si dans un premier temps elles permettent, collatéralement, d'apporter à cette dernière un élément de confirmation, elles l'amplifient d'emblée et finissent par la dépasser pour en suggérer une autre plus globalisante et peut-être plus satisfaisante.

qu'elle est aussi rythmique, puisqu'il suffit de réaliser une prononciation en synizèse de la désinence -έων du premier génitif ionien (-έ͜ων)[1], pour que la séquence corresponde à un dimètre anapestique parfait dont le dernier *biceps*, ou double brèves (⏑⏑), est contracté[2] :

> περὶ τῶν ἀφανέ͜ων | περὶ τῶν θνητῶν ||
> ⏑⏑ – ⏑⏑ – | ⏑⏑ – – – ||

Une telle dissociation entre la revendication en prose de l'auctorialité d'une parole et le contenu métriquement organisé de cette parole n'est certes ni fréquente en poésie, ni facilement décelable dans les textes en prose que nous a transmis la tradition, mais l'épigraphie nous en a laissé quelques exemples, comme, en particulier, celui d'une inscription lycienne signée d'un certain devin Kerellaios. L'auto-présentation du compositeur et de son destinataire y est suivie d'un distique élégiaque.

> *SGO* IV 17/02/01 (Lycie, Boubon, IIIe siècle *p. C.*)[3] :
>
> Αὐρ. Εὐτυχί[δῃ] μνήμης χάριν Κερελλαῖος μαντιάρχης ταῦτα λέγει·
> οὐ κακὸν ἐστι τὸ θανεῖν, ἐπεὶ τό γε Μοῖρ' ἐπέκλωσεν,

1. La synizèse est une « articulation occasionnelle en une seule syllabe de deux voyelle en hiatus (dont la première est le plus souvent un ε) ». *Cf.* Lejeune 1972, § 285, 257.

2. Pour les termes métriques, voir le glossaire final. Si l'identification de séquences rytmiques dans ce que nous considérons de la prose demande la plus grande prudence, celle-ci ne doit pourtant pas être condamnée à rester hors du champ de la recherche scientifique sous prétexte qu'il serait arbitrairement possible de trouver partout des mètres lyriques (*cf.* Dover 1997, p. 163). Plusieurs études vont dans le sens d'un usage non fortuit et pragmatiquement signifiant des rythmes poétiques : de manière générale Skimina 1937 ; Lilja 1968 (pour les deux Phérécyde, Hécatée, Acousilaos, Charon de Lampsaque, Hellanicos, Héraclite) ; Mansour 2009 (Hérodote) ; Gheerbrant 2017 (Phérécyde de Syros). Pour l'hypothèse d'une rythmique grecque libérée de la rigidité des schémas établis par la tradition théorique métricienne et capable d'épouser plus étroitement qu'on imagine la mélodie accentuelle des mots dans leur enchaînement prosodique, voir Doutzaris 1934, p. 335 : « le rythme "intensif" procède, même aux formes métriques les plus compliquées, dans un ordre pourrait-on dire syllabique. Cela signifie que la poésie et la musique anciennes, dont nos péans représentent le dernier degré d'évolution, demeurèrent au fond d'une simplicité élémentaire ».

3. Si cette inscription est tardive, le distique élégiaque qu'elle contient – variante d'un motif épigraphique largement attesté dans toute l'Asie Mineure depuis le début de la période hellénistique jusqu'au IVe siècle *p. C.* – remonte en fait à une double version de facture archaïque qui a toutes les raisons d'être attribuée au prédécesseur ionien de Tyrtée, le poète-savant Kallinos (fr. *0ab Année). Le second vers a très certainement subi une réinterprétation à partir de l'époque classique. L'emploi de la particule ἀλλὰ avait sans doute originellement une fonction de transition pragmatique fortement parénétique, conférant au vers un sens inverse : « Alors, allons ! avant même la force de l'âge et même avant ses ascendants ! ». *Cf.* Année 2017, p. 516-518 pour le texte du fragment et p. 791-797 pour l'analyse et la démonstration.

ἀλλὰ πρὶ[ν] ἡλικί|ης καὶ γον[έ]ων πρότερος

À la mémoire d'Aurelios Eutychides, Kerellaios, l'Entraîneur des devins, prononça ces mots :
« Mourir n'est pas un mal, puisque la Fille du Sort de toute façon le file,
Mais c'en est un que de mourir avant l'âge, en précédant ses ascendants »

Le contexte et la destination de cette inscription n'ont évidemment rien à voir avec ceux d'Alcméon, et ni non plus, par conséquent, l'organisation rythmique qui fait suite à la présentation en prose. Dans le cas d'Alcméon, le rythme de marche ascendant et entraînant, caractéristique des anapestes (⏑⏑ –), pourrait constituer à soi seul l'indice qu'il s'agit bien de l'attaque d'un discours et que cette attaque se voulait intentionnellement cadencée. Mais c'est sa structure exagérément symétrique et répétitive qui représente un argument de plus grand poids encore. Le fait qu'il existe un précédent poétique, où l'on rencontre un vers initial exactement de même facture ne permet pas, en effet, de douter de la nature liminaire du vers que l'on vient d'identifier au cœur même de l'*incipit* d'Alcméon :

Tyrt. fr. 1, 1 A (= 12, 1 West) :

οὔτ' ἄν μνησαί**μην** |[P] **οὔτ' ἄν** λόγωι ἄνδρα τιθεί**μην**
Ni mémoire ne ferais, ni d'homme au sceau de mon langage n'instituerais

Alcméon, fr. F1 (24 B 1 DK) (Diogène Laërce VIII, 83, 10-11) :
περὶ τῶν ἀφαν**έων** | **περὶ τῶν** θνητ**ῶν**

Le parallèle entre le vers qui initie le fr. 12 West de Tyrtée (fr. 1 dans ma propre numérotation) et la double formule d'Alcméon est manifeste. De la même manière, dans chacun des deux hémistiches, on retrouve une répétition anaphorique appuyée (οὔτ' ἄν…| οὔτ' ἄν… pour l'un, περὶ τῶν…| περὶ τῶν… pour l'autre) et une rime léonine désinentielle qui vient parfaire la symétrie (la désinence secondaire de première personne du singulier chez Tyrtée …-μην |… -μην, celle du génitif pluriel chez Alcméon …-έων |… -ων). Mais encore surtout, dans un cas comme dans l'autre, on peut constater que le vers a une nette fonction programmatique et que sa structure dédoublée particulièrement marquée n'a d'autre but que de la souligner. Le double optatif nié de Tyrtée contient en négatif toute l'autorité de sa parole poétique et toute la portée de son discours d'exhortation[1], quant au redoublement du tour prépositionnel en περὶ

1. Pour la valeur proématique de cet hexamètre tyrtéen et la fonction introductrice globale qu'il convient de lui reconnaître, voir Année 2017, *passim* (*ad loc.*, notamment

+ gén, chez Alcméon, il permet d'insister liminairement sur ce qui fait l'objet essentiel de ses investigations physiologiques et médicales : « les choses invisibles, et en particulier celles qui sont mortelles »[1].

Que le vers de Tyrtée soit un hexamètre dactylique n'est pas ce qui importe. Le contexte socio-culturel de Crotone, sur lequel je reviendrai plus loin, permet de croire que la poésie spartiate ne pouvait pas être inconnue d'Alcméon. Ajoutons simplement ici deux remarques complémentaires : l'une, c'est que la symétrie marquée du vers de Tyrtée en οὔτ' ἄν + optatif est l'héritière d'un type de diction magico-incantatoire sans doute plus ancienne et non spécifiquement spartiate[2], que le poète a su réinvestir d'une fonction éminemment persuasive pour le mettre au service de ses intentions parénétiques ; l'autre remarque, c'est que dans l'ordre de sa diction entièrement parénétique et communautaire, Tyrtée a également composé des dimètres anapestiques qui, dans son cas, sont essentiellement catalectiques (c'est-à-dire amputés de leur syllabe finale). Probablement

p. 719 à 759, p. 827 à 852 et p. 883 à 944). Véritable moteur de la parénèse, par l'évanescence initiale du *je* poétique, il enclenche d'emblée le double processus d'impersonnalisation et de virtualisation qui caractérise l'énonciation de l'ensemble des fragments, tandis que par sa structure rythmique et phonique, annulairement reflétée par le dernier vers élégiaque (*elegeion* ou pentamètre) du fragment, il en préfigure la forme poético-musicale.

1. Si, comme on va y revenir plus loin, on est en droit de reconnaître une certaine affinité entre les réflexions épistémologiques d'Alcméon et celles de Xénophane, cette formule alcméonienne gagne à être rapprochée du redoublement prépositionnel qu'on trouve au v. 2 du fr. 21 B 34 DK de ce dernier (un fragment qui, ayant lui aussi valeur programmatique, a précisément tout d'un *incipit*) : εἰδὼς **ἀμφὶ** **θεῶν** τε καὶ ἅσσα λέγω **περὶ** **πάντων**, « disposant (de la certitude), qu'il s'agisse des dieux comme de toutes les choses que je peux dire ». En faisant de πάντων l'antécédent du relatif ἅσσα, on voit en effet que la coordination de ces deux expressions – qui pourrait avoir eu valeur d'hendiadyin – offre une même présentation thématique du champ de la connaissance (quoiqu'en symétrie presque exactement inverse) : face aux choses « invisibles » et au domaine « mortel » d'Alcméon, les choses « divines » et toutes celles que le discours savant prétend contenir (ἀμφὶ **θεῶν** *vs* περὶ τῶν **θνητῶν** ; περὶ **πάντων** *vs* περὶ τῶν **ἀφανέων**). Pour la connotation essentiellement (bien que sans doute non exclusivement) médicale du couple alcméonien θνητά / ἀφανέα, évoquant la démarche conjecturale des traités hippocratiques (*Ancienne médecine* I, 3 [I, 572 Littré], *De l'art* IX, 2 ; XI, 1 ; XII, 1 [VI, 16 ; VI, 18 ; VI, 22-26 Littré], *Des vents* I, 3 [VI, 90 Littré]), voir Guthrie 1962, p. 345 ; Fausti 1973, p. 92 qui nuance les propos de W.K. Guthrie en soulignant que « i due termini non sono in contradizzione, ma servono a indicare un campo de indagine » d'où la *kosmologie* et la psychologie ne sont pas exclues ; et Gemelli Marciano 2007, p. 20 pour qui les deux termes renvoient exclusivement aux divers processus intra-corporels qui régissent ou affectent la vie humaine. Pour l'idée selon laquelle il ressortirait de ce couple θνητά / ἀφανέα, une certaine relativité du caractère invisible des choses, qui préfigurerait l'affirmation d'Anaxagore approuvée par Démocrite, à savoir que « les phénomènes sont la vision de choses non-évidentes » (ὄψις ἀδήλων τὰ φαινόμενα, fr. 59 B 21a DK), voir Fausti 1973, p. 92. D'où l'importance de τεκμαίρεσθαι : voir *infra*, p. 36, n. 1.

2. *Cf.* Année 2017, p. 216-242.

destinés à être entonnés par l'ensemble des citoyens-guerriers de Sparte, ce sont les plus anciens mètres de ce type qui nous soient parvenus.

Tyrt. fr. 22 A (= 15 Bergk ; 856 Page [*Carmina Popularia*])

ἄγετ' ὦ Σπάρτας | εὐάνδρου	⏑⏑ – – – | – – – ||
κοῦροι πατέρων | πολιηтᾶν	– – ⏑⏑ – | ⏑⏑ – – ||
λαιᾶι μὲν ἴτυν | προβάλεσθε,	– – ⏑⏑ – | ⏑⏑ – ⏑ ||
δόρυ δ'εὐτόλμως | βάλλοντες	⏑⏑ – – – | – – ⏑ ||
μὴ φειδόμενοι | τᾶς ζωᾶς ·	– – ⏑⏑ – | – – – ||
οὐ γὰρ πάτριον | τᾶι Σπάρται	– – ⏑⏑ – | – – – |||

Pour Sparte la virile, allez !
Ô fils de citoyens, vos pères !
En avant et ferme à gauche, tenez bon le bouclier,
Avec courage, de votre lance, frappez,
Mais de vos vies, nulle épargne !
Ce n'est pas là coutume qui sied à Sparte !

Tyrt. fr. 23 A (=16 Bergk ; 857 Page [*Carmina Popularia*])

ἄγετ' ὦ Σπάρτας | ἔνοπλοι κοῦροι	⏑⏑ – – – | ⏑⏑ – – – ||
ποτὶ τὰν Ἄρεος | κίνασιν.	⏑⏑ – ⏑⏑ – | – – – |||

Pour Sparte, ô fils encuirassés, allez !
En cadence du branle d'Arès !

La cadence et le contenu significationnel de ces vers ne permet guère de doutes sur leur nature publique et collective. Si, comme on peut le croire, ils sont assez représentatifs de la conception que les Grecs avaient du rythme anapestique à l'époque archaïque, le fait qu'Alcméon ait choisi de commencer la seconde partie de son *incipit* par un mètre similaire n'est sans doute pas indifférent.

Mais considérons pour l'instant la suite du fragment : après une auto-présentation préliminaire en prose, le début du discours alcméonien s'avère s'organiser en une sorte de strophe minimale, de rythme mixte mais cohérent, composée d'un dimètre anapestique, d'une séquence de type asymétrique, propre aux traditions doriennes et éoliennes[1], et d'un

1. Pour les caractéristiques métriques qui distinguent ces deux courants traditionnels, voir West 1982, p. 30-31 et 46. Les rythmes dactyliques et anapestiques sont considérés comme symétriques, contrairement aux rythmes glyconiques de la tradition éolienne, qui sont dits asymétriques. La tradition dorienne mêle les deux types. Comme le rappelle

second dimètre anapestique, cette fois holospondaïque, si l'on réalise une nouvelle synizèse entre la voyelle brève de la particule δὲ et la voyelle initiale d'ἀνθρώποις[1] :

Alcméon, fr. F1 (24 B 1 DK) :

Ἀλκμαίων Κροτωνιήτης τάδε ἔλεξε Πειρίθου υἱὸς Βροτίνῳ καὶ Λέοντι καὶ Βαθύλλῳ·

περὶ τῶν ἀφανέων | περὶ τῶν θνητῶν
    σαφήνειαν μὲν θεοὶ ἔχοντι,
ὡς δὲ ἀνθρώποις | τεκμαίρεσθαι

⏑⏑ – ⏑⏑ – | ⏑⏑ – – – ||
    ⏑ – ⏑ – – / – ⏑ – ⏑ (A)
    ou : ⏑ – ⏑ – – / ⏑ – ⏑ – ⏑ (B1) ;
    ou : ⏑ – ⏑ –⏑/ – ⏑ – (/) ⏑ – ⏑ (B2/3)
– – – – | – – – – ||

Le vers central est plus difficile mais il est possible d'y reconnaître au moins trois structures métriques si l'on considère un abrègement en hiatus interne de la diphtongue ει dans σαφήν-ε̆ι-αν et au contraire le maintien de la longue finale de θεοὶ devant ἔχοντι[2], et si l'on envisage dans ce même

indirectement C. Calame (2014), à travers une analyse des compositions de Stésichore (p. 60-61), l'innovation et le mélange de mètres qu'on considère généralement hétérogènes, sont éminemment caractéristiques de la culture musicale de la Sparte archaïque – véritable capitale, alors, de la « song culture » grecque (p. 49) – dont Terpandre et Xénocritos de Locres furent les premiers représentants connus. En particulier, le mélange caractéristique des compositions stésichoréennes, entre *kôla* épiques et rythmes mélico-strophiques, trouverait son origine dans la forme innovante que Terpandre donna aux nomes citharodiques (*cf.* Terpandre, *test.* 48 Gostoli = Strabon, XII, 2, 4, et Calame *ibid.*, p. 61-62).

1. *Cf.* Lejeune 1972, § 371, p. 321 : « Dans la phrase comme dans le mot, les textes métriques nous révèlent l'existence de synizèses, c'est-à-dire de contractions ou diphtongaisons occasionnelles non notées par l'écriture ».

2. Si l'abrègement en hiatus interne ne se rencontre guère dans les hexamètres des poèmes homériques, Tyrtée, en bon acteur de la « remarquable "*song culture*" spartiate » (Calame 2014, p. 55) n'a pas répugné à le pratiquer : ἐπιβουλεύειν (fr. 20, 10 A) ; ἥρωες (fr. 13 A) ; σάουσι (fr. 2, 13 A) ; τελέεντ' (fr. 20, 2 A) ; ψυχάων (fr. 3, 14 A). Quant à la non obligation de l'abrègement à la jonction de deux mots, toute exceptionnelle fût-elle, cette remarque de M. Steinrück (2007, p. 16) nous autorise clairement à en considérer la possibilité : « comme souvent (*mais pas toujours*), le second élément de la diphtongue est transformé en demi consonne "j" ou "w" et tiré vers la voyelle suivante comme consonne introductive de la syllabe suivante ». Comme a pu le souligner C. Ruijgh, la prononciation des syllabes longues dans l'enchaînement prosodique d'un vers était à ce point propre aux variations improvisées du poète-locuteur, que le « *toujours* », en effet, n'est pas de mise : non seulement l'allongement attendu de la syllabe finale d'un mot n'est pas le même selon que cette syllabe est longue par nature, est une diphtongue, est une syllabe fermée par une

θεοὶ la double possibilité d'une prononciation en synizèse (θεοὶ : –), ou non (θε-οὶ : ⏑ –). Dans le cas d'une synizèse (cas A), le vers s'interprète comme l'association d'une forme de penthémimère (un *kôlon* éolien du type : x – ⏑ – x, ici réalisé sous la forme : ⏑ – ⏑ – –) et d'une dipodie trochaïque (– ⏑ – ⏑). En l'absence de synizèse (cas B), il représente ou bien l'association de deux penthémimères différents (⏑ – ⏑ – – + ⏑ – ⏑ – ⏑) (cas B1), ou bien une séquence de type pindarique, à la fois « logaédique » et péonique, où l'on peut voir se succéder : soit un diambe (⏑ – ⏑ –), un crétique (– ⏑ –) et une unité iambo-trochaïque syncopée (⏑ – ⏑) (cas B2) ; soit un diambe (⏑ – ⏑ –) et une série trochaïque à trois termes (– ⏑ – ⏑ – ⏑) (cas B3) [1].

Quelle que soit, pour l'instant, l'interprétation rythmique qu'on préfère retenir, il est incontestable que cette composition strophique est parfaitement cohérente. Quant au fait d'associer assez librement des structures métriques différentes - le type symétrique du dimètre anapestique et le type asymétrique du vers central -, cela n'a rien d'exceptionnel. Non seulement c'est une caractéristique de la haute tradition dorienne, et de la « *song culture* » spartiate en particulier [2], mais c'est encore également une pratique archaïque assez largement attestée dans les inscriptions métriques les plus anciennes, et dont les associations épodiques d'Archiloque, notamment, constituent une forme dérivée. Parmi les inscriptions pouvant offrir des exemples contemporains d'Alcméon et assez proches de sa composition, l'une mérite plus que les

sonante ou non, est suivie d'une consonne ou non, *etc.* (Ruijgh 1989, p. 311, n. 8), mais encore la simple suppression des liaisons prosodiques accompagnée d'un ralentissement du tempo pouvait aisément suffire à l'allongement anormal d'une syllabe brève en position d'un élément long, ou *longum* (Ruijgh 1987b, p. 337).

1. Le rythme dit « logaédique » désigne un mouvement semi-rythmique de type glyconique supposant l'existence de pieds dactylo-anapestiques « cycliques », c'est-à-dire dont le ratio temporel impliquait une réalisation plus rapide qu'à l'ordinaire. Dans le type pindarique, il se mêle parfois des unités créto-péoniques dont il est difficile de décider si elles n'équivalent pas plutôt à des dipodies trochaïques syncopées (*cf.* Puech 1922, p. 90 à propos de la *Cinquième Pythique*). Notons en particulier l'association relativement libre, dans la *Septième Néméenne*, des séquences que l'on rencontre ici : ⏑ – ⏑ –, – ⏑ – ⏑, – ⏑ –, ⏑ – ⏓. Pour le difficile phénomène musical de « syncopation », correspondant au réagencement temporel de séquences ⏑ – –, – – ⏑, – ⏑ –, – – pour les faire correspondre à des dipodies (ou mètres) iambiques ou trochaïques, voir Steinrück 2007, p. 98-101.

2. Voir p.26, n. 1 et p. 27, n. 2. Pour une illustration du mélange des types symétriques et asymétriques, aussi bien chez un Stésichore que chez un Alcman, à la fin du VIIe siècle, on peut voir West 1982, p. 46-52. Rappelons que l'expression « song culture », ici reprise à C. Calame (2014), remonte à l'ouvrage *Poetry into Drama* de J. Herington (1985, p. 3-4).

autres d'être citée pour la raison qu'elle est originaire de Sybaritide, région voisine de Crotone, que celle-ci finit par dominer à la fin du VIe siècle[1].

CEG **394 :**

δο · Κλεόμροτος — ⏑ — ⏑⏑ (ou — — ⏑⏑)
ὁ Δεξιλάϝο · ἀνέθεκ' ⏑ — ⏑ — ⏑ ⏑ ⏑ — (ou ⏑ — ⏑ — — ⏑⏑ —)
Ὀλυνπίαι · νικάσας ⏑ — ⏑ — — — —
ϝίσο(μ) μᾶκός τε πάχος τε — — — — ⏑⏑ — ⏑
τἀθάναι ἀϝέθλον — — — — — (ou — — — — ⏑⏑ — ; ou — — ⏑⏑ — —)
εὐξάμενος · δεκάταν. — ⏑⏑ — ⏑⏑ —

v. 1 : séquence libre, peut-être logaédique avec la synizèse des deux premières syllabes de Κλεόμροτος
v. 2 : dimètre iambique catalectique ou dimètre choriambique anaclastique (selon la proposition de Bruno Gentili[2])
v. 3 : dimètre iambique catalectique
v. 4 : *enoplion* à brève finale
v. 5 : *hemiepes holospondaïque* ou partiellement spondaïque, ou *reizianum*
v. 6 : *hemiepes*

Ce n'est pas ici le lieu d'analyser la forme et le contenu de cette inscription[3]. Il s'agit simplement de remarquer une très nette hétérogénéité rythmique mêlant séquences asymétriques ou isosyllabiques de type « logaédique » et iambo-trochaïque dans la première partie, et séquences symétriques ou isochroniques de type dactylo-choriambique dans la seconde partie[4]. Il est également possible de montrer que l'agencement

1. La rivière Hylias, au Nord-Est de Crotone, formait une frontière naturelle avec le territoire de Sybaris. C'est à la fin du VIe siècle, avec la prise de cette cité, que Crotone atteint son apogée politique et économique : « the maximum territorial expansion of Kroton was atteined after the victory over Sybaris c. 510, and for this period a Krotoniate dominion is attested by coins with two ethnics : in addition to that of Kroton, those of Sybaris ». *Cf.* Fischer-Hansen, Nielsen, Ampolo 2004, p. 267. Sur l'aide probable de Sparte dans cette conquête, voir Malkin 1999, p. 84, à l'appui du témoignage d'Hérodote (*Histoires* V, 44-45).

2. *Cf.* Gentili 1968, p. 224.

3. En voici la traduction : « Do. Kléombrotos, || le fils de Dexilaos, (m')a offert || en prix de sa victoire à Olympie, || par la longueur et par la largeur égal, || ce prix qu'à Athéna || il avait promis, en dîme due. » Pour un commentaire détaillé, voir Dubois 2002, p. 23-27 et Année 2017, p. 210-216.

4. Remarquons que, sous le prétexte de cette hétérogénéité et parce que « nescimus quantum artis metricae scierit auctor », P. A. Hansen (*CEG*, p. 214) juge préférable, dans les premières lignes de cette inscription, de s'en tenir à de la prose. Il serait peut-être plus juste, plutôt que de juger bien souvent boiteuses les premières manifestations métriques des inscriptions grecques (*CEG*, p. XI), de prendre au sérieux la fluidité des associations *kôlométriques* à l'époque archaïque et la porosité fondamentale de la frontière que *nous établissons* entre « prose » et « poésie ». Pour quelques remarques sur les notions de « prose » et de « poésie » à l'époque archaïque, voir Palù 2005, et en particulier, p. 81, n. 21. On sait que

syntaxique de ces six vers est structuré par une forte symétrie interne reliant deux à deux les lignes 1 et 6, 2 et 5, et 3 et 4. Que cette dédicace soit datable de la première moitié du VIe siècle atteste un environnement poétique local auquel Alcméon pouvait directement ou indirectement participer. Les trois séquences rythmiques qu'on peut identifier dans son propre *incipit* sont en effet également remarquables pour ce qu'elles partagent avec ce type de composition épigraphique une syntaxe assez lâche, voire elliptique, qui resserre le discours et lui confère une certaine efficacité d'ordre déictique [1]. Dans un cas comme dans l'autre, la cohérence de l'organisation rythmique constitue donc aussi un principe organisateur de sens.

Bien que la citation de Diogène Laërce ne soit pas complète, l'ensemble strophique de la deuxième partie du fragment d'Alcméon, tel qu'il vient d'être mis en évidence, possède en effet une unité de sens incontestable. Le simple fait que le premier vers commence par περὶ + gén. et que le troisième se termine par τεκμαίρεσθαι en est peut-être la plus parfaite illustration puisque cela correspond à l'une des constructions prépositionnelles courantes de ce verbe [2]. Ce renvoie chiasmique du dernier terme au premier terme de la strophe, et inversement, est d'autant plus remarquable que le cycle fermé qu'il figure est en parfait accord avec les conceptions qui semblent avoir été celles d'Alcméon, à savoir, d'une part, l'idée cyclique, peut-être physiologique, selon laquelle le commencement et la fin se rejoignent sans cesse, τὴν ἀρχὴν τῷ τέλει προσάψαι (c'est le

la « prose » est indéfectiblement associée au « traité ionien » (voir, par exemple, Kahn 2003 ou Gemelli Marciano 2002, p. 97-98), mais il faudrait certainement reconsidérer cette notion sans se contenter de la définir comme une forme « a-métrique et en même temps "littéraire" » (*cf.* Kahn 2003, p. 142).

1. Dans le cas de l'inscription de Kléombrotos, le mélange rythmique, joint à l'entrecroisement symétrique de l'organisation syntaxique, donne lieu à un ensemble bipartite d'une grande cohérence, en deux moments énonciatifs distincts : tout se passe comme si les trois premiers segments avaient pour fonction de n'exprimer que la *volonté* d'un acte dédicatoire encore virtuel, tandis qu'aux trois suivants était confiée celle d'en marquer la *réalisation* matérielle *effective*. Pour le détail, voir Année 2017, p. 213-216. En ce qui concerne « la rudesse syntaxique » de l'*incipit* d'Alcméon comme reflet de son oralité et de sa fonction d'instauration – et non de transmission ou de conservation d'un savoir traditionnel – voir Gemelli Marciano 2007, p. 21, n. 41.

2. Alors que « the ground on which the judgement or conjecture is founded is commonly added in the dat. » (LSJ, s. v. τεκμαίρομαι, § II. 2), ce sur quoi porte le jugement ou la conjecture s'exprime assez naturellement au moyen de la construction περὶ + gén. *Cf.* Isocrate, *Archidamos* (6), 59, 4-5 (cité par LSJ, *ibid.*) : εἴπερ χρὴ περὶ τῶν μελλόντων τεκμαίρεσθαι τοῖς ἤδη γεγενημένοις, « puisqu'il faut conjecturer l'avenir à l'aune du passé ».

fr. Fp4 = 24 B 2 DK transmis par Aristote)[1], et d'autre part, celle qui reconnaît un mouvement continu dans les choses immortelles (c'est notamment la fin du témoignage de Diogène Laërce [fr. T1 = 24 A 1 DK] concernant la nature de l'âme, l. 12-13 : ἀθάνατον, καὶ κινεῖσθαι αὐτὴν συνεχὲς ὡς τὸν ἥλιον).

On voit donc par là que la ponctuation des manuscrits se trouve confirmée et qu'il n'y a aucune raison de rattacher la première partie du vers, περὶ τῶν ἀφανέων, à l'expression τάδε ἔλεξε du préambule[2]. De même qu'il n'est pas non plus nécessaire d'ajouter quelque pause que se soit entre les deux expressions en περὶ. La diérèse médiane du dimètre anapestique, qui réalise entre elles une liaison particulièrement étroite, doit même résolument nous en empêcher. Leur enchaînement naturel ne relève ni d'une étrange coordination asyndétique, ni encore moins d'une éventuelle dittographie. Maria Laura Gemelli Marciano a reconnu leur relation de dépendance syntaxique[3], mais elle est peut-être plus étroite et plus intriquée qu'elle ne le pense dans la structure d'ensemble du fragment. Étant donné la fluidité dialectale qui semble caractériser ce dernier, et en particulier le jeu sous-jacent avec le dorien local dont témoigne la forme ἔχοντι placée en position finale du vers central[4], on a de bonnes raisons de

1. Pour une interprétation strictement physiologique de ce fragment, contre les interprétations plus généralement philosophico-mathématiques présupposant une influence pythagoricienne (*cf.* Stella 1939, p. 274), voir Fausti 1973, p. 102-103 qui reprend à son compte les analyses de Ch. Mugler 1958, p. 48-50. À l'appui de l'explication qu'Alcméon aurait donné du sommeil par rapport à la mort – comme la suspension partielle momentanée, et non définitive, de la circulation cyclique du sang dans les veines (fr. **T18** = 24 A 18 DK) – celle-ci montre bien comment le fr. **Fp4** (24 B 2 DK) pourrait avoir constitué une conception alcméonienne de la mort en termes d'interruption, par usure, de l'un des cycles vitaux du corps humain.

2. Cette interprétation, proposée par H. Gomperz (1928 et 1953, p. 65), est manifestement reprise par Dorandi (2009, p. 649) et a encore été soutenue, notamment, par S. Kouloumentas (2018, p. 8-10 avec la n. 7, p. 23).

3. *Cf.* Gemelli Marciano 2007, p. 19 : « si on élimine la virgule et si on prend l'expression περὶ τῶν θνητῶν non comme coordonnée, mais comme *dépendant syntaxiquement du syntagme précédent*, le sens est plus cohérent : "sur les choses invisibles qui concernent les mortels" » (c'est moi qui souligne).

4. H. Thesleff (1961), dans le paragraphe qu'il consacre à l'usage de la prose dorienne dans les écrits pythagoriciens (p. 77-96 ; voir p. 85-91 pour un inventaire des formes linguistiques), cite la forme ἔχοντι d'Alcméon comme « the first [and isolated] trace of Doric in prose literature ». Il est certes toujours possible d'invoquer les aléas de la transmission et de considérer, comme celui-ci le suggère (*ibid.*, p. 80), que l'emploi d'une forme dorienne aussi marquée et « isolée » au milieu d'une composition majoritairement ionienne ne peut être due qu'à l'émendation d'un « pythagorizing reader », consciemment ou inconsciemment soucieux de rendre au texte un vernis dialectal authentiquement pythagoricien. Pour le décorticage méticuleux des différentes couches de ce "vernis" dorien dans la prose littéraire

penser que leur succession recouvre bien plutôt une construction relative dialectale et archaïque reposant sur un double emploi, en variation, du présentatif-démonstratif τῶν [1].

Si dans la première expression περὶ τῶν ἀφανέων, cet adjectif présentatif assume la fonction déictiquement neutre qui est habituellement la sienne, dans la seconde, il est probable qu'il joue le rôle d'un authentique pronom relatif comme cela est en usage, à l'époque archaïque, dans un grand nombre de dialectes – dont le grec occidental – et comme cela se rencontre aussi fréquemment dans la prose ionienne [2]. Cela signifie que le premier περὶ τῶν, où τῶν est présentatif-démonstratif, se construit avec l'infinitif final τεκμαίρεσθαι, tandis que le second, où τῶν est en fonction de relatif, introduit la proposition du vers central. Dans ce cas de figure, l'adjectif θνητῶν s'entend alors comme un anaphorique de l'adjectif substantivé ἀφανέων, qu'il représente à l'intérieur de la relative tout en venant le spécifier : « sur les choses invisibles, sur lesquelles – "qui" sont mortelles (…) » [3]. À ce premier enchâssement syntaxique entre le premier et le

du corpus archytéen, véritable « amalgame intralingual », voir Minon 2018. Cependant le mélanges des dialectes, dans les compositions de l'époque archaïque, tout comme celui des types dictionnels, devait être une pratique beaucoup plus répandue qu'on ne croit, aussi bien en « poésie » qu'en « prose ». Voir, en ce sens, Schick 1955, p. 122. Outre qu'on pourrait créditer Diogène Laërce d'un plus grand scrupule dialectal à l'égard des fragments d'*incipit* qu'il nous a préservés en assez grand nombre, des travaux comme ceux d'A. Meillet (1965, en particulier p. 143), K. Mickey (1981 et 1982), A. Morpurgo Davies (2002, p. 161 et 168-170), S. Minon (2007) ou encore A. Alonso Déniz et E. Nieto Izquierdo (2009) montrent assez clairement que tout Grec à l'époque archaïque et classique avait à la fois la conscience de la langue grecque comme d'une entité linguistique abstraite subsumante et en même temps un savoir dialectal suffisamment grand pour permettre non seulement une intercompréhension globale entre les différents parlers grecs, mais encore autoriser les professionnels de la langue – poètes et savants – à jouer des variantes selon les publics et leurs intentions pragmatiques. Il est dommage que la plupart des spécialistes de la doxographie ancienne continuent de s'en tenir trop strictement au cloisonnement des traditions dialectales. *Cf.* Lebedev 2017, p. 249, n. 81 : « The use of Doric in philosophical prose at such an early date is unparalleled, so it is conceivable that the original was written in Ionian dialect, and the Doric forms derive from a later copy made in Doric milieu ».

1. L'article, comme on sait, dans les dictions poétiques et savantes de l'époque archaïque conserve toujours une valeur déictique plus ou moins marquée et c'est ce qui explique cette façon de le nommer.

2. À propos de l'entremêlement étroit, chez Homère, entre les formes du relatif et celles du démonstratif en fonction de relatif, P. Chantraine (1958-1963, t. 1, § 130, p. 277) fait remarquer que « cet emploi du démonstratif pour le relatif s'observe dans un certain nombre de dialectes : lesbien, thessalien, béotien, arcado-chypriote et sporadiquement dans le grec occidental » et que cet usage, non attesté dans l'épigraphie ionienne, « est au contraire fréquent chez les écrivains ioniens ».

3. Ce qui revient en quelque sorte à conférer au premier génitif τῶν ἀφανέων, outre qu'il est commandé par la préposition περὶ, une valeur quasi-partitive. Et ce qui signifie que

troisième vers et entre le premier et le second vers, s'en ajoute une autre, plus paratactique, qui, de son côté, s'occupe de relier le troisième vers au vers central et ainsi de parachever la cohésion de l'ensemble. Celle-ci est soulignée à la fois par le balancement des particules μὲν… δὲ… et par un renforcement, devant δὲ, de la conjonction adverbiale ὡς dont la fonction essentielle est d'exprimer une relation – ici une proportion relative et quasi-consécutive entre le savoir des dieux et celui des hommes –, mais dont on sait aussi qu'elle peut servir à exprimer une exclamation et qu'elle peut par conséquent comporter une dimension injonctive[1].

Alcméon, fr. F1 (24 B 1 DK) :

Ἀλκμαίων Κροτωνιήτης τάδε ἔλεξε Πειρίθου υἱὸς Βροτίνῳ καὶ Λέοντι καὶ Βαθύλλῳ·

περὶ τῶν ἀφανέων | περὶ τῶν θνητῶν
    σαφήνειαν **μὲν** θεοὶ ἔχοντι,
ὡς **δὲ** ἀνθρώποις | τεκμαίρεσθαι

Voici les paroles qu'Alcméon de Crotone, fils de Peirithous, à Brotinos, Léôn et Bathyllos, a adressées :

Sur les choses invisibles, sur lesquelles – étant mortelles –,
    les dieux gardent la certitude,
à nous les hommes de conjecturer !

θνητῶν fonctionne comme un attribut et non comme un adjectif substantivé qui, comme l'a souligné M. L. Gemelli Marciano (2007, p. 19), serait assez inhabituel au neutre.

1. Pour l'origine relative de la conjonction adverbiale ὡς, dont l'emploi est souvent comparatif, voir Chantraine 1958-1963, t. 2, § 370, p. 251. C'est à cette origine que se rattachent non seulement le tour corrélatif avec l'adverbe démonstratif ὥς / οὕτως, mais aussi les emplois exclamatifs et optatifs de ὡς. Parmi les exemples d'exclamations cités par P. Chantraine, on peut mentionner celui de l'*Il.* 21, 441 : νηπύτι' ὡς ἄνοον κραδίην ἔχες, « sot que tu es ! comme tu as le cœur insane ! ». Le tour n'est évidemment pas seulement homérique et d'autres emplois sont attestés à l'époque classique. Citons par exemple le soupire de Polynice dans les *Phéniciennes* d'Euripide, v. 374 : ὡς δεινὸν ἔχθρα, μῆτερ, οἰκείων φίλων, « que la haine est chose terrible, mère, entre des proches faits pour s'aimer ! ». Cette valeur exclamative de ὡς, dans le vers d'Alcméon, était certainement d'autant plus latente qu'elle venait se combiner (comme on va le voir ci-après) avec la valeur elle-même potentiellement exclamative de la phrase nominale qu'il représente et avec celle de l'infinitif τεκμαίρεσθαι, tendant à fonctionner comme un quasi-impératif.

Chapitre II

UN COMMENCEMENT STROPHIQUE À VERTU POLITICO-PARÉNÉTIQUE ?

Selon cette interprétation guidée par l'ordonnancement poétique du discours, le double *incipit* d'Alcméon apparaît donc plus affirmatif et plus parénétique qu'on a coutume de le comprendre.

La traduction qui vient d'être proposée, pour inhabituelle qu'elle soit, permet de rendre compte, non seulement de la cohérence de l'unité strophique, mais aussi de la vigueur de l'énoncé rassemblé sur lui-même : vigueur de la répétition initiale, et vigueur, surtout, de l'énoncé nominal du troisième vers (ὡς δὲ ἀνθρώποις τεκμαίρεσθαι), qui n'a nul besoin de se voir suppléer, comme cela a pu être suggéré, par telle ou telle forme verbale conjuguée [1]. La phrase nominale est un type d'énoncé courant en grec archaïque qui a son autonomie propre et fonctionne en parallèle, dans la langue, avec les énoncés à verbes conjugués. Sa « fonction verbale », qui est prise en charge par ce que Nicole Lanérès a appelé par commodité une « pause », la distingue des autres énoncés en lui conférant une puissance d'expressivité spéciale, due à une forme de virtualisation que ceux-ci ne peuvent exprimer. La valeur exhortatoire ou injonctive dont elle peut se voir investie est bien connue [2]. Dans l'emploi qu'en fait Alcméon,

1. La forme δέδοται, par exemple, est proposée par l'édition DK (vol. 1, p. 214), suivie du LSJ (s. v. τεκμαίρομαι, § II. 1), tandis que l'expression ἔξεστιν ἡμῖν est suggérée par W. Kranz (1949, p. 86), dans sa sélection de fragments que R. Joly (1953) reconnut comme « une sorte d'*editio minor* » des *Vorsokratiker*.

2. *Cf.* Lanérès 1994 (en particulier, p. 457). Celle-ci a mis en évidence différentes fonctions de la relation prédicative caractéristique de la phrase nominale liées au contenu sémantique de l'énoncé, parmi lesquelles l'exhortation trouve une place à part entière. Voir également, en ce sens, Chantraine 1958-1963, t. 2, § 2, p. 3, *Remarque* et § 4, p. 5. Plus

cette valeur latente est confortée par sa combinaison avec la charge, potentiellement directive, que comporte ici l'infinitif τεκμαίρεσθαι[1].

Τεκμαίρεσθαι ne correspond pas, au sens strict, à un authentique infinitif directif – c'est-à-dire un infinitif en fonction de quasi impératif – si l'on considère qu'il est sous la dépendance du datif ἀνθρώποις, proposition minimale à valeur possessive, auquel il servirait d'objet (« les hommes ont en leur pouvoir de » ou « il appartient aux hommes de » + inf.)[2]. Mais, outre que son emploi en phrase nominale ainsi que la présence de la conjonction adverbiale ὡς, autant exclamative que consécutive, lui laissent une marge de liberté suffisamment grande pour fonctionner comme tel, il est également possible de comprendre le datif de façon indépendante et absolue dans sa fonction de marqueur du sujet intéressé par l'énoncé (« en ce qui concerne les hommes »)[3]. Quoi qu'il en soit, la compossibilité même de ces deux interprétations montre que le datif est ici suffisamment fluide pour ne pas véritablement entraver l'infinitif et c'est peut-être là, précisément, la raison de son emploi.

La construction au datif est en effet ici très habile. Elle apparaît assez manifestement comme une façon de désigner l'agent du procès verbal « conjecturer » de façon périphérique et secondaire par rapport à l'expression et à la réalisation souhaitée du procès verbal lui-même.

récemment, C. Denizot (2011, p. 59-75) a bien montré le caractère proprement injonctif de ce qu'elle préfère appeler les phrases « averbales » : « les phrases averbales, dans toute leur diversité, peuvent donc se charger d'une valeur directive, que la fonction prédicative soit assurée par un adverbe, un groupe prépositionnel, un groupe nominal ou une négation » (*ibid.*, p. 72).

1. L'importance de cet infinitif dans l'*incipit* d'Alcméon, véritable « parola chiave di tutto il frammento » (Fausti 1973, p. 92-93), ne fait aucun doute en ce qu'il détermine sa posture épistémologique en la rapprochant à la fois de celle des historiographes et des médecins hippocratiques (*ibid.*, p. 93, n. 41-43) et de celles d'un Xénophane (fr. 21 B 34 DK) et, de manière préfigurative, d'un Anaxagore (fr. 59 B 21a DK). D. Fausti a très bien défini le processus mental auquel il renvoie, consistant non pas à « démontrer », mais à « formulare un giudizio su un argomento anche sconociuto, partendo da fatti noti ». La nécessité positive de conjecturer pour se former une sorte de « vision » capable de suppléer aux défauts de la vue situe en effet Alcméon dans ce vaste courant de pensée que J. Allen (2001 , notamment p. 2 et n. 6) définit comme celui de l'« inference from signs ». Concernant plus particulièrement le sens de l'énoncé d'Anaxagore (ὄψις ἀδήλων τὰ φαινόμενα), il faut voir Diller 1932.

2. Pour la valeur possessive du datif, plus inaliénable que celle qu'exprime le verbe *avoir*, voir Benveniste 1966 (14).

3. Le « signifié sémantique » fondamental du datif, en grec aussi bien qu'en latin, a été particulièrement bien explicitée par G. Serbat (1996, p. 436-438 et 579) en termes de « *balise de signalisation* » propre à désigner la cible sur laquelle se concentre un énoncé, comme c'est le cas, de manière paradigmatique, dans les dédicaces. Voir également Chantraine 1958-1963, t. 2, § 85, p. 67.

Lorsque l'agent d'un infinitif directif est mentionné en grec, il s'exprime généralement soit au nominatif soit à l'accusatif et, le plus souvent, par le biais d'une forme participiale. Ce tour est caractéristique des textes procéduraux, de type didactique ou parénétique, et oraculaire. Camille Denizot, qui a consacré toute une monographie aux formes verbales de l'injonction en grec, montre qu'il est tout particulièrement fréquent, à l'époque archaïque, dans *les Travaux et les Jours* et dans les traités hippocratiques. Voici deux exemples parmi ceux qu'elle mentionne[1] :

Hippocrate, *Maladies* II, 36 (25) 2 = Littré VII, p. 52, l. 17 :

Ὅταν οὕτως ἔχῃ, σχίσαντα τὴν ῥῖνα σμίλῃ **ἐκκαθῆραι**.
Quand il est dans cette situation, fends la narine avec un bistouri et nettoie soigneusement.

Hésiode, *Travaux*, v. 622-623 :

Καὶ τότε μηκέτι νῆας **ἔχειν** ἐνὶ οἴνοπι πόντῳ,
γῆν δ' **ἐργάζεσθαι** μεμνημένος, ὥς σε κελεύω.
Et à ce moment là, ne garde plus de navire sur la mer vineuse,
mais souviens-toi de travailler la terre, comme je te le recommande.

Bien qu'elle ne l'ait pas retenu dans son *corpus* de textes, on en trouve également un emploi tout à fait caractéristique dans le vers introducteur du fragment parénético-oraculaire de Tyrtée :

Tyrt. fr. 20, 1 A (= 4, 1 West) :

Φοίβου ἀκούσαντες Πειθωνόθεν οἱ τάδε **νικᾶν**
En écoutant Phoibos, depuis l'antre de Peithô, qu'on lui gagne ces mots.

La différence entre le nominatif et l'accusatif répond à un principe d'ordre pragmatique et énonciatif : le nominatif est employé, comme dans les exemples hésiodique et tyrtéen (μεμνημένος pour l'un, ἀκούσαντες pour l'autre), lorsque l'agent du procès est confondu avec l'interlocuteur, alors que l'accusatif, comme dans le texte hippocratique (σχίσαντα), permet au contraire de les différencier[2]. Lorsqu'en revanche aucun agent n'est spécifié, comme cela se rencontre notamment dans le *Code*

1. *Cf.* Denizot 2011, respectivement, § VII. 3.3.2, p. 334 et § VII. 4.1, p. 336.

2. Pour ces conclusions concernant la différence entre l'emploi du nominatif et celui de l'accusatif, voir Denizot 2011, § VII. 3.2.2 et 3.3, p. 329 et § 3.3.2, p. 335. Cette différence serait un moyen de pallier l'impossibilité, pour l'infinitif, d'exprimer la personne verbale et recouvrirait donc la différence d'emploi des personnes qui caractérise l'impératif et le subjonctif : le nominatif fonctionnerait comme l'équivalent de la deuxième personne, l'accusatif comme celui de la troisième personne.

de Gortyne, cela signifie que le locuteur entend insister sur le seul procès verbal, dans l'indifférence totale du ou des agents censés en assumer la réalisation[1]. Par la construction au datif, qui est une sorte de fausse désignation de l'agent, l'exemple d'Alcméon se distingue de ces trois cas de figure. Il a ceci d'exceptionnel qu'il parvient à conjoindre une focalisation absolue de l'énoncé sur le procès verbal de τεκμαίρεσθαι, comme dans les cas d'absence d'agent, et en même temps une focalisation, plus forte encore que dans les cas d'emploi du nominatif, sur l'intérêt que représente un tel procès pour les interlocuteurs-agents que sont ici les hommes en général (ἀνθρώποις)[2].

Cela n'est pas sans conséquences sur le sens qu'il faut donner à l'ensemble du fragment. Deux points, en particulier, peuvent ainsi s'éclairer : le contexte de la performance d'un côté, la nature des intentions épistémologiques et pragmatiques d'Alcméon de l'autre. Par ce processus paradoxal d'impersonnalisation radicale du destinataire, réorienté dans l'intérêt même de ce destinataire, on voit tout d'abord que le discours savant d'Alcméon opère une ouverture maximale de son énonciation, qui contraste fortement avec la mention des trois interlocuteurs dans la première partie de l'*incipit*, et conforte ainsi l'hypothèse d'une double performance : l'une, passée, prononcée en la compagnie restreinte de Brotinos, Léôn et Bathyllos ; la seconde, publique et à destination d'un auditoire plus large, dont l'indétermination même suggère qu'il pourrait avoir constitué l'ensemble de la communauté civique de Crotone.

L'impersonnalisation ou l'indifférenciation de l'énonciation est un des traits caractéristiques des discours parénétiques, dont les élégies d'exhortation de Tyrtée, avec celles de Kallinos, marquées par l'emploi symbolique du pronom indéfini τις, fournissent l'exemple le plus ancien et le plus emblématique. Sa fonction, éminemment persuasive et rassembleuse, laisse à penser que le discours poético-médical d'Alcméon pouvait contenir des considérations plus générales, d'ordre politique et communautaire, sur la possibilité de la connaissance humaine et la nécessité d'exercer son jugement à partir des données concrètes de l'expérience. Comme on va le voir, c'est une hypothèse qui pourrait être compatible avec le peu de chose que l'on sait du contexte socio-politique de Crotone

1. *Cf.* Denizot 2011, § VIII. 3.1.2, p. 368. Dans l'occurrence considérée (*Code de Gortyne* 3, l. 31-34), « il est totalement indifférent que ce soit le mari ou toute autre personne qui se charge de transmettre l'héritage à qui de droit. Seul le procès importe, quel que soit l'agent de ce procès ».

2. Pour la possibilité laissée aux infinitifs directifs de centrer l'énoncé sur l'intérêt de l'interlocuteur, voir Denizot 2011, § VII. 4.3, p. 338.

entre le milieu et la fin du VIe siècle. Mais c'est une hypothèse qui concorde surtout en bonne partie avec ce que pourrait avoir contenu le discours d'Alcméon : non seulement avec le lemme des *Aëtiana*, correspondant au fr. **Fp6** (24 B 4 DK), où l'on trouve pour la première fois une analogie entre l'équilibre du corps sain et l'idée politique d'*isonomia*, mais aussi, dans une mesure peut-être plus sociale que strictement politique, avec le fr. **F3** (24 B 5 DK), qui exprime de son côté la difficulté à discerner les amis des ennemis.

Le fr. **F3** (24 B 5 DK) est une citation *verbatim* de Clément d'Alexandrie, qui n'a aucune raison de ne pas être aussi authentique que le v. 652 de l'*Antigone* de Sophocle que celui-ci cite juste à la suite. Mais il y a plus. Il est d'autant plus légitime de le mettre en rapport avec l'*incipit* qu'il est possible d'y reconnaître une structure métrique qui coïncide au plus haut point avec celle de l'unité strophique de ce dernier. Si l'on conserve la prononciation longue de la syllabe finale de φυλάξασθαι en dépit de sa position en hiatus, comme cela peut se produire et comme on a vu que ce pouvait précisément être le cas de θεοὶ dans l'*incipit*, la citation s'interprète en effet comme la succession d'une dipodie trochaïque (– ⏑ – ⏑) et d'une forme lâche qu'on peut identifier comme un type inhabituel de dimètre anapestique catalectique sans diérèse médiane (– – ⏑ ⏑ – – – ⏑ ⏑)[1] ou bien comme l'association fluide d'un *reizianum* (x – ⏑⏑ – x) et d'une unité créto-péonique (– ⏑⏓) :

Alcméon, fr. **F3** (24 B 5 DK) (Clément, *Stromates* VI, 16) :

Ἀλκμαίωνος γὰρ τοῦ Κροτωνιάτου λέγοντος
ἐχθρὸν ἄνδρα / ῥᾶιον φυλάξασθαι / ἢ φίλον ||
– ⏑ – ⏑ / – – ⏑⏑ – – (/) – ⏑⏑ ||

Car ainsi le dit Alcméon de Crotone :
D'un homme hostile il est plus facile de se garder que d'un ami[2]

1. L'absence de diérèse et la non-résolution du *biceps* de la dernière unité anapestique, phénomènes tous deux inhabituels, suggèrent comme autre possibilité l'identification d'une forme lâche d'*enoplion*, dont la dernière position serait réalisée par un *biceps* non-contracté (x – ⏑⏑ – ⏑⏑ – x), comparable, de façon symétrique, au type à *biceps* initial que M. L. West (1982, p. 35) préfère appeler *paroimiaque*.

2. La suite du passage, qui concerne Sophocle, est la suivante : ὁ μὲν Σοφοκλῆς ἐποίησεν ἐν τῆι Ἀντιγόνηι τί γὰρ γένοιτ' ἂν ἕλκος μεῖζον ἢ φίλος κακός ;, « Sophocle, dans son *Antigone* (v. 652), a pour sa part composé ce vers : "quel pire fléau peut-il arriver que d'avoir un ami mauvais ?" ».

Quant au lemme des *Aëtiana* (ou *Placita*)[1], indépendamment du fait qu'il reste irrémédiablement une reformulation résomptive de la doctrine médicale attribuable à Alcméon, il semble qu'on puisse au moins considérer l'emploi des noms ἰσονομία et μοναρχία comme authentique, et partant comme l'une des plus anciennes attestations, si ce n'est la première, de ces deux termes[2] :

Aëtiana V.30.1 (Runia 1999, p. 248) = Alcméon, fr. **Fp6** (24 B 4 DK)[3] :

Ἀλκμαίων. τῆς μὲν ὑγείας εἶναι συνεκτικὴν **ἰσονομίαν τῶν δυνάμεων**, ὑγροῦ θερμοῦ ξηροῦ ψυχροῦ πικροῦ γλυκέος καὶ τῶν λοιπῶν· τὴν δ' ἐν

1. Pour une bonne présentation contextuelle du lemme d'Alcméon dans le dernier chapitre du livre V des *Placita*, traité théophrastien attribué à Aëtius, voir Kouloumentas 2014, p. 869-870.

2. On compte deux autres attestations à peu près aussi anciennes : celle d'Hérodote, dans ce fameux passage des *Histoires* (III, 80-83) rapportant la discussion qui aurait eu lieu en Perse à la fin du VIe siècle et où l'*isonomia* défendue par Otanès est explicitement opposée au pouvoir monarchique prôné par Darius ; et celle du chant symposiaque composé peu après l'assassinat d'Hipparque en 514, où les tyrannoctones Harmodios et Aristogeiton sont loués au titre de restaurateurs d'*isonomia* (*cf.* fr. 893 et 896 Page [*PMG*]). Bien que J. Mansfeld (2013), adoptant une position sceptique, préfère considérer une interpolation doxographique influencée par le débat hérodotéen, rien n'empêche sérieusement d'attribuer l'emploi de ces deux termes à Alcméon, à une époque où toutes les cités de Grande Grèce sont marquées par divers bouleversements socio-politiques, où les idées et les hommes circulent activement et où, surtout, la notion même d'*isonomia*, loin de constituer originellement ce qu'Hérodote nous présente comme le double symétrique inverse de l'oligarchie et de la monarchie, se définit au contraire par une extrême fluidité. Voir Sassi 2007, p. 198-199, avec la n. 19. Concernant la variabilité de l'idée d'« égalité » dans les cités grecques et de Grande Grèce en particulier, voir Lombardo 2005. Voir également Kouloumentas 2014, p. 871, n. 9 pour les trois arguments qu'il oppose au jugement de J. Mansfeld (2013). Enfin, pour un recentrage ionien de la pensée politique d'Alcméon, entre celle d'Hérodote et celle d'Héraclite, voir Lebedev 2017, p. 247-254.

3. Le texte de D. T. Runia, ici reproduit, repose principalement sur le témoignage du Ps.-Plutarque. Le texte de l'édition Diels-Kranz est légèrement différent : l. 1-2, l'ordre est modifié : ὑγροῦ, ξηροῦ, ψυχροῦ, θερμοῦ, πικροῦ, γλυκέος || l. 3 : μοναρχίαν || l. 4 : ὡς δὲ ἐξ οὗ || l. 4-5, après ἐγκέφαλον est inséré : ἐγγίνεσθαι δὲ τούτοις ποτὲ κἀκ τῶν ἔξωθεν αἰτιῶν, ὑδάτων ποιῶν ἢ χώρας ἢ κόπων ἢ ἀνάγκης ἢ τῶν τούτοις παραπλησίων. Pour la question particulièrement complexe d'Aëtius, auteur reconstruit par H. Diels (1879), distinct d'Arius Dydime et présumé source unique des passages parallèles non seulement du Ps.-Plutarque et de Stobée, mais encore de Théodoret, il faut voir, d'une part, les trois volumes co-édités par J. Mansfeld et D. T. Runia (1997, 2009 et 2010), qui valident en les consolidant les hypothèses de Diels (voir en particulier 1997, p. 64-120 pour la théorie de ce dernier et p. 238-266 pour la distinction entre Aëtius et Arius Dydime) ; et d'autre part, concurremment, l'étude de H. Bottler (2014) qui rouvre la question en revenant sur la confrontation des passages du Ps.-Plutarque et de Stobée, et en montrant que le problème des sources et de la transmission d'Aëtius rend toute reconstruction du texte en fin de compte impossible, sauf dans les quelques cas de parfaite identité entre Ps.-Plutarque et Stobée.

> αὐτοῖς **μοναρχίαν** νόσου ποιητικὴν· φθοροποιὸν γὰρ **ἑκατέρου μοναρχία**. Καὶ νόσον συμπίπτειν ὡς μὲν ὑφ' οὗ ὑπερβολῇ θερμότητος ἢ ψυχρότητος· ὡς δ' ἐξ ἧς διὰ πλῆθος τροφῆς ἢ ἔνδειαν· ὡς δ' ἐν οἷς ἢ αἷμα ἢ μυελὸν ἢ ἐγκέφαλον· τὴν δὲ ὑγείαν τὴν σύμμετρον τῶν ποιῶν κρᾶσιν.
>
> Alcméon : le maintien de la santé réside dans le **partage contrebalancé** des puissances, l'humide, le chaud, le sec, le froid, l'amer, le doux, et le reste, tandis qu'une **domination sans partage** entre eux est le déclencheur de la maladie. Destructrice, en effet, est la **domination souveraine** de l'un ou l'autre des opposés. Aussi la maladie survient-elle, quant à la cause, par excès de chaleur ou de froideur ; quant à son origine, par abondance ou manque de nourriture ; quant à son siège, ou dans le sang, ou dans la moelle, ou dans le cerveau. La santé, de son côté, tient au mélange proportionné des qualités.

Si l'on ne peut être sûr que l'énoncé proverbial du fr. **F3** (24 B 5 DK) s'entendait comme une recommandation morale, un appel au discernement d'ordre privé qui valait aussi pour le domaine public et recouvrait par conséquent un conseil d'intérêt commun[1], la dimension politique de l'explication médicale qu'Alcméon aurait donnée, pour la première fois, de la santé et de la maladie est en revanche incontestablement reconnue[2]. Mais s'il est vrai que « l'usage qu'[il] fait ici du vocabulaire politique est la mise en œuvre d'un processus analogique auquel était attachée consciemment une valeur heuristique » et si, en bon médecin, « il admet une évaluation positive de l'idéal isonomique »[3], il est en revanche anachroniquement simplificateur de considérer qu'au sein des conflits et des bouleversements

1. Sur la conception paradoxale, à la haute époque archaïque, de la frontière poreuse et évanescente qui sépare les amis des ennemis, voir Slatkin 2011b, ainsi que le traitement ambigu, en *sfumato*, qu'en présentent les fragments de Tyrtée (Année 2017).

2. Selon les termes exacts de M. M. Sassi (2007, p. 198), « il est évident que l'usage que fait Alcméon du vocabulaire politique [c'est-à-dire une "application explicite du concept d'*isonomia* à la description (et à l'explication) d'une réalité biologique"] est la mise en œuvre d'un *processus analogique*, auquel est attachée consciemment une valeur heuristique ». Pour cette première formulation d'une analogie politique dans la conception de la santé et de la maladie, voir également Fausti 1973, p. 108 ; Cambiano 1982 et 1983 qui la compare à celle de Platon et celle des médecins hippocratiques ; Schubert 1997 qui la met en rapport avec d'autres polarités, comme celles du bien et du mal ou de l'utile et du nuisible, et qui constate une nette évolution de la conception des choses à partir du *Corpus hippocratique* où prévaudrait une relativisation au cas par cas ; Kouloumentas 2014 qui, tout en faisant remarquer que les termes ἰσονομία et μοναρχία ne sont pas directement attestés chez les auteurs du *Corpus*, considère que leur polarité « reflects the contemporary political struggles in Magna Graecia » (p. 872).

3. *Cf.* Sassi 2007, p. 199.

politiques que pouvaient connaître les cités de Grande Grèce, Alcméon fut le champion de la démocratie avant l'heure[1].

Puisqu'il y a des raisons de croire que le lemme des *Aëtiana* nous livre la plus ancienne attestation du nom abstrait ἰσονομία, il faut être cohérent et rendre à ce mot composé la valeur primordiale que lui confère son premier élément (qui n'est pas le plus évident des deux) et à côté de laquelle on passe si on le réduit à la simple idée d'« égalité »[2]. Depuis la démonstration de Charles de Lamberterie, à l'appui des faits mycéniens et de la phraséologie homérique, il est en effet établi que l'adjectif ἴσος est directement issu du thème verbal à valeur médio-passive de la racine **h_1u̯eid-* signifiant « paraître, ressembler », et qu'en tant que tel ce qu'il exprime en fait beaucoup plus fondamentalement ce sont les deux idées conjointes, d'un côté d'une « implication personnelle », d'un « effort fourni », de l'autre d'une « ressemblance » qui vaut « équivalence ». Son emploi particulier, dans les poèmes homériques, pour indiquer qu'un dieu s'est rendu pareil à un mortel est la plus parfaite illustration de cette double valeur : ἴσος n'exprime pas la stricte égalité, il indique qu'un « effort » a été fait « pour tendre vers, pour se rendre semblable à », ou pour le dire

1. *Cf.* Kouloumentas 2014, en particulier les conclusions des p. 884-885 en termes d'égalitarisme généralisé dans la pensée d'Alcméon et de « stark contrast to the systems of earlier thinkers ». Selon S. Kouloumentas, Alcméon « should have been in favour of an egalitarian constitution, probably democracy itself » et, face à un principe de « souveraineté » absolue censé caractériser la pensée archaïque (caricaturalement repris à Vernant 1962, pourtant utilement réajusté par Sassi 2007, p. 202-215), il aurait été l'un des premiers propagateurs d'une forme alternative de gouvernement « based on the equal status of opposing parties », et ce faisant, l'un des acteurs de la soi-disant marche téléologique des cités grecques vers l'idéal de la démocratie (absolue). Rappelons cependant, à l'aune des conclusions de K. A. Raaflaub (1990), qu'on ne peut guère parler de démocratie au sens strict, à Athènes même, avant la réforme d'Éphialtès dans les années 460 et qu'il ne s'agit encore que des balbutiements d'un processus long et complexe, où la mise en place de structures authentiquement démocratiques n'a finalement jamais correspondu qu'à de courtes phases intermédiaires. M. Giangiulio (2015), reprenant ces arguments à son compte mais en les plaçant dans une perspective plus radicale encore – non plus évolutionniste mais en termes de « disfonctionnements structurels » et d'« intégration politique » (p. 27-29) – montre même que la plupart des entreprises démocratiques qui furent menées en Grèce (Athènes, Syracuse, Crotone, Thourioi, Tarente), dans le souci d'équilibrer les différences socio-économiques qu'elles toléraient, tendaient toujours plus ou moins à se déliter sous la forme d'oligarchies inavouées.

2. *Cf.* Kouloumentas 2014, p. 871 : « It (*isonomia*) consists of two components but the second component is debatable : *isos* ("equal") and *nomos* ("law", "custom", "order") or *nemein* ("to allot", "to distribute") ».

autrement, il fait référence à la transformation d'un rapport qui n'était précisément pas égal en un rapport d'équivalence [1].

Comme en conclut à juste titre M. Michela Sassi au terme de l'utile réajustement qu'elle fait subir à la pensée fondatrice de Jean-Pierre Vernant, c'est l'idéal d'*eunomia* et de « médiété » qui domine toute la pensée archaïque et non celui, isonomique, de la cité classique [2]. Dans un tel contexte, la valeur primordiale d'ἴσος prend tout son sens, et à plus forte raison encore à l'intérieur d'un mot forgé sur la base radicale du verbe νέμειν « partager, répartir » [3]. L'*isonomia*, à l'époque archaïque, renvoie non pas à un processus de « nivellement absolu des différences » mais à un « effort d'équivalence dans le partage » entre les membres du corps civique, et elle ne correspond par conséquent à rien d'autre qu'à une organisation de type oligarchique élargi, dans toute la variété des formules que les différentes cités grecques en formation pouvaient alors lui donner [4].

1. *Cf.* Lamberterie 1990, t. 2, § 317-318, p. 945-949 et 1998 (CEG 2) où est réaffirmée la forme à laryngale de la racine (**h$_1$u̯eid*- et non **u̯eid*-) justifiée par le mycénien *e-wi-su*-, représentant la forme peut-être originelle *ἐϝισύ-. C'est en partant des analyses de C. Ruijgh (1987a) en faveur d'un adjectif grec dérivé d'une racine « ressembler », et non pas du numéral « deux » comme A. Meillet (1925, p. 12-13) l'avait suggéré, que Ch. de Lamberterie parvient à cette double conclusion : « toutes les conditions étaient réunies pour que dans la préhistoire du grec un adjectif en *-*su*- puisse être construit sur la racine **(h$_1$)u̯eid*- / **(h$_1$) u̯id*- ; le fait que cet adjectif ait le sens de "égal < semblable" prouve que l'assise verbale en est bien un thème à valeur médio-passive, signifiant "paraître, (res)sembler" et non, comme l'actif correspondant, "voir" (gr., lat.) ou "trouver" (i. ir.) ». Pour la phraséologie homérique représentée par la formule δαίμονι (ϝ)ῖσος #, « semblable à un dieu », et par le participe aoriste (ϝ)εισάμενος, « se rendant semblable (à un mortel), voir Lamberterie 1990, *ibidem*, t. 2, p. 947.

2. *Cf.* Sassi 2007. L'article dans son ensemble est consacré à montrer combien la notion d'*isonomia* a été contaminée par la démarche de J.-P. Vernant qui tend à superposer l'histoire de cette notion à l'histoire même de la *polis*, « miracle laïc qui a pour nom Cité (la majuscule est à ce propos très significative) ou, par association presque synonymique, démocratie » (Sassi 2007, p. 192-193). Pour la prévalence des idées d'*eunomia* et de *meson* ou « médiété » – dont dépend précisément l'idée primordiale d'*isonomia* – voir plus particulièrement les p. 196-167 et 213 où l'on en trouve une définition en termes d'« équilibrage attentif des exigences de classes à influence *inégale* ». Voir également, en ce sens, Vlastos 1946 à propos de l'*eunomia* de Solon, Raaflaub 1990 et 2004, p. 95 et Zhmud 2012, p. 358. Pour l'interprétation inverse, en termes de démocratie radicale, voir notamment les réflexions de Vlastos 1953, p. 353 et 1973, p. 175-177 et celles d'Ostwald 1969, p. 99-106.

3. Le radical νομο- / -νομος, issu de la base verbale νέμειν, a fourni un grand nombre de composés. Si au premier terme il prend généralement le sens d'« usage, loi », au second terme, il forme souvent des composés de détermination se rapportant globalement au sens général du verbe νέμω. Cf. *DELG*, s. v. νέμω, p. 715.

4. À propos de l'hétérogénéité de l'évolution politique des cités grecques, ainsi que de la conception de l'*isonomia* en termes d'« oligarchie élargie », voir Meier 1980, p. 51-90, et Sassi 2007, p. 197, qui en reprend les analyses à son compte.

Or, si cette conception évasive et polymorphe de l'*isonomia* coïncide parfaitement avec la notion archaïque d'« aristocratie », salutairement révisée en termes de simple "citoyenneté" par Alain Duplouy[1], et avec la fluidité fondamentale qui caractérise, dans la pensée grecque archaïque, l'idée même d'« égalité civique »[2], il se trouve qu'elle s'accorde de surcroît particulièrement bien avec la double formulation par laquelle Alcméon rend compte de la santé : à la fois avec l'explication par laquelle commence le lemme, celle d'un phénomène d'équivalence binaire entre les constituants corporels (ἰσονομίαν τῶν δυνάμεων [l. 1] / ἑκατέρου [l. 3]) – quelque soit l'interprétation médicale qu'on donne de la nature exacte de cette équivalence[3] – et *en même temps* avec l'idée finale et résomptive, à la dernière ligne, d'un mélange proportionné des qualités (σύμμετρον τῶν ποιῶν κρᾶσιν). Il n'y a pas à voir de contradiction entre ces deux définitions : tout effort pour « équivaloir à » implique en soi mélange et proportion – et, en ce sens, indirectement aussi « médiété »[4].

1. *Cf.* Duplouy 2013, et en particulier les conclusions des p. 164-166 qui constituent un véritable manifeste pour « dés-aristotéliser » l'histoire de la Grèce archaïque et repenser l'idée d'« aristocratie » comme la simple « expression de la citoyenneté archaïque ». J'y reviens plus bas, p. 95.

2. Voir plus haut, p. 40, n. 2.

3. Pour un examen des trois types de relations possibles entre les paires de δυνάμεις – (1) équivalence universelle, (2) équivalence exclusivement interne à chaque paire d'opposés, ou (3) équivalence à la fois interne à la paire et entre les différentes paires – avec une préférence pour la dernière, voir Kouloumentas 2014, p. 876-879. Cette option s'accorde de fait assez bien avec la différence qui sépare à l'évidence Alcméon des Pythagoriciens au sujet de la doctrine des opposées, puisqu'au vu du fr. **T3a** (24 A 3 DK) « i Pitagorici enunciavano le opposizioni secondo un criterio definito, dicendo quante e quali erano, invece il nostro medico le metteva a caso (τυχούσας) » (*cf.* Fausti 1973, p. 89-90). Pour cette fluidité fondamentale, en termes d'interdépendance généralisée, qui caractériserait la conception alcméonienne, voir également Timpanaro Cardini 1958, p. 127.

4. S'il est vrai qu'on peut reconnaître dans le lemme des *Aëtiana* une certaine coloration aristotélicienne – notamment dans la deuxième partie où sont distingués différents types de causes (*cf.* Fausti 1973, p. 109) – il y a d'autant moins de raisons de condamner l'emploi des termes σύμμετρον et κρᾶσιν comme une extrapolation théophrastienne (*cf.* Kouloumentas 2014, p. 878 qui les juge en contradiction avec l'interprétation sur-démocratique qu'il donne de l'*isonomia*) que toute la culture grecque, et la culture grecque occidentale en particulier, depuis la haute époque archaïque et le temps des premières colonisations, est fondamentalement « *sym-metrical* ». Voir à ce propos l'article éclairant de S. Klotz (2014) où est montré que c'est un « *sym-metrical momentum* » qui permet d'expliquer « how Greek culture socialized metrically » (p. 222) : « Greek culture was *metrical* as *metron* was an important virtue and moral norm. (...) Metricality enhances cognition, reasoning and inference. (...) It could materialize in political agreements as well as in the shape of *melos* and in other phenomena ». À propos du composé σύμμετρος « de même mesure que », qui relèverait d'un vocabulaire originellement technique (mathématique et musical), et dont les premiers emplois remontent à Eschyle et aux écrits médicaux, voir les remarques de M. Casevitz (2010, p. 53-54). « La *summetria* », selon lui, « c'est la bonne

Si cet idéal d'équivalence que semble avoir prôné Alcméon entre les puissances appariées du corps, comme entre les membres du corps civique [1], permet de soutenir l'idée de l'indépendance de sa pensée à l'égard de celle des Pythagoriciens – sans doute alors moins empirique scientifiquement et plus aristocrato-centrée politiquement – cela, néanmoins, n'implique pas nécessairement une opposition radicale [2]. La performance poético-médicale publique d'Alcméon pourrait avoir comporté une dimension politique explicite, d'intérêt général et communautaire (ou *eunomique*), valant simplement comme une invitation à la modération et à l'exercice positif du jugement, sur le modèle de sa propre pratique empirique à l'égard des « choses invisibles qui sont mortelles » : ὡς δὲ ἀνθρώποις τεκμαίρεσθαι, « à nous les hommes d'exercer notre jugement » !

proportion qui équilibre les diverses parties d'un ensemble », et c'est aussi, en ce sens, le complément et la condition de possibilité même de l'*harmonia*, comprise comme l'unité résultant d'un ensemble ajusté. Pour un rapprochement entre la *summetria* d'Alcméon et la *summetria* « artistique » du Canon de Polyctète, voir Périllié 2015, p. 60-65. En ce qui concerne la conception parménidienne et empédocléenne de la pensée et de la perception comme résultant d'une « physical *krasis* of the constituents of the body », voir Sassi 2015. Selon cette dernière, ne présupposant pas de support mental spécifique (comme chez Platon ou Aristote), le « mélange » ainsi conçu était lié à l'idée traditionnelle d'une précarité fondamentale de la connaissance humaine et pourrait indirectement trouver son origine dans la doctrine médicale d'Alcméon. *Cf.* Sassi 2015, p. 11 (bien qu'à la suite de S. Kouloumentas, *ibidem*, elle ne considère pas l'emploi de κρᾶσις dans le fr. 24 B 4 comme authentique). Quoi qu'il en soit, pour en revenir à la « *sym-metricality* » qu'on peut légitimement prêter à la conception médicale d'Alcméon, on conviendra que celle-ci constitue une incitation de plus à proposer une lecture métrico-rythmique de ses fragments.

1. Les spécialistes s'accordent assez généralement à inférer du fr. **Fp6** (24 B 4 DK) une conception politique d'Alcméon. Voir par exemple Fausti 1973, p. 108 qui y voit « una spia dei suoi sentimenti democratici » ; Sassi 2007, p. 199, qui, comme on l'a déjà dit, considère Alcméon favorable à un principe d'équivalence élargi, d'ordre oligarchique ; Kouloumentas 2014, p. 883-884, qui propose deux versions, l'une « sceptique » et l'autre « non-sceptique » de son interprétation pro-démocratique.

2. Pour le rapport d'Alcméon aux Pythagoriciens, voir plus bas, p. 49, 61, 72, 99-101.

Chapitre III

LA FORMULATION ÉPISTÉMOLOGIQUE D'ALCMÉON ET L'HYPOTHÈSE D'UN ANCIEN HÉRITAGE SPARTIATE

La coloration parénétique de l'unité strophique de l'*incipit*, et du troisième vers anapestique en particulier, devait conférer au discours d'Alcméon un certain entrain initial, un élan positif, qui pourrait confirmer l'interprétation optimiste, et non pessimiste, de sa position épistémologique[1]. Comme cela a bien été étudié, il est à peu près certain qu'on peut attribuer à Alcméon une méthode conjecturale procédant par analogie avec les structures visibles accessibles à l'expérience pour rendre compte de microsystèmes non directement observables[2]. Mais par de-là cette méthode, qui s'avère proche de la méthode empirique des premiers historiographes, il convient aussi de prendre en considération la manière discursive qui permet d'emporter l'assentiment et d'assurer autorité au savoir qu'on a acquis par l'expérience.

En ce sens, il ne faudrait pas croire à tort que l'influence soit unilatéralement celle de l'enquête ethnographique des historiographes sur l'enquête médicale et physiologique d'un Alcméon, ou des médecins hippocratiques peu après lui – influence qu'on pourrait soupçonner de recouvrir, sans le dire, celle d'un discours faisant grand cas de sa forme

1. Bien que les études traditionnelles situent généralement Alcméon dans une ligne sceptique (*cf.* Huffman 2013, § 2.1), le relatif optimisme de la méthode empirique qu'il préconise pour acquérir une connaissance valide a été largement démontré par les analyses de D. Fausti (1973), notamment p. 93-94 et 104 : bien que différente de celle des dieux, « la conoscenza dell'uomo resta però ugualmente valida ». C'est une position de cette nature que semble également tendre à reconnaître S. Kouloumentas (2018, p. 18-21). Pour le rapport avec le soi-disant scepticisme du fr. 21 B 34 DK de Xénophane, voir ci-après.

2. Voir en particulier Timpanaro Cardini 1938, Guthrie 1962 et Fausti 1973, p. 91-94 pour la méthode, et p. 94-108 pour la pratique et les différents résultats « scientifiques ».

« littéraire » sur un « traité scientifique » plus soucieux, en premier lieu, du sérieux de son contenu. Entre les deux démarches, tout aussi *polymathes* l'une que l'autre [1], l'influence est nécessairement réciproque parce qu'elle est l'expression d'une rivalité fondamentale, à l'époque archaïque, entre les différents types de savoir : comme l'a justement souligné Marie-Laurence Desclos, non seulement il faut tenir compte de la « compossibilité de *plusieurs* systèmes étiologiques concurrents » mais encore du fait que cette compossibilité même était « fondée sur la co-présence de [destinataires] multiples aux attentes différentes » [2]. Hérodote le savait bien, lui qui, dans ses *Histoires*, incite sans cesse son propre lecteur-auditeur à juger par lui-même ce qui lui est dit [3].

En dépit des « hétérogénéités, dans le temps et dans l'espace, qui caractérisent le développement des différents régimes dans les diverses *poleis* grecques » [4], il est unanimement reconnu qu'entre la fin du VIIe siècle et le début du Ve siècle, à peu près toutes connaissent des bouleversements socio-politiques accrus, allant souvent de pair avec un plus ou moins grand élargissement du corps civique et / ou de ses prérogatives, et partant, avec l'extension des débats sur les différents régimes politiques possibles. Mais qui dit extension des débats publics, dit aussi concomitamment, d'un côté, extension nécessaire de l'exercice du jugement, et de l'autre, déploiement de stratégies discursives efficaces [5] : ὡς δὲ ἀνθρώποις τεκμαίρεσθαι. Ce vers de l'*incipit* d'Alcméon résume très bien cette double nécessité : par son contenu, il apparaît comme une incitation à observer, à conjecturer et à se constituer un savoir ; par sa forme, il est l'élément d'une introduction *poïétiquement* travaillée (*poïein*), rythmiquement et syntaxiquement, afin de mieux capter d'emblée l'attention de son auditoire.

La nature mixte à tendance anapestique de l'unité strophique qu'on peut reconnaître dans la deuxième partie de son *incipit* nous invite à penser qu'Alcméon pourrait se situer dans la lignée de courants de pensée tout à la fois empirique, conjectural et parénétique plus anciens que celui des premiers historiographes. Hérodote, qui ne fait nulle mention d'Alcméon, fait grand cas, comme on sait, du Crotoniate Démokédès dont

1. Pour la *polymathie* généralisée du savoir grec à l'époque archaïque – celui des savants autant que celui des poètes – il faut lire dans son ensemble l'article de M.-L. Desclos (2013).

2. Desclos 2003, p. 76-77.

3. Sur cette pratique hérodotéenne liée au « règne de l'opinion », voir tout particulièrement Darbo-Peschanski 1987, p. 164-189.

4. Sassi 2007, p. 195.

5. Voir notamment Desclos 2003, p. 77 ainsi que Lloyd 1990, p. 29 auquel elle fait directement référence.

il vante le recours typiquement grec à la « douceur », plus encore que la méthode empirique de l'observation, et qu'il érige de cette manière en figure paradigmatique de la relation que tout savant-locuteur devait savoir tisser avec le public qui était le sien - malade ou simple lecteur-auditeur - et qu'il devait convaincre[1]. Quoi qu'il faille penser du témoignage d'Hérodote, assez suspectable, et, par conséquent, de l'existence historique de Demokédès et de son père Kalliphôn[2], il demeure que nous ne possédons aucune autre information à leur égard et que l'on ne peut guère que supposer, au mieux, qu'il existait à Crotone un savoir-faire médical ancien, antérieur à l'arrivée de Pythagore vers 532 / 531[3], qui peut-être influença le courant hippocratique, et dont ni l'origine ni l'esprit n'étaient par conséquent pythagoriciens. C'est là la piste d'un premier héritage possible, mais dont on ignore à peu près tout[4].

1. *Cf.* Desclos 2003, p. 78-84, qui, après une analyse du récit qu'Hérodote nous donne des aventures de ce médecin public, échouant d'Égine à Athènes, puis à la cour samienne de Polycrate et enfin auprès du Grand Roi (*Histoires* III, 129-131), parvient à la conclusion qu'il ne représente rien d'autre qu'« un modèle bon pour penser la relation de l'enquêteur à son lecteur-auditeur ».

2. Comme les travaux de F. Hartog (1980), notamment, et de C. Darbo-Peschanski (1987) le montrent assez, « faut-il croire Hérodote ? » (Desclos 2003, p. 75, n. 58) est l'éternelle question que nous pose le « miroir » de ses enquêtes. Concernant le médecin-physicien Démokédès et son père Kalliphôn (prêtre d'Asclepios originaire de Cnide, à en croire la *Suda*, s. v. Δημοκήδης [δ 442 Adler] = fr. 19 A 2 DK), si la plupart des spécialistes se fient au témoignage d'Hérodote, qui en est l'unique source, pour établir leur existence et en faire les tout « premiers inventeurs » de l'art médical en Grande Grèce (*cf.* 19 DK ; Sandison 1959 ; Michler 1962 et 1966 ; Nutton 1988), M. Davies (2010), au contraire, relayant avec force les arguments d'A. Griffiths (1987), s'est attaché à démontrer combien l'ensemble du récit hérodotéen est un tissu de motifs folkloriques forgé pour correspondre en tout point au contexte et aux intensions de l'enquêteur et que rien, par conséquent, ne permet de croire à une source pré-hérodotéenne.

3. Cette date, rapportée par Aristoxène (fr. 16 Wehrli), est celle qui s'accorde le mieux avec un certains nombre de témoignages et, bien que sa correspondance exacte avec la tyrannie de Polycrate à Samos soit tendancieuse, c'est elle, par conséquent, que l'on retient généralement. La chronologie de Pythagore, comme tout ce qui se rapporte à son peronnage, n'en demeure pas moins « bound to rest on shaky foundations », puisqu'il pourrait tout aussi bien avoir été vainqueur olympique à l'orée du VIe siècle. *Cf.* Burkert 1972, p. 110-111

4. De la même manière que le voyage de Démokédès, de cités en cités, sert de prétexte à A. J. Domínguez Monedero (2009) pour repenser la dynamique d'échanges et de réciprocité en Méditerranée à la fin de la période archaïque, de même adopter une position intermédiaire entre l'attitude hypercritique d'un Davies (2010) et celle qui donne entière créance au témoignage d'Hérodote peut nous permettre d'envisager l'existence d'une école ou d'une tradition médicale propre à Crotone, sans pour autant généraliser outre mesure, comme tendent à le faire M. Michler (1962), A. Pazzini (1970) et surtout, avant eux, L. A. Stella (1939, p. 244), en lui prêtant tout de la méthode empirique d'Alcméon, faite d'observations et d'analogies avec le règne animal et végétal, tout en la laissant sous une influence pythagoricienne latente. Fort de l'écho inverse qu'il reconnaît entre la pensée

L'épistémologie de Xénophane et les poètes de Sparte

Face au caractère immédiat et absolu du savoir divin, la revendication et le développement d'une méthode empirique pour pallier les limites de la connaissance humaine n'est évidemment pas seulement le fait des historiographes et des médecins. La proximité de la position épistémologique d'Alcméon avec celle de Xénophane et de son fr. 21 B 34 DK, en particulier, n'est pas une découverte[1]. En regard de l'affirmation, chez ce dernier, d'une perfectibilité continue du savoir humain dans le fr. 21 B 18 DK, de la reconnaissance de la variabilité des représentations divines dans le fr. 21 B 16 DK et des quelques témoignages qui attestent une évaluation positive de l'observation concrète des hommes et des choses du monde[2], le fr. 21 B 34 DK, loin du pessimisme sceptique que l'interprétation traditionnelle a voulu y voir, ne peut en effet manquer d'apparaître, lui aussi, comme le reflet d'une attitude cognitive positive, fondée sur les vertus de l'expérience et de l'investigation personnelle[3].

épistémologique de Parménide (les βροτῶν δόξαι opposées à la vérité divine) et celle d'Alcméon, A. Lebedev (2017, p. 232-233) suggère que le témoignage épigraphique de Parménide le rapprochant des milieux médicaux, « may point to a common South Italian medical tradition ». Concernant l'influence probable, si ce n'est de cette tradition, du moins d'Alcméon sur la pensée hippocratique, voir Davies 1984 et Kouloumentas 2014, p. 873-876 qui a cependant parfois le défaut de partir des traités hippocratiques pour expliquer Alcméon, et non l'inverse.

1. Voir notamment Fausti 1973, p. 93, Lesher 1992, p. 156-169, Granger 2007, p. 423-424. Pour l'hypothèse selon laquelle l'influence de Xénophane sur Alcméon se serait exercée directement, à l'occasion d'un séjour que celui-ci, réputé grand voyageur, aurait effectué à Crotone même, voir Stella 1939, p. 241, Crispo 1943, p. 201, Ebner 1969, p. 43.

2. *Cf.* 21 A 33 mentionnant la découverte de fossiles marins ; 21 A 39 rendant compte de certains phénomènes lumineux observables en mer en termes de nuages enflammés – animés d'un mouvement qui les distingue de la lumière des étoiles (21 A 38) et de celle de la lune (21 A 43) ; 21 A 48 évoquant les activités volcaniques en Sicile.

3. On n'est pas sans savoir le débat auquel a donné, et donne lieu, la question du « scepticisme » de Xénophane, traditionnellement interprété comme une « profession d'ignorance » particulièrement pessimiste. Voir Babut 1974, p. 26 et Reibaud 2012, p. 55, n. 122 (pour un aperçu des autres références bibliographiques depuis l'étude séminale de H. Fränkel 1925, notamment p. 184-192). Cependant, comme le montre en particulier M. Sassi (2013, p. 17-18) à propos du participe adjectival ἐοικώς en relation avec un verbe issu de la même base radicale que les noms δόξα et δόκος (fr. 21 B 35 DK : Ταῦτα δεδοξάσθω μὲν ἐοικότα τοῖς ἐτύμοισι, « que ces choses soient admises comme conformes à la réalité »), il semble bien plus satisfaisant de reconnaître à ce poète-savant une forme positive d'« empirisme » (déjà suggérée par Fränkel 1925), où c'est l'idée positive d'« adaptation », d'« adéquation » à la réalité qui prédomine, et non pas celle, négative, de pâle « (res)

Xénophane, fr. 21 B 34 DK (Sextus Empiricus, *Contre les Savants [Adversus Mathematicos]* VII, 49, 110 ; Plutarque, *Comment étudier les poètes* [*De audiendis poetis* ou *Quomodo adolescens poetas audire debeat]* 17 E 7) :

καὶ τὸ μὲν οὖν **σαφὲς** οὔ τις ἀνὴρ ἴδεν οὐδέ τις ἔσται
εἰδὼς ἀμφὶ θεῶν τε καὶ ἅσσα λέγω περὶ πάντων·
εἰ γὰρ καὶ τὰ μάλιστα τύχοι τετελεσμένον εἰπών,
αὐτὸς ὅμως οὐκ οἶδε· **δόκος** δ' ἐπὶ πᾶσι τέτυκται.

Or donc, la claire certitude, nul homme ne la sut voir ni nul ne lui sera prédisposé, sur les dieux comme sur toutes les choses que je dis ;
car même, au mieux, se trouverait-il énoncer le plus parfait accomplissement des choses,
lui-même pourtant n'en aurait nul savoir ; mais l'exercice du jugement reste toujours un échafaudage vers la réussite[1].

Faisant figure d'*incipit* par leur structure typiquement programmatique[2], ces quatre hexamètres sont fortement structurés. S'il n'y est pas question de « choses invisibles », la corrélation des particules μὲν / δὲ, qui par l'amplification de οὖν[3] relie fortement le v. 1 au v. 4,

semblance ». Voir également Sassi 2011, p. 9 à propos du δόκος du fr. 21 B 34, et p. 13, pour un rapprochement de sa posture épistémologique avec celle des médecins hippocratiques.

1. Si cette traduction toute personnelle (*cf.* Année 2017, p. 875-876) entend insister, comme celle de M. Sassi (2013, p. 20), sur les trois formes verbales (ἴδεν, εἰδώς, οἶδε) issues de la racine **h1u̯eid-*, dont la valeur fondamentale est celle d'une « connaissance perceptive », elle se démarque en outre des interprétations traditionnelles sous plusieurs aspects : 1) la traduction de εἰδὼς, qui entend souligner l'idée de « prédisposition perceptive et cognitive » exprimée par la racine verbale et par le thème du parfait ; 2) selon le rendu de la construction syntaxique des v. 1 et 2, τὸ σαφὲς, mot-thème du passage, doit être considéré comme l'objet commun de ἴδεν et de εἰδὼς, dont par conséquent dépendent de façon parallèle les deux propositions prépositionnelles suivantes, ἀμφὶ θεῶν et ἅσσα λέγω περὶ πάντων (le relatif ἅσσα ayant pour antécédent postposé πάντων) ; 3) si la forme τέτυκται s'interprète régulièrement comme le parfait du verbe τεύχω (« construire »), des exemples homériques (*Il.* 11, 116 ; 17, 748 ; *Od.* 10, 88 ; 12, 106) attestent l'existence d'interférences morpho-sémantiques anciennes entre les formes de τεύχω et celles de τυγχάνω (« arriver », « se trouver par hasard »). Un jeu pourrait donc avoir été induit d'une part par la présence contrastive de l'optatif τύχοι ("par hasard") et d'autre part par celle de la préposition adverbiale ἐπί, qui comme préverbe potentiel de τυγχάνω en modifie le sens positivement pour exprimer l'idée d'une « réussite », d'un but que l'on « atteint » (ἐπι + τυγχάνω pouvant être désolidarisés par une tmèse). Ainsi le δόκος apparaîtrait-il tendu entre l'idée d'« échafaudage » et celle, sous-jacente, de l'assurance stative d'une « heureuse issue ».

2. *Cf.* Sassi 2011.

3. *Cf.* Denniston 1954, p. 473 qui cite ce passage comme exemple de l'amplification que la particule οὖν peut venir conférer à la fonction cataphorique (anticipation syntaxique) de μέν.

construit une opposition évidente entre le σαφές d'un côté et le δόκος de l'autre, en tout point comparable à celle qu'on trouve dans l'*incipit* d'Alcméon entre le dérivé σαφήνεια et l'infinitif τεκμαίρεσθαι. Face à la « certitude », implicitement érigée en entité abstraite, par l'emploi d'un adjectif neutre substantivé chez l'un (τὸ σαφές), par celui d'un nom féminin chez l'autre (σαφήνεια), ce qui se trouve mis de la même manière en exergue, ce n'est pas une autre désignation abstraite mais l'expression d'un processus concret ou de la mise en œuvre d'une démarche. Le nom masculin δόκος, en effet, qui est un quasi *hapax*[1], n'est certes pas une forme verbale, mais il représente morphologiquement un *nom d'action* secondairement dérivé d'une ancienne base verbale δεκ- dont il exprime pleinement la réalisation processuelle. Étant donné que ce radical renvoie fondamentalement à l'idée d'« adéquation » et de « conformité à ce qui convient » sans aucune valeur négative particulière[2], le masculin δόκος pourrait bien avoir été forgé par Xénophane lui-même – peut-être sur le modèle type du nom λόγος (dérivé primaire de la racine **leg-*) – pour constituer un pendant positif au nom d'action homérique δόξα, et désigner un mode de connaissance humain qui soit un « effort d'adéquation » aussi bien entre des éléments observés qu'entre le monde et la pensée[3].

1. Le nom δόκος est employé pour la première fois par Xénophane et ne semble l'avoir été que deux autres fois par Callimaque (fr. 100) et dans le titre d'un ouvrage attribué à Démétrios de Phalère (Diogène Laërce V, 81). *Cf.* LSJ, s. v. δόκος, p. 443.

2. Cf. *DELG*, s. v. δοκάω, δοκεύω, δοκέω, p. 278-279 : « finalement, les développements exprimant les notions de réputation et gloire peuvent se ramener à un sens unique, général et précis qui se retrouve également dans δέχομαι/δέκομαι, lat. *decet*, etc. : c'est la notion d'adaptation, d'adéquation, de conformité à ce qui convient ».

3. Probable dérivé postverbal de δοκέω, le nom δόκος correspond pour le sens à δόκησις « opinion, apparence, réputation ». Mais encore faut-il rappeler, comme le fait à juste titre M. M. Sassi (2011, p. 9) en partant des analyses de H. Fränkel (1925), qu'ainsi employé par Xénophane, il doit s'entendre comme « opinion », non pas dans le sens dépréciatif que les emplois du féminin δόξα, par Platon en particulier, ont contribué à lui conférer, mais au contraire « come unica modalità di conoscenza che è concessa [all'uomo] in quanto uomo e non dio ». Pour d'autres références qui opposent plus radicalement son sens à celui de « connaissance vraie », voir Reibaud 2012, p. 56, n. 127. En ce qui concerne le féminin δόξα, dont le sens premier est celui d'« attente » (*cf.* ἀπὸ δόξης, « contre l'attente » *Il.* 10, 324 et *Od.* 11, 344), et partant, de « ce à quoi l'on s'attend », si sa fortune ultérieure est à peu près aussi grande que celle du nom λόγος, c'est Tyrtée qui l'emploie pour la première fois dans le sens de la « réputation » qu'octroie la reconnaissance objective de la communauté (Tyrt. fr. 1, 9 A [= 12, 9 West]). Voir, en ce sens, Jaeger (1966, p. 118) : « δόξα belongs to ἀρετή as the objective expression of its recognition in the society of the polis » et Prato (1968, p. 128-129). Remarquons que si Tyrtée oppose précisément cette δόξα ordinaire à son λόγος poétique (mot dont il nous offre aussi l'un des tout premiers emplois au singulier [fr. 1, 1 A = 12, 1 West]), la valeur de ce nom féminin n'est pas toujours nécessairement négative, puisque

Le δόκος xénophanien apparaît donc, en cela, sémantiquement beaucoup plus proche qu'il n'en a l'air du verbe τεκμαίρεσθαι employé par Alcméon. Mais d'un point de vue morphologique et fonctionnel, il convient d'ajouter qu'il entretient également une relation étroite avec deux autres noms qui nous renvoient directement à l'univers culturel de Sparte : ce sont les noms πόρος et τέκμωρ du fragment *kosmogonique* d'Alcman, qui sont autant des principes organisateurs du *kosmos* que des principes *agents* assumant la fonction de guide pour l'esprit humain [1] : πόρος est un nom d'action primaire dérivé de la base verbale περ- (πείρω, « transpercer, traverser ») et exprime le processus même de l'« accomplissement d'une traversée » [2] ; τέκμωρ, de son côté, ne s'interprète pas directement comme le nom d'action d'une base verbale primitive, mais étant donné que le grec a productivement associé le suffixe archaïque -αρ/-ωρ, dépourvu de spécificité sémantique, à des racines verbales, le rapport étroit qui l'unit à son dérivé dénominatif τεκμαίρεσθαι pouvait aisément suppléer sa valeur

Solon (fr. 13, 3-4 West : αἰεὶ δόξαν… ἀγαθήν) en fait l'adjuvant extraordinaire de son savoir et de sa sagesse (*cf.* Blaise 2005, p. 33) et que l'auteur du traité hippocratique *Des vents* (I, 3 [VI, 90 Littré]) l'emploie dans le même sens que γνώμη, pour exprimer la capacité de jugement d'un bon médecin (*cf.* Gemelli Marciano 2007, p. 20). Ainsi, pour les uns δόξα, pour l'un λόγος, pour un autre δόκος : il s'agit toujours, à l'époque archaïque, de désigner l'exercice d'une faculté humaine, supérieure et non ordinaire, propre à conduire efficacement à une authentique connaissance.

1. *Cf.* Alcman, fr. 81 Calame (*P. Oxy.* 2390, fr. 2, col. II, 22 ss. et col. III + 67 Page). Pour une étude historique de ces deux termes homériques anciens renvoyant, l'un, à l'idée de « voie », de « passage » et l'autre, à celle de « limite », de « borne-frontière », voir en premier lieu Silva Pereira 1984, p. 57-82 et 89-104. Pour une lecture attentive et récapitulative du texte du commentateur anonyme qui accompagne le fragment, voir Sassi 2005, p. 63-66. Selon cette dernière (p. 76-77), Thétis aurait ouvert une « voie » (πόρος) à travers la matière informe, aurait donné forme au « cours des choses » dont le « terme » (τέκμωρ) serait conçu comme un « rétablissement final ». D'après l'interprétation de C. Calame (1983, p. 447-449), ces deux notions, fondamentalement attachées au destin humain, seraient complémentaires, « l'une [étant] le chemin [ouvert], marqué par l'indication que donne l'autre ». Seul G. Most (1987), proposant une lecture mythologique et non *kosmologique* du fragment, a voulu voir dans le premier, un « expédient » trouvé par Pélée pour séduire Thétis, et dans le second, le « but » de son action. Πόρος, chez Alcman, semble par ailleurs intimement lié à αἶσα (fr. 1, 13 Page = 3, 13 Calame), c'est-à-dire au « destin » fixé pour l'homme en tant qu'« aune à laquelle [son] action est jugée appropriée à sa nature » (Slatkin 2011a, p. 41). Selon C. Calame (1983, p. 449), τέκμωρ doit en ce sens être entendu comme le « signe visible », l'« indice » de l'αἶσα impartie à chacun, qui permet de le guider tout au long de son πόρος.

2. Cf. *DELG*, s. v. πόρος, p. 895 : « nom d'action thématique à vocalisme *o* répondant à πείρω ».

originellement inanimée[1] : τέκμωρ est de fait la « limite indicatrice » sans laquelle le processus cognitif du τεκμαίρεσθαι ne peut se produire.

De la triangulation de ces trois pensées, il ressort donc la possibilité de faire remonter l'existence d'une forme de pensée empirique, par delà Xénophane, à Alcman et au VIIe siècle spartiate. Mais, indépendamment de cette valeur positive que le δόκος de Xénophane partage vraisemblablement avec le τεκμαίρεσθαι d'Alcméon et le couple πόρος-τέκμωρ d'Alcman, une autre remarque doit être faite concernant la place de son fr. 21 B 34 DK, qui va également dans le sens d'un rapprochement indirect avec l'art et les savoirs qui étaient ceux de la Sparte archaïque. M. Michela Sassi a montré que le style formulaire, négatif et souvent concessif ou hypothétique, qu'on retrouve chez toute une lignée de savants pour aborder la question des possibilités de la connaissance humaine – aussi bien chez l'auteur de l'*Ancienne médecine* que dans le courant sophistique des Gorgias (fr. 82 B 3 DK), Protagoras, Platon (*Ménon* 80 d 5-e 5) ou encore Métrodore de Chios (fr. 70 B 1 DK) – remonterait à la construction syntaxique inaugurale de ce même fr. 21 B 34 DK en οὔ τις ἀνὴρ… οὐδέ τις… et εἰ γὰρ + optatif[2]. Cependant, personne, à ma connaissance, n'a envisagé la possibilité que cette construction, ainsi que le caractère impersonnel de son énonciation, aient eux-mêmes subi l'influence d'une diction et d'une pensée plus anciennes[3].

S'il apparaît évident que Xénophane, s'inscrivant en faux contre toute la tradition héroïco-narrative des poèmes homériques et hésiodiques, « did not believe in the Muses as guarantors of the truth »[4], cela signifie qu'il avait trouvé d'autres moyens d'assurer l'autorité de son discours. Rappelons qu'une partie de ses fragments est composée en mètres élégiaques et que le début de l'un d'entre eux en particulier, le fr. 2 West (= 21 B 2 DK), s'inspire fortement des neuf premiers vers du fr. 1 A (= 12 West) de Tyrtée, qui constituent l'une des plus anciennes

1. Cf. *DELG*, s. v. τέκμαρ, p. 1061. Concernant le suffixe de neutre indéclinable -αρ/-ωρ, voir Chantraine 1933, § 170, p. 218-219 : « le grec semble avoir volontiers ajouté ce suffixe à des racines verbales : type εἶδαρ, ἄλειφαρ ». Ne « posséd[ant] aucune valeur sémantique propre comme le prouve le groupement de ἄλκαρ avec ἀλκί », il semble que la seule caractéristique de l'ensemble de mots qu'il constitue soit de représenter un « type de noms inanimés ».

2. *Cf.* Sassi 2011.

3. Pour les remarques qui suivent, je me permets de renvoyer aux p. 867-883 de Année 2017, dont elles sont essentiellement tirées.

4. *Cf.* Sassi 2013, p. 296.

constructions poétiques de type catalogique, qu'on appelle un *priamel*[1], et où l'on ne trouve pas plus d'invocation aux Muses qu'il n'y en a chez Xénophane. Mais les fragments élégiaques de Xénophane ne sont pas les seuls à témoigner d'une empreinte tyrtéenne. Il suffit de mettre en parallèle le *priamel* de Tyrtée avec les hexamètres du fr. 21 B 34 DK de Xénophane pour s'apercevoir que, tandis que l'ensemble du fr. 2 West de ce dernier en reprend surtout la thématique et le principe d'énumération traditionnel, ce sont eux, peut-être davantage, qui en reprennent la force énonciative en en réorganisant de façon resserrée la construction hypothético-négative en οὔτ' ἂν..., οὔτ' ἂν..., suivi d'une série de οὐδ' εἴ... + optatif et d'une négation finale à l'indicatif (οὐ γὰρ… γίνεται) :

Tyrt. fr. 1, 1-9 (*priamel*) + 43-44 A (= fr. 12, 1-9 + 43-44 West) :

οὔτ' ἂν μνησαίμην **οὔτ' ἂν** λόγωι ἄνδρα τιθείμην
οὔτε ποδῶν ἀρετῆς οὔτε παλαισμοσύνης,
οὐδ' **εἰ** Κυκλώπων μὲν ἔχοι μέγεθός τε βίην τε,
νικώιη δὲ θέων Θρηΐκιον Βορέην,
οὐδ' **εἰ** Τιθωνοῖο φυὴν χαριέστερος εἴη,
πλουτοίη δὲ Μίδεω καὶ Κινυρέοιο μᾶλλον,
οὐδ' **εἰ** Τανταλίδεω Πέλοπος βασιλεύτερος εἴη,
γλῶσσαν δ' Ἀδρήστου μειλιχόγηρυν ἔχοι,
οὐδ' **εἰ** πᾶσαν ἔχοι δόξαν πλὴν θούριδος ἀλκῆς·
οὐ γὰρ ἀνὴρ ἀγαθὸς **γίνεται** ἐν πολέμωι
εἰ μὴ τετλαίη μέν ὁρῶν…
…
ταύτης νῦν **τις ἀνὴρ** ἀρετῆς εἰς ἄκρον ἱκέσθαι
πειράσθω θυμὸν μὴ μεθιεὶς πόλεμον

Ni mémoire ne ferais, ni d'homme au sceau de mon langage n'instituerais
ni pour l'excellence de ses pieds, ni pour son excellence de lutteur,
ni même si, des Cyclopes ayant grandeur et force violente,
il triomphait, en promptes envolées, du Thrace Boréas,
ni même si, par inhérente nature plus charmant que Tithônos,
il avait plus en richesse que Midas et Kinyïras davantage,
ni même si, plus authentique roi que Pélops le Tantalide,
il avait d'Adrastos la si melliférante langue,
ni même ayant en tout réputation, à moins qu'il n'ait la résistance véhémente
Car on est homme en rien valant dans le combat
tant qu'on n'a pas le cran…
…
Que tout homme, donc, de l'excellence que voilà, atteigne le sommet !
en son ardeur soi-même s'éprouvant, et l'œuvre de guerre jamais ne relâchant !

1. À propos du *priamel* en général, et de celui (ceux) de Tyrtée en particulier, voir Race 1982 et Année 2017, p. 839-841 et p. 868-877, en particulier p. 876, n. 48 (pour le rapport entre celui de Tyrtée et celui de l'*Iliade* 9, 378-391). Il s'agit d'une composition, non nécessairement métrique, qui a pour « fonction fondamentale d'introduire, de commencer un chant ou un nouveau développement et peut se décrire comme l'élaboration plus ou moins longue d'un arrière-plan destiné, par contraste, à servir de révélateur à un *climax* ».

Xénophane, fr. 2 W = 21 B 2 DK (Athénée, *Deipnosophistes* X, 413f-414c)[1] :

ἀλλ' **εἰ** μὲν ταχυτῆτι ποδῶν νίκην **τις** ἄροιτο
ἢ πενταθλεύων, ἔνθα Διὸς τέμενος
πὰρ Πίσαο ῥοῇς ἐν Ὀλυμπίηι, εἴτε παλαίων
ἢ καὶ πυκτοσύνην ἀλγινόεσσαν ἔχων
εἴτε τὸ δεινὸν ἄεθλον ὃ παγκράτιον καλέουσιν,
ἀστοῖσίν κ' εἴη κυδρότερος προσορᾶν,
καί κε προεδρίην φανερὴν ἐν ἀγῶσιν ἄροιτο,
καί κεν σῖτ' εἴη δημοσίων κτεάνων
ἐκ πόλεως, καὶ δῶρον ὅ οἱ κειμήλιον εἴη –
εἴτε καὶ ἵπποισιν· ταῦτά κε πάντα λάχοι,
οὐκ ἐὼν ἄξιος ὥσπερ ἐγώ· ῥώμης γὰρ ἀμείνων
ἀνδρῶν ἠδ' ἵππων ἡμετέρη σοφίη.
ἀλλ' εἰκῆι μάλα τοῦτο νομίζεται, οὐδὲ δίκαιον
προκρίνειν ῥώμην τῆς ἀγαθῆς σοφίης·
οὔτε γὰρ εἰ πύκτης ἀγαθὸς λαοῖσι μετείη
οὔτ' εἰ πενταθλεῖν **οὔτε** παλαισμοσύνην
οὐδὲ μὲν εἰ ταχυτῆτι ποδῶν, τόπερ ἐστὶ πρότιμον,
ῥώμης ὅσσ' ἀνδρῶν ἔργ' ἐν ἀγῶνι πέλει,
τούνεκεν ἂν δὴ μᾶλλον ἐν εὐνομίηι πόλις εἴη·
σμικρὸν δ' ἄν τι πόλει χάρμα γένοιτ' ἐπὶ τῶι,
εἴ τις ἀεθλεύων νικῶι Πίσαο παρ' ὄχθας·
οὐ γὰρ πιαίνει ταῦτα μυχοὺς πόλεως

Mais si quelqu'un remportait une victoire grâce à la rapidité de ses pieds ou en courant au pentathlon, là où se trouve l'enclos de Zeus, au bord du cours d'eau de Pisa, à Olympie, soit à la lutte ou bien même lors d'un douloureux pugilat, soit dans ce combat terrible qu'on appelle pancrace, il rayonnerait d'une aura plus grande aux yeux des citadins, il gagnerait une place d'honneur bien en vue aux jeux, sa nourriture serait prélevée sur les réserves publiques de la cité, et on lui ferait un présent qu'il garderait précieusement – ou même s'il remportait la victoire grâce à ses chevaux : il obtiendrait toutes ces récompenses, alors qu'il ne les mérite pas autant que moi. Car notre savoir vaut mieux que la force des hommes et des chevaux. Mais cette coutume est tout à fait irréfléchie, et il n'est pas juste de préférer la force physique à l'utile savoir. Car même s'il se trouvait parmi le peuple un athlète qui soit bon au pugilat, au pentathlon ou dans l'art de la lutte, ou même qui vaille par la rapidité de ses pieds – la plus estimée de toutes les démonstrations de la force masculine dans les jeux –, la cité n'en vivrait pas pour autant dans un meilleur respect des lois. Ce ne serait donc qu'une piètre joie pour elle, si quelqu'un, aux jeux, remportait la victoire sur les rives escarpées de Pisa ; car ce n'est pas cela qui remplit les celliers de la cité. (traduction Reibaud 2012, p. 8).

Xénophane, fr. 21 B 34 DK :

καὶ τὸ μὲν οὖν σαφὲς **οὔ τις ἀνὴρ** ἴδεν **οὐδέ τις** ἔσται
εἰδὼς ἀμφὶ θεῶν τε καὶ ἅσσα λέγω περὶ πάντων ·
εἰ γὰρ καὶ τὰ μάλιστα τύχοι τετελεσμένον εἰπών,
αὐτὸς ὅμως **οὐκ οἶδε** · δόκος δ' ἐπὶ πᾶσι τέτυκται.

1. Pour la proximité de ce fragment avec le *priamel* de Tyrtée, voir essentiellement Race 1982, p. 59-62, Reibaud 2012, p. 13, n. 31 et Année 2017, p. 876-878.

Comme l'a bien remarqué Laetitia Reibaud, le fr. 21 B 34 DK, plus encore que le fr. 2 W de Xénophane, repose non seulement sur un « schéma εἰ + optatif » qui permet de contraster deux situations radicalement opposées – ici la science sûre et l'opinion que peut construire le discours de façon « appropriée » – mais encore sur le caractère impersonnel et « généralisant » que donne à l'énoncé l'indéfini τις[1]. Cependant, ce système hypothético-négatif, contrairement à la croyance générale qu'elle perpétue, ce n'est pas Xénophane, c'est Tyrtée qui l'élabore pour la première fois comme une authentique « expérience de pensée » destinée à se substituer à la réalité[2] : le schéma de Xénophane en οὔ τις ἀνὴρ… οὐδέ τις… suivi d'εἰ γὰρ + optatif puis d'une négation à l'indicatif (οὐκ οἶδε) n'est autre que la réorganisation condensée, en quatre hexamètres, du schéma tyrtéen en οὔτ' ἄν..., οὔτ' ἄν..., suivi d'une série de οὐδ' εἴ... + optatif et de la négation finale à l'indicatif οὐ γὰρ… γίνεται.

Parce que la diction parénétique de Tyrtée devait construire elle-même les conditions de possibilité de l'action future des citoyens-guerriers de Sparte – c'est-à-dire les conditions d'une forme de savoir qui n'avait aucun point de référence immédiatement vérifiable dans la réalité – elle constitue indirectement une réflexion pré-épistémologique entée à la fois sur l'expérience concrète du combat et sur les vertus intrinsèques du rythme particulièrement entraînant qui la caractérise. Par la fortune qu'ils connurent à Sparte et au-delà, et sans nul doute aussi parce que la guerre était une réalité quotidienne omniprésente en Grèce ancienne, les chants de Tyrtée ont pu avoir une influence formelle sur les discours de certains savants ultérieurs dont l'objet, à la manière de l'action future politique et guerrière qui était le sien, n'était pas directement accessible par les sens,

1. *Cf.* Reibaud 2012, p. LXXI-LXXIV. *2. 3. 2.*

2. À la suite de J. H. Lesher (1992, p. 75, n. 2), L. Reibaud (2012, p. LXXII-LXXIV) considère que Xénophane instaurerait ainsi un type de « raisonnement par argument hypothétique » qui serait au fondement de la pensée éléatique (Héraclite, fr. 22 B 99 surtout, et B 5, B 7, B 15 DK ; Parménide, fr. 28 B 8 DK, v. 19-21 et 33, « perfectionn[ant] au plus haut point les possibilités offertes par la proposition conditionnelle à l'irréel » ; Zénon, fr. 29 B 1 et 2 DK). La source *poétique* de ces différents poètes-savants apparaît cependant beaucoup plus ancienne que Xénophane. Si elle est probablement plus ancienne encore que Tyrtée, c'est sans aucun doute ce dernier qui a su lui donner suffisamment de force pour que celle-ci, grâce au retentissement et à l'efficacité de ses stances élégiaques, soit en mesure de marquer les générations ultérieures. À propos de l'indéfini τις, véritable symbole des chants parénétiques, voir Année 2017, *passim* (*ad loc.*) et notamment p. 719-735. Pour l'idée d'« expérience de pensée », formulée pour la première fois par H. Fränkel (1962, p. 430), voir Reibaud 2012, p. LXX et p. 58, n. 133 au fr. 21 B 38 DK, et Année 2017, p. 855.

et qui nécessitait pour cette raison l'élaboration d'une méthode empirique et conjecturale.

La place de l'expérience dans les fragments de Tyrtée

Il est vrai qu'on ne rencontre pas de système hypothétique et négatif dans les fragments d'Alcméon. Les remarques qui précèdent ont pour but de souligner l'importance que la pensée spartiate a pu avoir de manière générale à l'époque archaïque et l'influence qu'elle a pu en particulier exercer à Crotone qui, comme on va le voir, entretenait d'étroites relations avec la cité du Péloponnèse. En ce qui concerne l'influx indirect, sur Alcméon, de la diction tyrtéenne et de certaines conceptions qu'on y trouve, on a déjà signalé le parallélisme de leurs vers initiaux, présentant une même construction symétrique, assonante et lourdement répétitive, ainsi que l'emploi commun de mètres anapestiques. On pourrait également faire remarquer que l'hétérogénéité métrique et dialectale qui semble caractériser la strophe alcméonienne n'est pas non plus si éloignée de celle qu'on trouve chez Tyrtée [1].

Mais ce qu'il est encore possible de souligner, c'est la primauté accordée à l'expérimentation. Primauté qui n'a d'ailleurs aucune raison d'être le seul fait de Tyrtée et qui caractérisait sans doute de manière plus générale l'esprit spartiate du VIIe siècle. Si l'on en croit la scholie au v. 56 de la *Première Isthmique* de Pindare, Alcman, de son côté, aurait notamment déclaré : πεῖρά τοι μαθήσιος ἀρχά, « l'expérience, c'est sûr, est de la connaissance le début ». Avant de s'intéresser plus en détail à ce fragment, dont l'attribution a été contestée en faveur d'Alcméon [2], considérons la place de l'expérience chez Tyrtée. Comme on vient de l'évoquer, celle-ci était fondamentalement double : tout en s'appuyant sur l'expérience concrètement vécue de la violence du combat, la performance de ses chants se voulait elle-même comme une expérimentation sonore et rythmique particulière.

1. Se référer à l'index des variations métriques (hétérométrie) dans Année 2017 et voir, ci-après, à propos du fr. 2, 5-6 A.

2. *Cf.* Lanza 1965, dont les arguments, déjà acceptés par D. Fausti (1973, p. 94), sont repris par C. Calame (1983, p. 207-208) qui par conséquent, contrairement aux précédents éditeurs, exclut le fragment du corpus alcmanien.

Témoin négligé de la tradition tyrtéenne, Jean le Siciliote , par qui l'on a commencé, avait raison de souligner les qualités effectives du rythme tyrtéen. Ce qui caractérise en effet l'ensemble des fragments de ce poète-savant c'est un rythme métrico-syllabique bien particulier qui repose à la fois sur le tissage sonore d'une séquence syllabique alternante -μεν/μην/μον/μν/(μαν)-, dont la valeur sémantique globale est intrinsèquement subjective (d'un point de vue cognitif, déictique et diathétique), et sur l'entremêlement de ce tissage à la forme métrique caractéristique de l'unité élégiaque, constituée d'un hexamètre dactylique et d'un vers symétrique plus court unissant deux *hemiepes* (traditionnellement appelé « pentamètre » : – ⏑⏑ – ⏑⏑ – | – ⏑⏑ – ⏑⏑ –)[1].

À l'intérieur d'une ou plusieurs de ces unités, un phénomène de corrélation entre les séquences de la syllabe alternante (notamment entre la particule μέν et les participes moyens-passifs en -μένος/-(ό)μενος), servait d'assise à un mouvement d'intensité parénétique en *quatre temps*, dont l'accomplissement s'épanouissait dans les *quatre temps* syllabiques finaux de la forme choriambique (– ⏑⏑ –) typique d'un participe moyen-passif. Grâce à ce mouvement de perturbation, perpétuellement réajusté par la forme participiale, et grâce au processus sous-jacent d'ordre infra-significationnel et macro-syntaxique qui l'accompagnait, la diction était alors en mesure de susciter chez ses auditeurs une sorte d'intériorisation ou d'expérimentation virtuelle de l'attitude même que ce rythme métrico-syllabique contenait et symbolisait, à savoir l'attitude morale et guerrière qui consiste à μένειν, « résister, tenir bon ». Cette *authentique* expérimentation psycho-musicale, il fallait en effet l'éprouver en son θυμός – alors véritable second « moi » – pour ne pas être tenté de cesser le combat : πειράσθω θυμὸν μὴ μεθιεὶς πόλεμον, « en son ardeur, soi-même s'éprouvant[2], et l'œuvre de guerre jamais ne relâchant » (fr. 1, 44 A = fr. 12, 44 West).

1. C'est là ce que montre l'ensemble des analyses du chapitre « Le rythme du μένειν » (Année 2017, p. 651-852). Pour la valeur significationnelle que construisent les correspondances entre les différentes syllabes -μεν-, -μην-, -μον-, -μν- et -μαν-, il faut voir les p. 606-650. La dimension cognitive est représentée par les ou la racine(s) verbale(s) **men-*, impliquée(s) dans les différents exercices de la subjectivité ; la valeur déictique est essentiellement portée par la particule μέν mais aussi par la désinence de 1reS -μην ; quant à la « diathèse subjective », elle remonte à la valeur fondamentalement « moyenne » des suffixes de dérivation **-men-*, **-mno-* et **-mo-*, qui sont particulièrement bien représentés.

2. Cette traduction entend rendre compte de la construction à l'accusatif du verbe πειράομαι en intensifiant l'idée d'« éprouver pour soi son θυμός ». C'est en éprouvant, en

En ce qui concerne l'insistance sur l'expérience concrète et vécue du combat, elle transparaît en particulier dans un passage du fr. 2 A (= fr. 11 West) qui fait écho au v. 11 du fr. 1 A (= fr. 12 West) :

Tyrt. fr. 2, 7-10 + 27 A (= fr. 11, 7-10 + 27 West) :

ἴστε γὰρ ὡς Ἄρεος πολυδακρύου **ἔργ' ἀρίδηλα**,
 εὖ δ' ὀργὴν **ἐδάητ'** ἀργαλέου πολέμου,
καὶ μετὰ φευγόντων τε διωκόντων τ' ἐγένεσθε
 ὦ νέοι, ἀμφοτέρων δ' **εἰς κόρον ἠλάσατε**
…
ἔρδων δ' ὄβριμα **ἔργα** **διδασκέσθω** πολεμίζειν

Car **vous savez** par trop, d'Arès aux longs pleurs, les **irréfragables œuvres**,
 de la tourmente terrible du combat, **vous êtes bons experts**,
et de ceux qui s'enfuient, et de ceux qui poursuivent, vous avez même été,
 ô *néoi* ! et de cela, dans les deux cas, **vous êtes fort recrus** !
…
qu'on apprenne la guerre **à force d'exploits** puissants

Tyrt. fr. 1, 11 A (= fr. 12, 11 West) :

εἰ μὴ τετλαίη μέν **ὁρῶν** φόνον αἱματόεντα

tant qu'on n'a pas le cran, **voyant** le massacre sanglant

Comme on peut directement le constater, c'est bien la *connaissance* de l'horreur du combat, rendue « *claire* » et « *évidente* » (ἀρίδηλα) par l'« *action* » (ἔργα, ἔρδων) et par la « *vue* du sang » (ὁρῶν φόνον), qui est ici à la fois supposée et escomptée par le poète. Mais ce qui est peut-être plus remarquable encore c'est que cette connaissance exacerbée (εἰς κόρον) semble surtout découler de l'expérience double de deux situations opposées et complémentaires : la fuite et la poursuite. Cela, évidemment, est passablement éloigné des préoccupations d'Alcméon, mais cela permet au moins de faire observer qu'à l'époque archaïque, la conception binaire et complémentaire de la réalité n'était ni forcément réduite aux éléments du microcosme et du macrocosme, comme apanage de la première « physique » ionienne[1], ni forcément apparentée à la

faisant l'expérience de la parole parénétique et incantatoire du poète que l'auditeur spartiate pouvait en acquérir le savoir – en l'occurrence *kosmo*-politique et eschatologique.

1. La doctrine des opposés étant une composante majeure de la théorie *kosmologique* d'Anaximandre, qui explique la génération par la dissociation de contraires tels que le froid, le chaud, l'humide, le sec, *etc.* (fr. 12 A 9 DK), les spécialistes s'accordent généralement pour faire de la première physique ionienne l'origine commune de la dualité pythagoricienne

dualité antithétique aristotélicienne, ni forcément non plus circonscrite à la décade pythagoricienne des couples d'opposés[1]. Si, par ailleurs, comme Daniela Fausti l'a soutenu à la suite de Maria Timpanaro Cardini, on peut supposer qu'Alcméon avait coutume d'examiner les blessés de guerre pour affûter sa méthode conjecturale et parfaire ainsi son savoir médical[2], on peut de surcroît en inférer qu'il était lui-même bon expert en horreurs de guerre.

Mais cela n'est pas l'essentiel. Ce passage tyrtéen a un autre intérêt, c'est qu'il est précédé par une curieuse exhortation concernant l'« âme » et les

du limité et de l'illimité et des « puissances » opposées de la doctrine médicale d'Alcméon. Voir, en particulier, Timpanaro Cardini 1958, p. 118-120, pour qui Alcméon représenterait un courant particulier de l'école pythagoricienne spécialisé dans le domaine physiologico-médical, et Lloyd 1964 qui rapproche les doctrines d'Anaximandre et d'Alcméon en les fondant sur la conception abstraite et polaire du négatif et du positif ou de l'inférieur et du supérieur, et non sur l'observation empirique. D. Fausti (1973, p. 90) reconnaît l'origine ionienne commune des pensées d'Alcméon et des pythagoriciens, mais préfère les distinguer comme deux courants indépendants. Voir également, en ce sens, Lebedev 2017, p. 246. Il n'est évidemment pas question de remettre en cause cette influence de la première *kosmologie* milésienne, qui se retrouve sans doute également dans le principe « isonomique » d'équilibre interne permettant le maintien immobile de la terre au centre d'un univers circulaire (Anaximandre, fr. 12 A 11 DK). Mais comme M. L. West (1967, p. 15) l'a fortement suggéré, et comme on va y revenir, « there is a danger of mistaking Ionia for Greece ». Tout porte à croire que la Grèce occidentale du VIIe siècle, dominée par Sparte, représentait sans aucun doute un pôle d'influence au moins aussi important que la côté ionienne. Notons que la conception alcméonienne d'un fonctionnement interdépendant des différents opposés observables dans la nature et chez l'homme (Fausti 1973, p. 89) n'est pas si éloignée de celle du fonctionnement interdépendant de situations opposées intérieurement vécues, telle qu'on la trouve formulée chez Tyrtée.

1. *Cf.* Aristote, *Métaphysique* A 5, 986 a 22 = Alcméon, fr. **T3a** (24 A 3, 1-13 DK).

2. Pour expliquer la forte impression qui ressort des témoignages d'Alcméon, selon laquelle « il collegamento dei sensori con il cervello non è affermato dogmaticamente, ma c'è il tono di chi riferisce un'esperienza diretta » (*cf.* Fausti 1973, p. 98-99), M. Timpanaro Cardini (1938, p. 242-243) a suggéré – comme alternative à la pratique non parfaitement assurée de dissections de cadavres (animaux, voire humains) ou de vivisections animales – que le savant pouvait s'être aisément satisfait de l'observation détaillée de certaines blessures de guerre qui, selon l'arme et le coup porté, s'apparentaient à une véritable incision médicale. Pour D. Fausti (*ibid.*, p. 99), ce serait en effet le point de départ logique pour vérifier une idée ou une intuition « poiché sarebbe incoerente per il nostro medico parlare dei sensi dell'uomo basandosi unicamente sull'analogia con gli animali, dopo aver sottolineato con tanta enfasi la differenza fra questi e l'uomo ». Si les connaissances anatomiques d'Alcméon, en particulier celle de l'oreille interne et de l'œil (avec la découverte du nerf optique, *cf.* fr. **T10a-d** = 24 A 10), permettent de croire à la pratique de la dissection sur certains animaux, D. Fausti rappelle que la vivisection opposait alors de trop grandes difficultés pratiques. Concernant l'hypothèse de la dissection de cadavres humains, voir Fausti 1973, p. 100-101, ainsi que Timpanaro Cardini 1938, p. 242 ; Stella 1939, p. 272 ; Vegetti 1965, p. 22 ; Ebner 1969, p. 57 qui en admettent la possibilité. De manière générale, à propos des soins relevant de la médecine de guerre en Grèce ancienne, voir la 2e partie de l'ouvrage d'É. Samama (2017).

« rayons du soleil », et que l'un des deux vers comporte une perturbation pragmatique du rythme qui le rapproche des séquences qu'on peut identifier dans le second vers de la strophe d'Alcméon :

Tyrt. fr. 2, 5-6 A (= fr. 11, 5-6 West) :
ἐχθρὰν μὲν ψυχὴν $|^{\mathrm{p}}$ θέμενος, $|^{\mathrm{h}}$ θανάτου δὲ μελαίνας
    κῆρας αὐγαῖς | ἠελίοιο φίλας

– – – – – $|^{\mathrm{p}}$ ⏑⏑ – $|^{\mathrm{h}}$ ⏑⏑ – ⏑⏑ – – (*hexamètre dactylique*)
– ⏑ – – *ou* – ⏑ – ⏑ – | – ⏑⏑ – ⏑⏑ – (*dipodie trochaïque* ou *hypodochmius* + *hemiepes*)

(chacun) tenant son âme pour ennemie, et de la mort les sombres
    destinées, pour les amies des rayons du soleil

À la suite de l'hexamètre, le premier hémistiche du vers élégiaque attendu est modifié en une séquence asymétrique qu'on peut interpréter comme une dipodie trochaïque ou bien une forme de *dochmiaque* si l'on prononce la diphtongue initiale d'αὐγαῖς en diérèse (ἀΰγαῖς)[1]. Cela est un premier point qui suffit à attirer l'attention de l'auditoire sur la construction, à première vue un peu étrange, de ces deux vers.

Si la nette opposition entre l'âme (ψυχή) et la mort (θανάτου) est développée de façon originale grâce à la construction au génitif qui permet de souligner la noirceur de la seconde (μελαίνας κῆρας) tout en l'apparentant paradoxalement à la lumière du soleil (ἠελίοιο), de son côté, l'emploi du participe θέμενος, occupant une position pivot dans l'hexamètre, indique une inversion symétrique évidente des valeurs attachées aux deux termes opposés, qui présuppose que, dans la conception normale des choses, celle de Tyrtée comme celle des Spartiates en général, c'est l'âme et non la mort qui était comparable au soleil.

Pour pouvoir pousser l'interprétation plus avant, il convient de rappeler qu'il existe une ancienne tradition, héritée de la phraséologie indo-européenne, qui concevait les rayons lumineux, émanant de l'œil aussi bien que du soleil, comme la manifestation d'un mouvement de rotation sur soi-même. Claire Le Feuvre, qui rappelle cette tradition, mentionne plusieurs exemples, chez les poètes tragiques, où le soleil est

1. Voir, dans Année 2017, l'index des variations métriques, *ad loc.* Pour faire correspondre le vers à la normativité métrique que nous lui prêtons, les éditeurs ont pris l'habitude de le corriger en insérant l'adverbe ὁμῶς : κῆρας <ὁμῶς> αὐγαῖς.

dit « rouler sa lumière »[1], ainsi qu'un passage de l'hymne orphique à Prôtogonos (le « Premier-Né »)[2], où celui-ci, appelé Phanès, est assimilé au soleil, lui-même comparé à un œil qui « tourne » et « roule » :

Hymne orphique 6, 9-10 (Quandt = Fayant) :

λαμπρὸν ἄγων φάος ἁγνόν, ἀφ' οὗ σε Φάνητα κικλήσκω
ἠδὲ Πρίηπον ἄνακτα καὶ **Ἀνταύγην ἑλίκωπον**

Apportant la brillante et pure lumière, ce pourquoi je t'appelle Phanès,
Et Seigneur Priape, et **Miroir de lumière**[3] **roulant son œil**

Comme Claire Le Feuvre le souligne, « le sens [de l'épithète ἑλίκωπος] est [ici] conforme au sens étymologique de ἕλιξ "rotation", ἑλίσσω "(faire) tourner sur soi-même" »[4].

Que Tyrtée ait partagé cette conception solaire, est chose non seulement envisageable, mais encore confortée par deux autres éléments fondamentaux du système de sa diction : d'un côté, en effet, l'idée fondamentale est que la mort au combat est la condition *sine qua non* de l'immortalité, ὑπὸ γῆς περ ἐὼν γίνεται ἀθάνατος, « bien que sous terre, il devient immortel » (fr. 1, 32 A = 12, 32 West) ; de l'autre, il ressort de

1. *Cf.* Le Feuvre 2015, p. 419 : Eschyle, *Les Perses*, v. 504 : φλέγων γὰρ αὐγαῖς λαμπρὸς ἡλίου κύκλος, « le disque du soleil lumineux dardant ses rayons » ; *Prométhée enchaîné*, v. 91 : καὶ τὸν πανόπτην κύκλον ἡλίου καλῶ, « et j'invoque le disque omnivoyant du soleil » ; Euripide, *Les Phéniciennes*, v. 3 :῞Ηλιε, θοαῖς ἵπποισιν εἱλίσσων φλόγα, « Ô Soleil qui, sur tes rapides cavales, fais rouler ta flamme (autour du monde) » ; Théodectas, fr. 10, 1-2 *TrGF* : ὦ καλλιφεγγῆ λαμπάδ' εἱλίσσων φλόγος |῞Ηλιε, « Ô Soleil resplendissant, roulant la lumière de ta flamme ». Bien que le formulaire soit différent et qu'il ne s'agisse plus (seulement) d'une « comparaison poétique » mais d' « un modèle technique permettant de comprendre un phénomène naturel » (Laurent 2013, p. 81), on serait tenté de compléter cette liste par le fr. 12 A 21 d'Anaximandre, attestant une conception du soleil et des rayons qu'il émet en termes de « roue » (σχῆμα τροχοῦ).

2. À propos de Prôtogonos, divinité qui, selon M. L. West (1983, p. 269), serait propre à la plus ancienne tradition théogonique orphique (fin du VIe siècle), qui fut première à apparaître dans l'éther et qui aurait été assimilable à Éros si l'on en croit une variante manuscrite du titre de l'hymne n° 6, voir la présentation de M.-Ch. Fayant (2014, p. 55-60 ; pour l'apparat critique, p. 63).

3. Je reprends ici volontiers la traduction que C. Le Feuvre donne de l'adjectif-épiclèse ἀνταυγής, signifiant proprement « qui réfléchit la lumière » (*cf.* Fayant 2014, p. 65, note au v. 9, qui préfère pourtant traduire par « le Scintillant »).

4. *Cf.* Le Feuvre 2015, p. 419. Pour l'ancienneté de la forme thématique d'ἑλίκωπος, qui n'est due à aucune nécessité métrique et dont c'est l'unique occurrence que nous ont préservée les *Hymnes orphiques* à côté des formes thématiques des poèmes homériques (ἑλίκωψ, épithète attitrée des Achéens, et ἑλικῶπις), voir *ibidem*, p. 429 et p. 440 : « la forme des *Hymnes orphiques* est donc bien une forme archaïque, plus archaïque que la forme attestée chez Homère, qui en est une variante secondaire ».

l'ensemble des fragments, et d'un vers en particulier, une représentation du combat et de la guerre en termes de κίνησις, c'est-à-dire comme un « mouvement » surnaturel, comme un « ébranlement » dû à Arès lui-même : τὰν Ἄρεος κίνασιν (fr. 23, 2 A [= 16, 2 Bergk ; 857, 2 Page]). Cela signifie que dans la Sparte du temps de Tyrtée, une conception partagée avait cours, selon laquelle le mouvement entraînant du combat conduisait à la mort, et que c'est cette mort là, et seulement elle, qui était promesse d'immortalité. Étant donné la relation triangulaire que cette mort au combat entretient, dans le fr. 2 A (= fr. 11 West), avec la ψυχή d'un côté, et les rayons du soleil de l'autre, on peut en déduire en négatif inversé qu'à Sparte, à l'époque archaïque, on considérait non seulement que l'âme comme le soleil était d'immortelle nature mais encore que l'un et l'autre étaient probablement animés d'un même mouvement d'entraînement.

Ce n'est là, évidemment, qu'une pure hypothèse mais si on lui concède une certaine validité, on voit que la conception de l'âme que Diogène Laërce (fr. **T1** = 24 A 1 DK) et Aristote (fr. **T12a** = 24 A 12, 1-5 DK) prêtent à Alcméon – immortelle et continûment mue comme le soleil[1] –, pourrait trouver dans l'univers culturel de la Sparte du VIIe siècle, si ce n'est sa source d'inspiration, en tout cas au moins une affinité manifeste. S'il est vrai que la transformation du concept de ψυχή, à partir du VIe siècle, est liée à la « révolution » orphique que représente l'application de l'épithète ἀθάνατος à la personne humaine et à son « âme » en particulier, cela est en effet d'autant plus probable que le vers de Tyrtée, par le contraste particulièrement saisissant qu'il établit entre l'idée abstraite de l'(ὅστις)

1. *Cf.* Diogène Läerce VIII, 83, 13 : (…) ἀθάνατον, καὶ κινεῖσθαι αὐτὴν συνεχὲς ὡς τὸν ἥλιον et Aristote, *De anima* A 2, 405 a 29 : ἀθάνατον εἶναι διὰ τὸ ἐοικέναι τοῖς ἀθανάτοις· τοῦτο δ' ὑπάρχειν αὐτῇ ὡς ἀεὶ κινουμένῃ. À propos de cette conception alcméonienne de l'âme, voir Timpanaro Cardini 1940, qui voit dans le mouvement perpétuel le principe absolu de tout ce qui est éternel, à commencer par l'univers ; Stella 1939, pour qui le mouvement serait d'abord synonyme de vie (biologique) avant que d'être signe d'immortalité ; Drozdek 2012, qui en exclut toute idée pythagoricienne de métempsychose ; et Mansfeld 2014, qui, par son enquête de la ramification doxographique, (r)établit une distinction nette entre la conception d'un « mouvement éternel » et celle d'un « mouvement spontané », cette dernière n'étant que le fait d'une transformation platonicienne de la première à travers la réappropriation en forme de pastiche qu'en donne le *Phèdre*, 245 c-246 a (*cf.* 245 c 7 : μόνον δὴ τὸ αὐτὸ κινοῦν). Pour des considérations plus générales sur la conception alcméonienne des corps célestes, on peut voir Thivel 1979 ; sur la notion orphico-pytagoricienne de l'immortalité de l'âme, Casadesús Bordoy 2013 et Bernabé 2016 qui propose une utile synthèse bipartite des « predominantly physical explanations » d'un côté, et des « predominantly religious explanations » de l'autre. Ainsi, notamment, face à la conception alcméonienne, l'idée à la fois orphique et pythagoricienne selon laquelle l'âme est inhalée en même temps que l'air dans lequel elle réside serait attribuable à Brotinos (*cf.* Gagné 2007 et Benabé 2016, p. 21).

ἀνήρ « immortel » et l'image concrète du cadavre « sous la terre » (ὑπὸ γῆς), constitue un précédent pré-orphique incontestablement propre à frapper les esprits[1].

1. Sur ce point, voir Année 2018. Remarquons que l'épithète ἀρίδηλος qui précède les v. 5-6 du fr. 2 de Tyrtée, rare doublet de la forme homérique courante ἀρίζηλος, ne se retrouve que deux autres fois dans toute la littérature grecque : chez Hérodote (VIII, 65, 13) et dans les *Fragmenta orphica* (fr. 540 Bernabé [237 K], 2-4) précisément pour qualifier l'épiphanie miroitante du primordial Phanès-Dionysos-Antaugès : ὃν δὴ νῦν καλέουσι Φάνετά τε καὶ Διόνυσον || Εὐβουλῆά τ' ἄνακτα καὶ Ἀνταύγην ἀρίδηλον (*cf.* Fayant 2014, p. 58). Outre ces deux occurrences, il semble avoir servi par ailleurs d'anthroponyme (*LGPN*, vol. 2, Oa, *ca.* 380 *a. C.*). Concernant l'origine de la conception de l'immortalité de l'âme, voir Bernabé 2016, p. 18 et Burkert 2011, p. 397 et n. 243 où Tyrtée n'apparaît pas parmi les premières attestations directes mentionnées : Hérodote (*Histoires* II, 123), Porphyre (*Vita Pythagorae* 19, à propos de Pythagore) et le fr. **T12a** (24 A 12 DK) d'Alcméon. La n. 242 situe l'origine possible de cette révolution prétendue « orphique », soit dans l'extase dionysiaque, soit dans le chamanisme scythe. On voit que d'autres hypothèses sont permises, qui notamment accordent un rôle de premier ordre à l'effervescence poétique et savante que connaît la haute époque archaïque. Pour une explication, en des termes équivalents, de l'évolution et de l'importance croissante du concept de ψυχή comme « âme unifiée » représentant l'individu après sa mort, voir Laks 1999 (contre W. Burkert [2008, p. 288-290] qui tend cette fois à accorder une place décisive à l'enseignement socratique). Pour une présentation synthétique de la question, voir en outre Bremmer 2010, en particulier p. 15-17 et p. 22-23, qui montre bien, dès les plus anciens poètes post-homériques, la complexité de l'intérêt croissant de ce que représente le terme ψυχή et la façon dont cette entité acquiert progressivement les prérogatives émotionnelles du θυμός – un phénomène qu'il associe directement au processus politique complexe, à la même période, de la formation des cités et de l'organisation des vies individuelles en leur sein.

CHAPITRE IV

LE CONTEXTE DE LA « MÉDITERRANÉE SPARTIATE » AU VIe SIÈCLE

Plusieurs éléments des fragments d'Alcméon attestent donc la trace de l'esprit spartiate et il est temps d'en rendre compte. Le Sud de l'Italie, au VIIe siècle et plus encore à l'époque d'Alcméon, faisait en effet partie intégrante de l'aire d'influence de Sparte – ce qu'Irad Malkin appelle la « Méditerranée spartiate » – et la plus part des cités de la région entretenaient avec elle un rapport de colonies à métropole, même si cela ne correspondait pas toujours à la situation réelle[1]. À la différence de Tarente, qui fut directement colonisée par Sparte en 706 et « appartenait donc en toute certitude au monde de la colonisation spartiate »[2], Crotone

1. Si les colonies de Grande Grèce ont incontestablement su développer leur originalité, notamment en intégrant les pratiques et les traditions des populations indigènes, elles n'en entretenaient pas moins, de manière générale, des relations extrêmement étroites avec leur cité-mère, réelle ou adoptive. Pour l'importance fondamentale de la musique et des pratiques cultuelles dans le tissage de ces relations, « complementing formalizations of the polis achieved in the public debate » et participant en même temps d'un véritable processus de « rehearsal of a culture familiar to them », voir essentiellement Klotz 2014 (notamment p. 219, 223, 225), ainsi que les remarques d'A. Bellia (2014b, et notamment p. 18-19 et 31-32). Concernant l'ampleur de la circulation de la culture laconienne en Grande Grèce et, en Italie en particulier, de Tarente jusqu'à Rhégion, voir dans son ensemble l'ouvrage de G. Salapata (2014). En proposant un réexamen technique, stylistique et contextuel des plaques de terres cuites du sanctuaire spartiate d'Agamemnon et de Cassandre, produites entre le VIe et le IVe siècle, celle-ci met en effet en évidence le partage de mêmes schémas iconographiques, voire de matrices communes entre Sparte et les cités de Grande Grèce.

2. *Cf.* Malkin 1999, p. 77. Les liens particulièrement étroits qui n'ont cessé d'exister entre Tarente et sa cité-mère sont confirmés aussi bien par les nombreuses données archéologiques, que par l'adoption d'institutions politiques et religieuses fortement influencées par Sparte. Pour l'exportation de vases de différents ateliers laconiens à Tarente,

est une fondation achéenne remontant à 709-708 ou 704-703 selon les traditions. Son fondateur, un certain Myskellos de Rhypes, en aurait reçu la charge de l'oracle d'Apollon lui-même, par un ordre particulièrement insistant [1]. Cela n'empêche pas, cependant, qu'elle ait cherché à établir des liens étroits avec Sparte dès le VIIe siècle, comme le prouve la création, à cette époque, de « fausses étymologies et de similitudes onomastiques » destinées à souligner cette démarche [2]. À partir du milieu du VIe siècle, à un moment où la zone d'influence méditerranéenne de Sparte prenait une cohérence mythologique plus précise [3], il semble que des efforts supplémentaires aient été faits pour renforcer encore ces liens et les traduire en termes héroïco-historiques.

C'est à ce moment, en effet, qu'elle redouble sa fondation historique par une fondation mythologique attribuée à Croton, héros *ad hoc*, « accidentellement tué par son ami Héraklès qui, pris de remords, donna son nom à la colonie fondée à cet emplacement » [4], et c'est également à

et pour le rôle de cette dernière comme « point nodal de redistribution » dans toute la région, voir Stibbe 1975, p. 40-41 et Coudin 2009a, p. 45-46 et 2009b, p. 238-239. Pour l'influence de l'iconographie laconienne dans les représentations du héros fondateur Taras sur les pièces de monnaie frappées à Tarente au VIe siècle, voir les conclusions de Salapata 2014, p. 155. Concernant l'influence socio-politique de Sparte, voir Nafissi 1999, en particulier p. 247-251 et Hall 2007, p. 112-114. On peut voir également, de façon résomptive, Fischer-Hansen, Nielsen, Ampolo 2004, p. 299

1. Pour les éléments historiques de la fondation de Crotone et la figure de Myskellos, voir Fischer-Hansen, Nielsen, Ampolo 2004, p. 267 (1re colonne), Malkin, p. 163-164 et surtout, tant pour l'incertitude de la datation que pour la relation des trois stades de la consultation oraculaire, Dubois 2002, p. 135-136.

2. Sur la nature et la complexité des liens qui ont manifestement uni Crotone à Sparte dès le VIIe siècle, voir en particulier Malkin 1999, p. 83-84. Pour la possibilité – qui ressort des témoignages de Pausanias (*Description de la Grèce* III, 3, 1 et III, 12, 5-6) – d'une origine *réellement* spartiate aussi bien de Locres que de Crotone, voir Malkin 1999, p. 286-287, n. 62 : en particulier, des colonies spartiates auraient été envoyées dans la région des deux cités à l'époque du roi Polydore, c'est-à-dire à peu près à l'époque même où Tyrtée composait ses chants. Concernant l'existence d'un « quartier » nommé Crotone dans le village spartiate de Pitané, voir plus précisément la p. 84 et la n. 64, p. 287.

3. *Cf.* Malkin 1999, p. 85 : « le milieu du VIe siècle fut l'époque où la localisation mythologique de l'itinéraire de Ménélas vint à être défini plus clairement dans le monde spartiate ». Concernant la version post-homérique du retour de Ménélas, dont la source principale est l'*Alexandra* de Lycophron, voir les p. 78-80 et 82 : selon l'énigmatique poète alexandrin – « qui suscite une certaine appréhension parmi les érudits classiques » mais auquel on peut pourtant faire crédit, comme s'attache à le montrer I. Malkin, de « l'antiquité des traditions auxquelles [il] fait allusion » –, après avoir quitté la Libye, Ménélas aurait débarqué au promontoire iapyge (près de Tarente), puis continué vers Siris, le cap Lacinion (près de Crotone) et Éryx en Sicile.

4. *Cf.* Malkin 1999, p. 165, à l'appui du témoignage de Diodore de Sicile (*Bibliothèque historique* IV, 24, 7).

ce moment qu'elle fait en sorte de se rattacher à la figure de Ménélas – roi légendaire et héros tutélaire de Sparte s'il en est[1] – en prétendant que celui-ci, en débarquant en pays crotoniate à son retour de Troie, s'était rendu au sanctuaire d'Héra Lacinia[2]. Le rapprochement souhaité est tel qu'Irad Malkin n'hésite pas à faire état, aux alentours de 540, d'une sorte de célébration des « origines laconiennes nationales de Crotone ».

Selon ce dernier, les années précédant ce moment médian constituent un tournant, où Crotone et Locres s'opposant, en vinrent sans doute l'une et l'autre à revendiquer Sparte comme métropole, la seconde, inférieure en force, pour obtenir de l'aide, la première pour ménager ces intérêts. Le conflit déboucha sur la bataille de la Sagra qui vit les Crotoniates vaincus par les Locriens et Phormion, qui menait les premiers, blessé par l'un des Dioscures[3]. Le second événement marquant intervient quelques dizaines d'années plus tard, aux alentours de 510. Crotone, alors à son apogée territoriale et démographique au point de représenter la plus importante des cités de l'Italie méridionale, décide de s'emparer de sa voisine Sybaris[4] et, dans cette entreprise, reçoit l'aide de Dorieus, Héraclide de la maison royale spartiate, qui faisait route à ce moment vers la Sicile, à la tête d'une

1. La fondation du culte de Ménélas et d'Hélène, au *Menelaion* de Thérapné, se situe aux alentours de 700. Voir notamment Coldstream 1977, p. 346-348 et Cartledge 1979, p. 37-38, 61-64 et 104-105. Pour la fonction politique et stratégique de la fondation de ce culte héroïque qui permet de légitimer les prétentions hégémoniques de Sparte dans le Péloponnèse et en Méditerranée, voir Waugh 2012, p. 15-16 : « It identified Sparta with the area's past rulers, thus legitimating contemporary rule ». Pour la méthode de conquête typiquement spartiate, par étapes, commençant par la fondation de sanctuaires et procédant à l'institutionnalisation progressive de pratiques socio-culturelles syncrétisées, on peut voir Lanérès, Grigorakakis 2015, p. 656-657 à propos de la Cynourie du Sud.

2. *Cf.* Malkin 1999, p. 84.

3. Sur le détail et le sens à donner à cet épisode, qui aurait eu lieu entre 570 et 540, et où les Dioscures seraient intervenus en personnes en faveur de Locres, voir Malkin 1999, p. 83, Giangiulio 1989, p. 210 et 240-245 et surtout Giangiulio 1983 qui parle de « tradizione Locri-Dioscuri-Sparta » pour bien marquer le rôle et l'influence politique et cultuelle de Sparte (p. 485). Voir également Burkert 1972, p. 115, n. 41 et p. 116, n. 44, pour des arguments en faveur d'une datation dans les années 540. Pour la part qu'il faudrait également attribuer à Apollon dans la résolution du conflit, lequel jouissait d'un culte particulier à Locres, voir Bellia 2014b, p. 17 et n. 4. Le personnage de Phormion de Crotone, et son rêve incubatoire d'un voyage à Sparte qui lui valut guérison, nous sont connus par le témoignage de Théopompe (*FGrH* 115 F 329).

4. Outre une extension territoriale maximale, « it seems correct that, after the victory over Sybaris, Kroton had the largest population of the Greek cities in Italy ». *Cf.* Fischer-Hansen, Nielsen, Ampolo 2004, p. 268 (1re colonne). Comme le signale également W. Burkert (1972, p. 115), la bataille de la Sagra et la prise de Sybaris, sont deux événements particulièrement déterminants dans l'histoire archaïque de Crotone.

expédition pour s'emparer de la terre d'Éryx sous le prétexte oraculaire qu'Héraklès l'avait jadis conquise et léguée de droit à ses descendants [1].

Si, au VIe siècle, Sparte subit une réforme intérieure qui voit durcir ses institutions [2] et fait moins figure de capitale musicale et culturelle florissante qu'au siècle précédent, son prestige demeure néanmoins intact et l'on peut être assuré que ses idées étaient largement diffusées dans la partie de la Méditerranée où s'exerçait son influence. Quelle que soit la nature exacte des liens qui l'unissaient à Crotone, on peut donc également tenir pour sûr que celle-ci fut profondément marquée par l'esprit spartiate, que ce soit d'un point de vue politique, cultuel ou poético-savant. Concernant ce dernier aspect, le fait que certaines des conceptions *kosmogoniques* et musicales d'Alcman, en particulier, aient pu faire une impression notoire sur celles du Pythagorisme naissant, permet en effet de croire que l'influence de Sparte fut au moins aussi vive à Crotone qu'à Tarente, et peut-être contextuellement plus vive encore auprès de certains milieux intellectuels. C'est à Martin L. West que l'on doit d'avoir montré, par exemple, que le caractère supposé illimité (ἄπορον καὶ ἀτέκμαρτον) de l'espace aquatique primordial que le Τέκμωρ d'Alcman a la charge d'organiser avec l'aide de Πόρος, pourrait avoir servi de modèle à l'ἄπειρον qui précède l'arrivée de Πέρας dans la *kosmologie* pythagoricienne [3]. Quant à la conception musicale de ce poète, dominée par la figure de onze Sirènes qu'il semble identifier aux Muses [4], elle pourrait avoir nourri la

1. Au sujet de cette participation de Dorieus à la ruine des Sybarites, qui, aux dires de ces derniers, lui aurait valu d'échouer dans son entreprise de conquête en Sicile, voir Giangiulio 1989, p. 182-212 et Malkin 1999, p. 84 et 239-240.

2. Concernant le long processus de la construction politique de Sparte qui finit par aboutir, dans la première moitié du VIe siècle, à la « réforme » qu'enclencha l'éphorat de Chilon (avec notamment l'édiction consécutive de lois somptuaires), et qui mena la cité au « κόσμος » de l'époque classique, c'est-à-dire à l'ordre institutionnel austère et égalitaire qui en a fait le « mirage » que l'on connaît, voir Nafissi 2009, p. 124 et p. 135, n. 39.

3. Pour l'interprétation convaincante du fragment *kosmogonique* d'Alcman (fr. 81 Calame = *P. Oxy.* 2390) en termes de « water-cosmogony », Poros et Tekmôr étant les principes organisateurs d'une masse originelle qu'on peut légitimement déduire ἄπορον καὶ ἀτέκμαρτον comme l'est l'étendue marine dans l'imaginaire grec, voir West 1967, p. 2-3 (avec la n. 3, p. 3) ainsi que la p. 6 pour l'identification d'éléments proche-orientaux. C'est en conclusion de ce qui constitue un premier ensemble d'analyses (p. 7), que celui-ci suggère un rapprochement avec le système pythagoricien, « evidently the twin of Alcman's », où l'ἄπειρον primordial se voit organisé par Πέρας.

4. En ce qui concerne les « onze » Sirènes d'Alcman (ἕνδεκα étant l'une des lectures du fr. 1, 96-98 Page = 3, 96-98 Calame assurée par la scholie), et leur identification manifeste avec les Muses, dans le fr. 30 Page = 86 Calame (ἁ Μῶσα κέκλαγ' ἁ λίγηα Σηρήν), voir West 1967, p. 11-13, ainsi que les remarques de F. Bader (1994, p. 28). En analysant l'enchevêtrement mythologique que recèle la formation linguistique du nom σειρήν, cette dernière démontre

conception arithmétique tétradique de la musique et de l'univers qui fut celle des premiers Pythagoriciens[1].

Quelque soit la réalité exacte à laquelle renvoyait la *tetraktys* pour ces derniers, expression mystico-symbolique de l'harmonie ou reflet authentiquement mathématique de la combinaison des intervalles musicaux de base[2], on pourrait aussi faire valoir que la représentation tri- et quadri-partite de la réalité en général est précisément l'une des caractéristiques les plus éminentes de l'esprit spartiate, aussi bien d'un point de vue physique (et en particulier astrologique), que d'un point

que les Sirènes, à la fois oiseaux et quasi-Néréides, sont fondamentalement poétesses et détentrices d'un savoir total, comparable à celui des Vieux de la Mer, « savoir relatif à la mort et à la (re)-naissance à travers les mouvements du soleil, ainsi qu'à la totalité du cosmos, mer, terre chtonienne, terre des vivants » (Bader 1994, p. 25). S'il est vrai que les Néréides avaient un culte à Sparte, comme c'est le cas de Thétis (*cf.* Pausanias, *Description de la Grèce* III, 14, 4), et que, comme cette dernière, on peut leur supposer un rôle éventuelle dans la *kosmogonie* spartiate (*cf.* West 1967, p. 3 et Rangos 2003, p. 102-103), on voit que les Sirènes, en tant que quasi-Néréides, sont parfaitement cohérentes dans l'œuvre d'Alcman et qu'elles pourraient avoir représenté plus et autre chose qu'une « métaphore musicale » pour montrer le pouvoir surnaturel et sans pareil de la voix du poète et, avec elle, de celle d'Hagésichora et du chœur de jeunes filles tout entier. Pour cette interprétation poético-didactique, voir Calame 1977, vol. II, p. 79-81 et p. 80, n. 66 où est mentionnée l'équivalence établie par Aelius Aristide (*Discours* 28, 51) entre les Sirènes et les Muses. Sur l'identité possible des (Sirènes)-Néréides avec les Κολυμβῶσαι, « plongeuses » métaphoriques auxquelles Alcman aurait consacré un poème éponyme perdu, voir Ornaghi 2018, et en particulier p. 147-148 et 155.

1. Rappelant le fondement arithmétique de la musique pythagoricienne et l'ancienneté de la τετρακτύς, symboliquement définie comme « l'harmonie dans laquelle résident les Sirènes » (*cf.* Jamblique, *De vita Pythagorica* 82), M. L. West (1967, p. 12-14) propose d'établir un parallèle entre l'expression mathématique des intervalles musicaux que représente la *tetraktys* et le nombre particulier d'accords ou de notes musicales que pourraient avoir symbolisé les Sirènes d'Alcman. S'il est vrai que les cités d'Italie, « Greek and non-Greek alike, were particularly ingenious at weaving their historical narratives retroactively into the tales of mythic Greek travelers, particularly Odysseus » et que certaines, comme Neapolis et Terina, par l'établissement d'un culte unique, surent se réapproprier les Sirènes comme faire valoir de leur identité coloniale et de leur situation géographique liminale propre au « mythème du *katapontismos* » (*cf.* Taylor 2014, p. 185-186 et 187, pour les citations), on peut imaginer, de surcroît, qu'un terreau culturel local pourrait avoir favorisé, à Crotone comme dans l'ensemble de la région, une attitude favorable à l'égard d'un système de pensée où des semi-divinités comme les Sirènes avaient leur place.

2. Sur cette question, on peut voir les remarques de Centrone 2013, p. 181, et plus généralement, l'étude que P. Kucharski (1952) a consacrée au témoignage d'Aristote (*De anima* A 404 b 18-27) sur l'assimilation des objets du monde sensible et des processus de la connaissance aux quatre premiers nombres. De la tétrade pythagoricienne découlerait, selon lui, d'une conception *kosmologique* ancienne « dont le trait caractéristique est que le sujet et l'objet ont une même nature » (Kucharski 1952, p. 37). Pour la distinction et les interférences entre théorie musicale et théorie des nombres dans la pensée pythagoricienne, voir notamment Burkert 1972, p. 369-400 et p. 427-484, et Netz 2014.

de vue politique et social[1]. C'est dans ce contexte qu'il faut replacer la tendance quaternaire du rythme métrico-syllabique qui caractérise les fragments de Tyrtée et le nom même de ce poète, Τυρταῖος, qui signifie « Quatrième »[2]. En considérant la valeur symbolique, et non seulement esthétique ou parénétique, que l'expérimentation du rythme tyrtéen pouvait alors revêtir, on peut en effet imaginer qu'il pourrait aussi avoir eu sa part d'influence sur la *tetraktys* pythagoricienne – une influence d'ordre pragmatique, liée à son efficacité morale, symbolique et persuasive.

Là encore ce ne sont que des hypothèses et toute évaluation des effets de la culture spartiate du VIIe siècle sur la pensée de Pythagore est condamnée à rester telle. Ce dont en revanche on ne peut douter, compte tenu des rapports qui existaient entre Sparte et Crotone depuis le VIIe siècle, c'est que, bien avant l'arrivée de ce dernier dans la seconde moitié du VIe siècle, les savoirs et les traditions spartiates constituaient une source d'inspiration locale majeure, qu'aucun savant ne pouvait ignorer, à commencer par Alcméon qui, tout « auditeur » qu'il fût de Pythagore[3], semble bien hériter de conceptions empiriques, physico-eschatologiques et musicales pré-pythagoriciennes. Si l'on ne peut savoir dans quelle mesure son savoir médical s'ente sur une tradition locale, comme on l'a vu, on a davantage d'éléments pour considérer, d'une part, que la diction tyrtéenne pouvait difficilement lui être restée inconnue et d'autre part, que l'utilisation de rythmes essentiellement éolo-doriens au commencement de son discours avait une fonction parénétique marquée, à des fins sans aucun doute savantes, mais aussi probablement politiques. Les accents rythmiques de Tyrtée avaient d'autant plus de chance de lui être connus que c'est sans doute vers le début du VIe siècle que la récitation rituelle de

1. Pour l'existence, dans la Sparte archaïque, d'un calendrier lunaire à la fois tri-et quadri-partite, voir Richer 2012, p. 550-555 et Année 2017, p. 641-642. Sur le plan politique et social, la triplicité est connue pour être au fondement même de l'esprit dorien, comme l'atteste en particulier, dans le contexte mythilogique du retour des Héraclides, le partage du Péloponnèse en trois territoires, la Laconie, la région de Messène et celle d'Argos (*cf.* Nagy 1990c, p. 283-284 ; Nafissi 2009, p. 118 ; Malkin 1999, p. 38 et 51 ; Année 2017, notamment p. 643, 701-702, 733). Selon un fragment d'Hésiode (fr. 233 Merkelbach-West), « [les Doriens] sont tous appelés tripartites, parce qu'ils divisèrent la terre en trois, loin de leur pays ». L'organisation ancienne en trois tribus hiérarchisées – (1) les *Dymanes*, (2) les *Hylleis*, (3) les *Pamphyloi* ; *cf.* Tyrt. fr. 5, 8 A = fr. 19, West) constitue l'autre trait le plus caractéristique. Voir notamment Nagy 1990c et Année 2017, p. 732-733.

2. Cf. *DELG*, s. v. Τυρταῖος, p. 1107 et Amigues 2005 (= *DELG*, *CEG*, s. v. Τυρταῖος, p. 1361), et pour plus de détails, Année 2017, p. 35-36, n. 53.

3. *Cf.* Diogène Laërce VIII, 83, 1 = fr. **T1** (24 A 1 DK).

ces chants fut officialisée à Sparte[1]. Quant au rapport épistémologique que pourrait avoir entretenu son emploi du verbe τεκμαίρεσθαι avec le τέκμωρ d'Alcman, il se pourrait que le fragment qu'on a cité plus haut (πεῖρά τοι μαθήσιος ἀρχά) en soit la plus parfaite confirmation.

1. Selon le témoignage de Philochoros (*FrGrHist* 328 F 216) rapporté par Athénée (*Deipnosophistes* XIV, 630 e 5-631 b 4 = Tyrt. *test.* 7b), une pratique rituelle de récitation militaire et *symposiaque* des chants tyrtéens aurait été institutionnalisée à Sparte, à date ancienne. S'il ne convient pas d'en douter, il semble cependant difficile de la faire remonter au-delà du VIe siècle, au temps des performances de Tyrtée lui-même. Voir Année 2017, *ad loc.*

Chapitre V

ALCMÉON CITATEUR[1] D'ALCMAN ?

Scholia vetera in Pindari Isthmionicas, I, 56 (Drachmann 1903-1927, vol. 3, p. 205-206 = Alcman, fr. 63 Bergk ; 125 Page ; °°293 Calame)
Principaux manuscrits (cf. *sigla* Drachmann 1903-1927, vol. 3, p. xxv-xxvi) :
A = *Ambrosianus graecus* 886, C 222 inf. (2e moitié xiie siècle) ;
B = *Vaticanus graecus* 1332 (xiiie siècle) ;
C = *Parisinius graecus* 2774 (xive siècle) ;
D = *Laurentianus graecus* 32, 52 (xiiie siècle)
Manuscrits secondaires :
E = *Laurentianus graecus* 32, 37 (xiiie-xive siècle) ;
F = *Laurentianus graecus* 32, 33 (xiiie siècle) ;
G = *Gottingensis philol.* 29 (xiiie siècle) ;
H = *Vaticanus graecus* 41 (xive siècle) ;
K = *Vaticanus graecus* 42 (xive siècle) ;

1. Pour la complexité de la notion de « citation » dans l'Antiquité grecque, et en particulier à une époque marquée par la tradition des « chaînes symposiaques » où la « citation » ne saurait se réduire « à un simple décrochement énonciatif » parce qu'en tant que constituant intrinsèque de la performance, elle « implique les conditions de sa mise en dicours et de sa réception dans le temps », voir Calame 2004b (pour les citations, respectivement, p. 240, 226, 224). Phénomène qu'il convient de penser, selon ce dernier (*ibid.*, p. 224) en termes de « transdiscursivité », la citation « forme avec le discours d'accueil l'unité d'une double énonciation » (Darbo-Peschanski 2004, p. 9-10). Pour l'idée de « recyclage » dans une langue grecque qui était conçue par ses usagers comme une « chambre d'échos », voir Svenbro 2004, p. 266. Pour d'autres réflexions en termes de transfert d'information (orale), on peut voir auusi la version en ligne (Academia.edu) de la communication de U. Tischer, « Quotation and speech. Presenting written evidence as speech and its implications for the reconstruction of lost texts from quotations » (*Witnessing and Knowing : Challenging Re/Sources of Knowledge*, 8th German-Israeli Frontiers of Humanities Symposium, September 5, 2016, Potsdam).

L = *Vaticanus graecus* 902 (XIVe siècle) ;
M = *Perusinus* B 43 (XIIIe-XIVe siècle) ;
N = *Ambrosianus* E 103 sup. (fin XIIIe siècle) ;
O = *Leidensis* Q 4 (1300) ;
P = *Parisinus graecus* 2403 (fin XIIIe siècle) ;
Q = *Laurentianus graecus* 32, 35 (XIVe siècle) ;
R = *Vaticanus Urbinas* 144 (XIIIe-XIVe siècle) ;
T = *Vaticanus graecus* 121 (XIVe-XVe siècle) ;
U = *Vindobonensis* 130 (XIIIe siècle) ;
Y = *Marcianus graecus* 475 (milieu du XVe siècle)

ὁ πονήσαις δὲ νόῳ καὶ προμάθειαν φέρει· ὁ Χρύσιππος ἐμφαίνειν φησὶν, ὡς καὶ πρότερον μὲν συνετῶς ἐγχωρήσαντα, ὡς μὴ κινδυσεύσῃ, καὶ μετὰ τὴν κάθοδον δὲ ἠσφαλισμένον καθ' ἑαυτόν· τοῦτο οὖν φησιν· ὁ παθὼν τῷ νῷ προμαθὴς γίνεται. **Ἀλκμάν · πεῖρά τοι μαθήσιος ἀρχά**. καὶ Ὅμηρος (Hés. *Op.* 218 ; cf. *Il.* 17, 32 et 20, 198)· παθὼν δέ τε νήπιος ἔγνω.

1. ὁ πονήσαις… φέρει D : ὁ πονήσαις δὲ νόῳ B || ἐμφαίνειν plerique codd. : D || 2. ἐγχωρήσαντα, ὡς plerique codd. : ἐγχωρήσαντα ὡς B | ἐγχωρήσαντος D || δὲ : om. B || ἠσφαλισμένον plerique codd. : ἠσφαλισμένου D || 3. πεῖρά plerique codd., Bergk, Calame : πῆρά Page || μαθήσιος ἀρχά plerique codd. Bergk, Page, Calame : μαθήσι' ἀρχά D || 4. τε : om. D.

« Qui a enduré des peines, son esprit en gagne en prévoyance ». Selon Chrysippe, cela signifie qu'autant qu'il [Asôpodore] a procédé auparavant avec prudence afin de se préserver du danger, autant il s'en trouve conforté en lui-même à son retour. C'est pour cela qu'il dit : celui qui a souffert devient prévoyant en son esprit. **Alcman : « l'expérience, c'est sûr, est de la connaissance le début »**, et Homère : « un fou apprend de ce qu'il a souffert ».

Bien que l'identité des noms d'Alcman et d'Alcméon, qui ne sont que les variantes dialectales (ou pseudo-dialectales) d'une seule et même forme[1], s'ajoute à la négligence manifeste de l'auteur de cette scholie à

1. À côté d'Ἀλκαῖος, Ἀλκμήνη et Ἄλκιμος, le *DELG* (s. v. ἀλέξω, 1. thème I ἀλκ-, p. 55) donne trois variantes différentes du dérivé en -ᾱων : Ἀλκμαᾱ́ων, qui correspond à la forme archaïque telle qu'on la trouve chez Homère où elle présente toujours l'ᾱ long, la forme Ἀλκμέων de l'ionien-attique et Ἀλκμᾶν qui représente la contraction caractéristique des dialectes du grec occidental. Selon G. Björck (1950, p. 111), Ἀλκμαίων, qu'on trouve dans la tradition manuscrite relative à Alcméon, constituerait en revanche une orthographe fautive. Pour l'origine disparate (grec du Nord et/ou emprunts) des noms de personnes dérivés en -ᾱων, qui forment un groupe bien représenté dans l'*Iliade*, voir Chantraine 1933, § 122, p. 162-163. D'après ce dernier, les trois variantes de la réalisation suffixale constituent un système dont il est difficile de rendre compte : « les faits semblent indiquer une confusion entre le suffixe à nasale de l'indo-européen et une finale préhellénique ». Un examen des traditions manuscrites aussi bien d'Alcman que d'Alcméon permet par ailleurs de montrer,

la première *Isthmique* de Pindare[1] et permette de soutenir l'hypothèse d'une erreur onomastique ou d'une erreur d'attribution de sa part, il n'y a aucune raison objective de l'exclure radicalement des fragments d'Alcman[2]. En dépit des arguments d'ordre dialectal et lexical fournis par Diego Lanza et adoptés par Claude Calame, qui le met au rebus des fragments de son édition ne méritant pas traduction[3], il entre en effet en cohérence parfaite, non seulement avec les deux principes primordiaux que sont πόρος et τέκμωρ dans son fragment *kosmogonique*, mais encore avec la prééminence politique dont semble avoir joui à Sparte *Prométhéa*, la Prévoyance, et à laquelle le poète, dans ses fragments, apparente généalogiquement *Eunomia* et *Peithô* comme les garantes fondamentales de l'équilibre et de l'entente au sein de la communauté spartiate

Alcman, fr. 64 Page (= 105 Calame)

Εὐνομίης τε καὶ Πειθοῦς ἀδελφὴ καὶ Προμηθείας θυγάτηρ

La sœur d'*Eunomia* et de *Peithô*, et la fille de *Prométhéa*[4].

comme cela a été fait par S. Kouloumentas (« Reconsidering some *dubia* : Alcmaeon, Alcman or Anaxagoras ? », Centre Léon Robin - UMR 8061, Paris, 19/09/2015), combien la grande variabilité de la forme de leur nom respectif a pu semer entre eux la confusion. Concernant l'hésitation entre les formes Ἀλκμάων et Ἀλκμάν dans les fragments mêmes d'Alcman (fr. 39 et 95b Page = fr. 91 et 92 Calame), voir Calame 1983, p. 481.

1. En attribuant à Homère l'exemple qu'il donne à la suite de celui d'Alcman, le scholiaste fait en effet preuve d'inexactitude puisque le morceau cité se trouve en fait appartenir à un hexamètre hésiodique (*Les Travaux et les Jours*, v. 218).

2. Le développement de ces trois hypothèses – origine authentiquement alcmanienne, erreur onomastique pour Alcméon, ou erreur d'attribution – a fait l'objet de la conférence précédemment mentionnée de S. Kouloumentas (« Reconsidering some *dubia* : Alcmaeon, Alcman or Anaxagoras ? », Centre Léon Robin - UMR 8061, Paris, 19/09/2015).

3. *Cf.* Lanza 1965 et Calame 1983, p. 207-208. Outre la confusion aisée des noms d'Alcman et d'Alcméon, les deux arguments majeurs évoqués sont, l'un, la non-conformité des formes πεῖρα et μαθήσιος au dialecte laconien prétendument exclusif chez Alcman ; l'autre, la soi-disant non appartenance du mot μαθήσιος lui-même au vocabulaire de la poésie mélique. Comme on le voit, ci-après, les variations dialectales n'étaient cependant pas nécessairement exclues de la diction alcmanienne.

4. Dans sa version manuscrite, ici reproduite, le fragment est marqué par une coloration dialectale ionienne et non dorienne. Ce qui le fait ranger, par G. Hinge (2004, p. 305), dans le groupe des « more or less abnormal fragments » qui, pour des raisons de forme et de contenu, n'ont pas dû connaître le même type de (re)performance, dans l'Antiquité, ni la même transmission que la plupart des autres. Pour un rapprochement de ce vers, dans sa forme ionienne, avec le vers initial du fragment politico-oraculaire de Tyrtée (fr. 20, 1 A = fr. 4, 1 West), où l'on trouve l'adverbe *hapax* Πειθωνόθεν, dérivé du nom de la divinité pré-*pathèmatique Peithô*, voir Année 2017, p. 166-168. *Peithô*, divinité double de la persuasion et de l'obéissence, y préside à la révélation des oracles infaillibles du dieu définissant les conditions de possibilité d'une véritable *eunomia* entre les citoyen-guerriers de Sparte. Les

Entre προμηθεία et μάθησις, tout comme entre πόρος et πεῖρα qui sont étymologiquement issus de la même base verbale περ- [1], la distance, comme on peut le constater, n'est pas bien grande. Entre, d'un côté, le « Tracement du chemin » (πόρος) qui, avec un ensemble de « signes indicateurs » (τέκμωρ), organise aussi bien le *kosmos* que les destins individuels, et de l'autre, l'importance du « savoir par avance » (προ-μηθεία), l'idée que l'expérience (πεῖρα) est source de connaissance (μάθησις) trouve, en effet, tout particulièrement bien sa place. On peut en outre remarquer qu'à côté de la forme propérispomène πεῖρα, il semble avoir existé, à date ancienne puisqu'il est attesté chez Eschyle, un féminin oxyton πειρά signifiant la « pointe de l'épée » [2]. Alcman n'est certes pas Tyrtée, mais l'importance de la guerre ayant été ce qu'elle fut à Sparte, l'idée qu'il puisse y avoir ici un jeu sous-jacent - intentionnellement adressé ou non - entre l'expérience tout court et l'expérience acquise au combat est assez séduisante.

D'un autre côté, cependant, il est vrai qu'on ne peut pas nier la possibilité d'une erreur ou d'une confusion entre les noms d'Alcman et d'Alcméon, et l'on doit bien reconnaître que le contenu de la formule s'accorde également au plus haut point avec l'empirisme positif de la pensée épistémologique d'Alcméon, telle qu'elle se présente à nous dans son *incipit*. La citation qu'en donne Diogène Laërce étant interrompue, on pourrait être légitimement tenté de voir, dans cet énoncé proverbial, la suite logique du fragment alcméonien [3]. Or, si cette possibilité restait

pathèmata spartiates correspondent, au moins à partir du VIe siècle, à « la sacralisation d'états psychiques ou somatiques » (*cf.* Richer 2012, p. 46).

1. Il a déjà été question de πόρος plus haut (p. 53, n. 1 et 2). Le féminin πεῖρα > **per-i̯h2* est lui aussi issu d'une vaste racine **per-* où l'idée d'« épreuve » et d'« expérience » découle de la notion originelle « aller de l'avant, pénétrer dans ». Cf. *DELG*, s. v. πεῖρα, p. 839.

2. *Cf.* Eschyle, *Choéphores*, v. 860 : πειραὶ κοπάνων ἀνδροδαΐκτων, « les glaives à la pointe meurtrière ».

3. Si elle ne le formule pas directement, c'est une hypothèse qui ressort en filigrane de l'enthousiasme avec lequel D. Fausti (1973, p. 94), notamment, accepte l'attribution de ce fr. **Fp3** à Alcméon, et y trouve « la première déclaration méthodologique de la science grecque » : « dall'esperienza si origina la μάθησις, cioè il processo dell'apprendere che si distende nel tempo basandosi sul τεκμαίρεσθαι ». Également partisan de cette attribution, S. Kouloumentas (« Reconsidering some *dubia* », Centre Léon Robin - UMR 8061, Paris, 19/09/2015) a suggéré, concomitamment à cette même hypothèse, une autre place possible dans l'œuvre alcméonienne, au sein d'une section, dont le fr. **Fp3** (24 B 1a DK) pourrait être le représentant, et qui aurait été consacrée aux différentes étapes du processus cognitif aboutissant à la centralisation synthétique (ξυνίεναι), au niveau du cerveau, des différentes informations sensorielles. Pour la valeur relative qu'il convient cependant d'accorder à ce fragment transmis par Théophraste, afin de ne pas risquer de faire d'Alcméon le « précurseur de la psychologie expérimentale » (*cf.* Stella 1939, p. 252-253), ni la source directe des conceptions platonicienne (*Phédon*, 96 a-b) et aristotélicienne (*Seconds Analytiques*, II,

jusqu'à présent une hypothèse invérifiable, la réinterprétation que je propose de l'*incipit* d'Alcméon en une forme double, associant un court préambule en prose et le commencement d'un discours rythmiquement organisé en trois vers, pourrait précisément permettre de la confirmer.

Car la formule πεῖρά τοι μαθήσιος ἀρχά ne se contente pas de fournir une suite particulièrement adéquate, sur le plan sémantique, à la strophe du fr. **F1** (24 B 1 DK) d'Alcméon qui s'achève sur une invitation quasi-parénétique à « procéder par conjecture » (τεκμαίρεσθαι). Elle s'interprète de surcroît aisément comme un segment métrique. Selon qu'on réalise la désinence du génitif μαθήσιος en diérèse (-σϊος [cas *a*]) ou en synizèse (-σι͜ος [cas *b*]), on peut y reconnaître : dans le cas de la diérèse (*a*), la succession ou bien d'une dipodie trochaïque et d'un *adonéen* (cas *a1*), ou bien celle d'un crétique et d'un *reizianum* (cas *a2*), ou encore une forme anaclastique d'*hipponactéen* (*a3*) ; dans le cas de la synizèse (*b*), ou bien la succession d'un crétique et d'un penthémimère (cas *b1*), ou bien la réalisation complète d'une double dipodie trochaïque (*b2*).

a1 : πεῖρά τοι μα/θήσϊος ἀρχά	– ᴗ – ᴗ / – ᴗᴗ – –
a2 : πεῖρά τοι / μαθήσϊος ἀρχά	– ᴗ – / ᴗ – ᴗᴗ – –
a3 : πεῖρά τοι μαθήσϊος ἀρχά	– ᴗ – ᴗ – ᴗᴗ – –
b1 : πεῖρά τοι / μαθήσι͜ος ἀρχά	– ᴗ – / ᴗ – ᴗ – –
b2 : πεῖρά τοι μαθήσι͜ος ἀρχά	– ᴗ – ᴗ – ᴗ – –

Tous ces cas de figures sont envisageables, (*a1*) ne se distinguant des autres que par un phénomène de recouvrement ou de synaphie lexicale au niveau de sa jointure rythmique, ce que Martin Steinrück appelle un « *dove-tailing* »[1]. Deux d'entre eux, cependant, méritent une attention plus particulière pour la raison que leurs schémas respectifs offrent une correspondance tout à fait remarquable avec l'une des interprétations possibles du second vers de l'unité strophique de l'*incipit*.

19, 99 b 33-100 a 14 : sensation → mémoire → expérience → savoir pratique et théorique), voir Fausti, *ibidem*, p. 103-104. Pour mieux situer Alcméon par rapport au traitement problématique de la question cognitive et psycho-sensorielle dans le *Corpus hippocratique*, voir Lo Presti 2016.

1. Ou « queue d'aronde », par référence au système de liaison mécanique entre deux pièces de menuiserie (*cf.* Steinrück 2007, p. 48). Sur ce type d'imbrication *kôlométrique*, que semblent surtout avoir pratiqué Sappho et Pindare, et que seul un changement de rythme (non la syntaxe) permettait de déceler, voir Steinrück, *ibidem*, p. 48, 66 et 81 et plus généralement, l'ouvrage fondateur de J. Irigoin (1953) qui, par une analyse méthodique des césures et de la synaphie chez Pindare et Bacchylide et dans les chœurs dramatiques, parvient à mettre en évidence la rareté de la coupe diérèse à la fin d'un élément rythmique : « dans les stiques comme dans les vers lyriques, la synaphie et non la coupe nous a paru être un des caractères essentiels du vers grec » (p. 61, voir également les conclusions de la p. 92).

Si l'on se souvient, en effet, que, dans ce vers central, on peut reconnaître l'association d'un penthémimère et d'une dipodie trochaïque (cas A), on s'aperçoit immédiatement que les structures métriques de (*a1*) et de (*b1*) du vers πεῖρά τοι μαθήσιος ἀρχά construisent chacun différemment avec ce vers une symétrie croisée qui vient compléter de façon idéale la propre symétrie anapestique des vers 1 et 3 :

περὶ τῶν ἀφανέων | περὶ τῶν θνητῶν
σαφήνἕιαν μὲν / θεοὶ ἔχοντι,
ὡς δὲ ἀνθρώποις | τεκμαίρεσθαι·
πεῖρά τοι μα/θήσϊος ἀρχά

⏑⏑ – ⏑⏑ – | ⏑⏑ – – – ||
⏑ – ⏑ – – / – ⏑ – ⏑ (A)
– – – – | – – – – ||
– ⏑ – ⏑ / – ⏑⏑ – – (*a1*)

περὶ τῶν ἀφανέων | περὶ τῶν θνητῶν
σαφήνἕιαν μὲν / θεοὶ ἔχοντι,
ὡς δὲ ἀνθρώποις | τεκμαίρεσθαι·
πεῖρά τοι / μαθήσιος ἀρχά

⏑⏑ – ⏑⏑ – | ⏑⏑ – – – ||
⏑ – ⏑ – – / – ⏑ – ⏑ (A)
– – – – | – – – – ||
– ⏑ – / ⏑ – ⏑ – – (*b1*)

Dans le cas de (*a1*), la première moitié du vers, qui constitue une dipodie trochaïque, est l'exacte réplique de la structure métrique de la seconde moitié du deuxième vers ; dans le cas de (*b1*), c'est la seconde moitié du vers final, représentant un penthémimère, qui répète la première moitié du deuxième vers. Si l'association des lectures rythmiques, (A) pour le v. 2, (*b1*) pour le v. 4, a le mérite d'ajouter à l'effet de symétrie un emploi parallèle de synizèse (θεοὶ, v. 2 // μαθήσιος, v. 4), il reste difficile de marquer une préférence pour l'une ou l'autre de ces deux interprétations strophiques, qui ne sont elles-mêmes que deux hypothèses parmi d'autres. Ce qui n'est guère contestable, cependant, aussi bien dans un cas que dans l'autre, c'est que la strophe ainsi complétée gagne en cohérence, à de multiples égards, formellement et significationnellement.

En particulier, par la symétrie des deux hémistiches constitutifs de chacun des deux vers anapestiques (vers 1 et 3) d'une part, et par celle, d'autre part, de ces deux mêmes vers entre eux face à celle des vers 2 et 4, on peut constater que la construction binaire du rythme d'ensemble, reposant sur plusieurs paires symétriques, offre ainsi une parfaite correspondance avec la pensée d'Alcméon : à la fois sa conception médicale en termes de couples d'opposés interdépendants (fr. **Fp6** [24 B 4 DK]) et cette idée selon laquelle « en deux se tiennent la plupart des choses humaines ». Cet énoncé que nous ont transmis Diogène Laërce et Aristote a ceci de particulier, comme on l'a déjà mentionné[1], qu'on peut non seulement

1. Voir plus haut, p. 19, n. 1.

l'identifier comme une citation *verbatim*, mais encore y reconnaître un schéma rythmique en variation cohérente avec les deux autres fragments métriques, **F1** (24 B 1 DK) et **F3** (24 B 5 DK).

> Alcméon, fr. F2 (24 A 1, 2-3) (Diogène Laërce, *Vies des philosophes* VIII, 83) :
> *Cf. T3a (24 A 3, 8 DK)*
>
> δύο τὰ πολλά / ἐστι (/) τῶν ἀνθρωπίνων ||
> ⏑⏑⏑ – ⏑ / – ⏑ (/) – – – ⏑ – ||
>
> En deux se tiennent la plupart des choses humaines.

Si l'on peut toujours imaginer, dans cette séquence, une forme non attestée de trimètre trochaïque catalectique (⏑⏑⏑ – ⏑ – ⏑ / – – – ⏑ –)[1], le plus satisfaisant reste en effet d'y voir l'association *kôlométrique* d'un premier segment (⏑⏑⏑ – ⏑) et d'un second de type éolien qu'on appelle *lekythion* (– ⏑ – – – ⏑ –). Or, ce premier membre ne représente précisément rien d'autre qu'une réalisation possible de la dipodie trochaïque (– ⏑ – ⏑), c'est-à-dire une forme légèrement variée d'un *kôlon* que l'on retrouve, comme un véritable *leitmotiv*, aux vers 2 et 4 (*a1*) du fr. **F1** (24 B 4 DK) et à l'initial du fr. **F3** (24 B 5 DK). La cohérence interne de la strophe de l'*incipit* et la forme de cette citation sur la conception bipartite des choses humaines se confortent donc mutuellement et, ce faisant, confirment l'organisation rythmique structurée d'au moins une partie du discours savant d'Alcméon.

Mais un autre argument permet encore de soutenir la place de la formule πεῖρά τοι μαθήσιος ἀρχά au sein du fragment alcméonien : en venant clore une unité strophique de quatre vers par quatre mots, dont le dernier, ἀρχά, a pour signification « début », on doit reconnaître que l'ensemble de la formule offre une conclusion strophique des plus appropriées, qui nous renvoie plus que jamais à l'idée alcméonienne rapportée par Aristote, selon laquelle le secret de l'éternelle continuité serait de savoir « faire se joindre le début à la fin », τὴν ἀρχὴν τῶι τέλει προσάψαι (fr. 24 B 2). L'agencement cyclique qu'on a remarqué dans la construction syntaxique des v. 1 et 3 se verrait donc ainsi parfaitement corroboré.

Si l'on ajoute à cela que l'emploi de la particule déictique τοι coïncide très bien avec l'hypothèse d'une adresse publique générale et

1. Un tel mètre correspondrait en quelque sorte à la fusion de deux schémas, celui du trimètre iambique (x ⏕ ⏑ ⏕ x | ⏕ ⏑ / ⏕ x – ⏑ – ||) dont il garderait le nombre d'unités, et celui du tétramètre trochaïque (⏕ ⏑ ⏕ x ⏕ ⏑ ⏕ x | ⏕ ⏑ ⏕ x – ⏑ – ||) dont il reprendrait la dièrèse médiane et l'habituelle catalexe finale.

indifférenciée[1], et que, de son côté, la conservation de l'ᾱ dans le nom ἀρχά permet de constituer une sorte de "rime" dialectale avec la forme dorienne finale du v. 2, ἔχοντι, on voit qu'il y a véritablement de bonnes raisons d'intégrer cet énoncé proverbial dans l'*incipit* poético-médical d'Alcméon. On proposera donc de reconstituer le fr. 24 B 1, comme l'association d'un préambule en prose, marqué par l'influence d'un type historiographique de facture ionienne, et d'une strophe cohérente à quatre vers, équilibrée par les interactions binaires de ses symétries internes :

Alcméon, fr. F1 (24 B 1 DK) :

Ἀλκμαίων Κροτωνιήτης τάδε ἔλεξε Πειρίθου υἱὸς Βροτίνῳ καὶ Λέοντι καὶ Βαθύλλῳ·

περὶ τῶν ἀφανέων | περὶ τῶν θνητῶν
    σαφήνεῐαν μὲν / θεοὶ ἔχοντι,
ὡς δὲ ἀνθρώποις | τεκμαίρεσθαι·
    < πεῖρά τοι / μαθήσιος ἀρχά >

Voici les paroles qu'Alcméon de Crotone, fils de Peirithous, à Brotinos, Léôn et Bathyllos, a adressées :

Sur les choses invisibles, sur lesquelles – étant mortelles –
    les dieux gardent la certitude,
à nous les hommes de conjecturer !
    < L'expérience est bien[2] de la connaissance le début ! >

1. Ancienne forme de datif éthique hypostasiée (*i.e.* figée dans une autre catégorie grammaticale), correspondant originellement à la 2e personne du singulier σύ (cf. *DELG*, s. v. 1 τοι, p. 1084 et σύ, p. 1031), la particule τοι « implies, strictly speaking, an audience ». Si, comme continue J. D. Denniston (1954, p. 537), l'intimité de l'adresse qu'elle exprime suggère en premier lieu « an audience of one », cette dérivation n'est pas plus incompatible avec son usage « in addressing a number of people », que ne le sont les anciennes formes verbales ἄγε, φέρε, ἰδέ avec leur propre emploi directif aussi bien impersonnel que général (*ibid.*, n. 1). Concernant les emplois hortatifs de ἄγε en particulier, « impératif fossilisé » devenu « marque de nature pragmatique, présente dans les énoncés directifs » à sujet pluriel ou sans sujet du tout (avec un verbe déontique), et aussi bien dans les vers que dans la prose, voir Denizot 2011, § 2. 1.1.2, p. 80-82. Les emplois de τοι à l'égard d'un large public sont bien représentés, d'une part, dans les passages de compositions élégiaques parénétiquement marqués, le premier d'entre eux, comme le mentionne J. D. Denniston (1954, p. 538), étant Tyrt. fr. 3, 11 A (= 10, 11 West) ; et d'autre part, « with a proverb or general reflection (…) [to force] the general truth upon the consciousness of the individual addressed » (*ibid.*, § 10, p. 542).

2. Cette traduction entend rendre compte de la particule τοι (voir n. précédente). Elle se justifie d'autant plus que, comme c'est le cas fréquent dans ce type d'énoncé, « ἐστί is omitted » (Denniston 1954, § 10, p. 543), c'est-à-dire, plus exactement, que la fonction verbale est assumée par une « pause » et que celle-ci pourrait précisément trouver à s'appuyer sur τοι.

Mais une telle reconstitution signifie-t-elle pour autant qu'entre Alcméon et le poète de Sparte, il faille nécessairement trancher et, finalement, désolidariser l'énoncé proverbial du corpus d'Alcman ? Sa forme métrique est de même nature que celles qui se rencontrent dans les fragments d'Alcman et l'hétérogénéité dialectale qu'elle présente, comme on l'a dit, n'est pas chose qui lui soit à ce point inconnue [1]. Compte tenu de ce que l'on a rappelé, concernant non seulement la diffusion de la culture et des idées spartiates à Crotone, mais aussi le resserrement manifeste des relations diplomatiques entre les deux cités à partir du milieu du VIe siècle, une troisième possibilité mérite en effet d'être prise au sérieux, c'est qu'Alcméon, pour des raisons d'ordre contextuel et pragmatique, jouant ou s'autorisant peut-être même de l'homonymie de leurs deux noms, ait intentionnellement repris ce vers à Alcman pour composer l'*incipit* strophique de son discours savant, un discours sans doute majoritairement médical, mais qui comportait aussi une dimension politique sous-jacente à l'intention d'un public probablement assez large.

Puisqu'il n'y a pas de raison objective de mettre en doute l'authenticité de la forme de 3eP (3e personne du pluriel) ἔχοντι [2], on pourrait faire valoir la possibilité que, par sa dialectalité marquée, celle-ci ait également participé de cette intention énonciative. Comme l'a bien souligné Laurent Dubois, le dialecte des cités achéennes du Sud de l'Italie a en effet ceci de « contradictoire du point de vue de l'histoire de la langue, et de l'histoire tout court, qu'[il] est strictement dorien », alors même qu'il renvoie à « une phase avant tout prédorienne de la langue grecque » [3]. La seule explication plausible, que semblent refléter les tablettes mycéniennes, c'est que le dialecte achéen originel des colons historiques venus du nord du Péloponnèse ait été lui-même progressivement influencé par le parler de leurs voisins doriens. Or précisément, dans le dialecte de ces cités italiennes, comme en thessalien, en béotien et en pamphylien, la présence de la syllabe non assibilée *-ti* (qui caractérise notamment la désinence verbale de 3eP -(ο)ντι) constitue l'une des marques les plus saillantes, et sans doute des plus conscientes, d'une « restauration suscitée par un adstrat dorien » sur des populations qui avaient auparavant eu tendance à assibiler cette syllabe [4].

1. Voir plus haut, p. 77, n. 4.
2. Voir plus haut, p. 31-32, n. 4.
3. *Cf.* Dubois 2002, p. 3.
4. *Cf.* Dubois 2002, p. 6.

Puisque dans ces différents dialectes, une forme comme ἔχοντι était par conséquent naturellement propre à se distinguer comme une sorte de sur-dorisme, cela signifie qu'à plus forte raison encore dans un discours savant composé dans un dialecte majoritairement ionien, une telle forme ne pouvait que se signaler de façon expresse. Tout comme l'éventuelle reprise d'un vers d'origine spartiate, la forme verbale ἔχοντι pourrait avoir été une façon, pour Alcméon, d'attirer l'attention de son public sur un mot, qui non seulement avait du poids dans le contexte épistémologique du fragment, mais qui pouvait également être perçu comme un clin d'œil destiné à se concilier d'éventuels auditeurs spartiates ou pro-spartiates[1].

Il est vrai que la façon dont cette forme s'insère dans le fragment, par sa structure non seulement métrique mais également phonique, peut largement suffire à en justifier la place puisque, du point de vue de la musicalité de la langue, elle vient répéter, de façon inversée, l'anaphore phonique du vers initial, tout en en reprenant aussi la rime léonine :

περ**ὶ-τῶν** ἀφαν**έ'ων** | περ**ὶ-τῶν** θνητ**ῶν**
σαφήνειαν μὲν / θεοὶ ἔχ**οντι**

Cependant, il est difficile d'imaginer que l'ampleur formelle que lui donne sa coloration dialectale ne soit pas allée de pair avec une amplitude significationnelle, qui pourrait précisément étayer l'hypothèse d'un emploi adressé. Si la compréhension du vers avec le sens « avoir » du verbe ἔχω (« les dieux *ont* la certitude ») est évidemment possible, le sens propre et marqué de ce verbe, souvent guerrier, « tenir, détenir », « garder, avoir à garde », n'en était sans doute pas moins prégnant. Une recherche dans l'ensemble des compositions – poétiques et non-poétiques – de l'époque archaïque, montre que la forme dorienne du verbe ἔχω à la 3e P n'est attestée que deux fois chez Pindare, une fois dans la *Cinquième Pythique* et une autre fois dans la *Septième Néméenne*. Dans les deux cas, le verbe est clairement employé pour exprimer l'idée de « détention » d'un territoire et, par suite, d'extension sur celui-ci d'une influence ou d'une autorité particulière :

1. On a déjà fait état de l'intensité des échanges de différentes natures qui existaient entre Sparte et la côte méridionale de l'Italie. Ajoutons, avec S. Klotz (2014, p. 225-226) et D. Mertens (2006, p. 258) sur lequel il s'appuie, que « an exceptionally high individual mobility allowed citizens to regularly travel to their mother country, and it allowed Greek tyrants » – et les autorités au pouvoir en général – « to invite the home elite to their courts in *Magna Graecia* » – ou, selon le cas, à leurs éventuels débats et assemblées.

Pindare, *Pythiques* V, 82-83 :

ἔχοντι τὰν χαλκοχάρμαι ξένοι
Τρῶες Ἀντανορίδαι· (…)

(Cyrène) que tiennent ces étrangers à l'humeur d'airain,
les Troyens, fils d'Anténôr. (…)

Pindare, *Néméennes* VII, 12-13 :

(…)· ταὶ μεγάλαι γὰρ ἀλκαί
σκότον πολὺν ὕμνων **ἔχοντι** δεόμεναι·

(…). Car les élans véhéments,
auxquels manquent des chants, n'embrassent qu'une vaste étendue d'ombre.

Pour métaphorique qu'il soit, l'emploi des *Néméennes* est extrêmement proche de celui de la *Cinquième Pythique*, où il est question de Cyrène et de sa colonisation mythologique. Il s'agit bien, de la même manière, de l'occupation d'un domaine abstrait ou d'un espace concret avec lequel on finit par faire corps. S'il est vrai, comme le pense Irad Malkin précisément à propos de l'exemple pythique, que la forme poétique et dorienne ἔχοντι est porteuse d'une valeur fondamentalement héroïque qui permet d'exprimer l'idée sous-jacente qu'un héros fondateur « est possesseur de la terre dans laquelle il est enseveli » et sur laquelle il a charge d'étendre sa protection [1], l'emploi d'Alcméon, loin de se contenter de marquer de façon neutre la différence entre les facultés cognitives divines et humaines, était peut-être en outre investi d'une double fonction.

D'un côté, il pouvait faire allusion aux préoccupations contemporaines de Crotone qui, emportée par la vague de fondations de cultes héroïques que connaît la « Méditerranée spartiate » au cours du VIe siècle, était

1. *Cf.* Malkin 1999, p. 86. Pour la double fonction pragmatique cruciale, dans le déroulement narratif de la *Cinquième Pythique*, du récit de l'installation des Anténôrides à Cyrène, après leur fuite de Troie en compagnie d'Hélène, voir Calame 2011, p. 185. Si celui-ci, ne commentant pas le texte grec, ne fait nulle mention de l'emploi d'ἔχοντι, la valeur qu'I. Malkin (*ibidem*) lui reconnaît corrobore parfaitement son interprétation. S'il est vrai, en effet, que l'installation des descendants d'Anténôr coïncide avec celle d'un autre *génos*, d'origine thébaine et spartiate, et que l'épisode permet d'établir « une relation entre Troie et Cyrène, entre le passé héroïque de la guerre de Troie et le présent de l'énonciation », tout en « nous condui[sant] au moment de la performance rituelle de l'épinicie », le fait que cette forme verbale soit précisément réservée aux héros mythiques du passé troyen vient souligner la nature quasi-intrinsèque du lien qui les unit à la terre de Cyrène, et ce faisant, incontestablement renforcer l'effet d'« effacement chronologique » non seulement entre ce passé et celui de l'expédition du fondateur Battos, mais encore entre ces deux moments et celui du présent de la performance.

alors soucieuse de se doter d'un passé héroïco-historiques en lien avec Sparte ; et en même temps, d'un autre côté, il permettait indirectement à Alcméon de préciser d'entrée de jeu sa position épistémologique : de même qu'un héros tutélaire *tient* un pays pour le protéger, il pourrait avoir sous-entendu que, de la même manière, les dieux *ont la garde* exclusive de la claire certitude afin non seulement de la préserver intacte mais aussi de garantir la possibilité et l'efficacité mêmes du τεκμαίρεσθαι humain. Autrement dit ἔχοντι, dans l'*incipit* poético-médical d'Alcméon, serait un indice supplémentaire de la valeur éminemment positive qu'il accordait à sa démarche empirique et conjecturale – et qu'il accordait aussi, indirectement, aux implications politiques sous-jacentes d'une telle démarche.

Chapitre VI

LA PERFORMANCE PUBLIQUE D'UN SAVOIR POÉTICO-MÉDICAL ORIGINAL ET INDÉPENDANT

Retour sur l'unité et la cohérence énonciative du double *incipit*

La réinterprétation rythmique de l'*incipit* d'Alcméon, en un préambule en prose suivi d'une strophe cohérente à quatre vers, nous conduit ainsi, finalement, à préciser l'hypothèse du contexte public de sa performance poético-savante, dans le cadre de la situation politico-culturelle de Crotone – et partant, indirectement, aussi, à proposer une réévaluation du rapport de la pensée poétique et savante d'Alcméon à celle des premiers Pythagoriciens. Reprenons le fragment dans son ensemble :

Alcméon, fr. F1 (24 B 1 DK) :

Ἀλκμαίων Κροτωνιήτης τάδε ἔλεξε Πειρίθου υἱὸς Βροτίνῳ καὶ Λέοντι καὶ Βαθύλλῳ·

περὶ τῶν ἀφανέ͜ων | περὶ τῶν θνητῶν
    σαφήνε̆ιαν μὲν / θε͜οὶ ἔχοντι,
ὡς δὲ͜ ἀνθρώποις | τεκμαίρεσθαι·
    < πεῖρά τοι / μαθήσι͜ος ἀρχά >

Voici les paroles qu'Alcméon de Crotone, fils de Peirithous, à Brotinos, Léôn et Bathyllos, a adressées :

Sur les choses invisibles, sur lesquelles – étant mortelles –
    les dieux gardent la certitude,
à nous les hommes de conjecturer !
    <L'expérience est bien de la connaissance le début.>

Avant toute autre considération, on peut remarquer que le tout ainsi reconstitué comporte une double dimension quaternaire assez clairement marquée : tandis que l'unité pluri-symétrique que forment les trois premiers vers de la partie strophique se voit complétée par un quatrième vers clausulaire composé de quatre mots, de manière similaire, la mention initiale du nom d'Alcméon, dans la première partie, semble anticiper celle des noms de ses trois destinataires pour compléter d'avance l'ensemble qu'ils constituent par un quatrième élément précisément propre à les unifier par les vertus persuasives de la parole savante dont il est le représentant onomastique. Quels que soient les personnages historiques exacts auxquels renvoient ces trois noms – dont seul celui de Brotinos est à peu près assuré de désigner l'un des tout premiers pythagoriciens, familier de Pythagore lui-même et peut-être proche des milieux orphiques [1] –, la valeur de complétude et de totalité que le nombre quatre comportait assez généralement dans la civilisation indo-européenne et, en Grèce, de façon peut-être plus spécifique à Sparte qu'ailleurs [2], est un élément qui

1. Les trois interlocuteurs que nomme Alcméon dans son *incipit* sont généralement identifiés comme des disciples de Pythagore, sous prétexte que les deux premiers, Brotinos (ou Brontinos, selon les variantes manuscrites) et Léôn, figurent dans la liste des Pythagoriciens de Métaponte dressée par Jamblique (*De vita Pythagorica*, 267), et que le nom du troisième, Bathyllos, par l'indermédiaire d'une variation syllabique, pourrait être identifié avec celui d'un Bathylaos de Poseidonia. *Cf.* Timpanaro Cardini 1958, p. 148 et Fausti 1973, p. 87. Étant donné, cependant, que Bathyllos et surtout Léôn sont des noms de personnes particulièrement bien représentés en Grande Grèce, dès l'époque archaïque (cf. *LGPN*, vol. 3A, respectivement, p. 88 et 273-274 : 4 attestations en Italie du Sud pour Bathyllos, 176 en Grande Grèce pour Léôn, dont 24 en Italie), ni ces arguments, ni leur mention dans l'*incipit* d'Alcméon ne peuvent suffire à assurer leur identité. Bien que son personnage souffre d'un même « misty twilight » que celui de Pythagore (*cf.* Burkert 1972, p. 120), seul Bro(n)tinos semble véritablement pouvoir être associé à l'entourage de Pythagore, en tant que père ou époux de Théanô, laquelle est reconnue tantôt femme, tantôt fille ou disciple de Pythagore. Cf. *Suda*, θ 83-84, s. v. Θεανώ ; Diogène Laërce VIII, 42 ; Jamblique, *De vita Pythagorica*, 267. De manière générale, sur la tradition qui se rapporte à Bro(n)tinos le pythagoricien, voir García 1973, Thesleff 1965, p. 55-56 et les 5 témoignages de 17 DK, dont 17 A 3 DK qui en fait, avec Hippase, le maître d'Empédocle. Pour l'hésitation permanente, dans les sources, entre Crotone et Métaponte comme cité d'attache de Théanô et de ce dernier, voir Burkert 1972, p. 114 et n. 17, p. 112. Pour la dimension « orphique » de Bro(n)tinos qui, selon Clément d'Alexandrie (*Stromates* I, 21, 131), aurrait composé deux poèmes orphiques intitulés τὸν Πέπλον et τὰ Φυσικά, voir fr. 17 A 4 DK et fr. 1100 T (Bernabé 2005, *PEG* II, 2, p. 522-523 [= T 173 + 222 K]).

2. Pour l'importance bien connue, dans la culture et la pensée indo-européenne, des organisations tripartites et du nombre « trois » en général, comme principe de totalité absolue (mystique ou socio-politique) à travers l'ambivalente complémentarité de ses trois termes, on peut voir en particulier Benveniste 2015 (15), p. 152 et 2015 (16), p. 165-166, ainsi que les p. xxvi-xxvii de l'introduction à ce même volume, pour des remarques sur ce qui distingue

nous invite à considérer la possibilité que ces trois noms, parallèlement à leur fonction de désignation d'hommes réels, aient assumé une fonction d'ordre symbolique. Comme la plupart des anthroponymes grecs, ces noms sont en effet chacun porteurs d'une signification particulière qui mérite d'être détaillée.

L'anthroponyme grec Βρότινος, assez naturellement interprétable pour les usagers de la langue comme un dérivé à suffixe -ινος de l'adjectif verbal archaïque βροτός, pouvait avoir une signification évidente, en rapport direct avec l'idée de « mort » et de « mortalité », qui le rendait propre à accueillir toute éventuelle dimension eschatologique. Les dérivés proparoxytons en -ινος constituent en grec une catégorie hyper-productive d'adjectifs de matière, formant couple avec une autre catégorie tout aussi productive formée à partir du suffixe -ειος[1]. À la différence des adjectifs de matière du type *x*-ειος, dont le rapport à *x* reste évasif (« tout ce qui a à voir avec *x* »), les dérivés du type *x*-ινος ont la spécificité de souligner *x* comme origine intrinsèque et d'exprimer un rapport de conformité essentielle (« ce qui est conforme à l'essence de *x* »). Comme exemple paradigmatique de cette nuance sémantique, qui était bien perçue comme telle par les usagers, Pierre Chantraine cite le couple ἀνθρώπειος / ἀνθρώπινος[2]. Le couple βρότειος / *βρότινος-Βρότινος, particulièrement proche d'un point de vue sémantique, en constitue virtuellement un autre tout aussi patent, comme une parfaite préfiguration poétique et archaïque du premier. À ceci près que, contrairement à lui, ce sur quoi il insiste significationnellement, c'est très précisément, d'une part, l'idée de « mort » et de « mortalité », et non pas l'idée d'« homme », et plus encore, d'autre part, l'idée de « mort » au sens propre et trivial du terme, et non pas de façon euphémistique comme dans les mots issus du double thème grec θνᾱ- / θαν(α)-[3]. Le nom de personne Βρότινος, autrement dit, désignerait

son point de vue de celui de G. Dumézil. En ce qui concerne le statut de « dernier nombre » que le nombre « quatre » a pu symboliquement représenter dans l'histoire humaine de la « conquête des nombres », voir Gerschel 1962, p. 696-697. En ce qui concerne la spécificité spartiate, voir plus haut, p. 72, n. 1.

1. Pour le parallélisme complémentaire entre les deux types de formations, voir Chantraine 1933, § 157, p. 203. Si aucun adjectif βρότινος ne semble avoir existé en grec, la forme βρότειος / βρότεος est en revanche attestée dès la haute époque archaïque. Cf. *DELG*, s. v. βροτός, p. 188 et Schmid 1950, p. 28-29 pour la double forme suffixale.

2. Pour cet exemple et les remarques qui précèdent, voir Chantraine 1933, § 156-157, p. 201-203.

3. À côté du nom ἄνθρωπος, désignant « l'homme du commun » et renvoyant possiblement à un ancien adjectif composé du grec commun (*ἀθρωkʷός <**n̥dhre-h₃kʷ-ó-*) signifiant « tourné vers le sol » (*cf.* Garnier 2007, avec cependant les réticences de

donc « celui qui est en conformité connaturelle avec l'essence même de la mort », c'est-à-dire une sorte d'« expert en mortalité humaine ».

Si l'on ajoute à cela que le composé négatif ἄμβροτος « immortel » a assez tôt connu une spécialisation médicale au sens d'« antidote » ; qu'il existe en outre un nom homonyme inexpliqué de l'adjectif βροτός, au sens très concret de « sang » ; et enfin qu'un adjectif θῖνος ou ἔνθινος, dérivé en -ινος du nom θεός et signifiant par conséquent « divin », est attesté en crétois comme antonyme de même catégorie suffixale que *βρότινος[1], il est de surcroît possible que des interférences morpho-sémantiques aient localement conféré au nom Βρότινος certaines connotations médicales et religieuses – en particulier dans un contexte médico-savant comme celui de Crotone. Dans ces conditions, même s'il demeure évidemment possible qu'un tel anthroponyme soit un nom de naissance choisi sans intention particulière, on peut tout aussi bien envisager qu'il s'agisse d'un appellatif ou d'un surnom motivé, choisi au cours d'une vie pour correspondre à une fonction ou un statut. Compte tenu de l'extrême probabilité que le Brotinos d'Alcméon corresponde au Brotinos / Brontinos de la tradition – le savant mystérico-pythagoricien de Crotone ou de Métaponte, lié à Hippase et à Empédocle – c'est une hypothèse qu'on ne peut pas radicalement exclure. Par son nom, le Brotinos d'Alcméon, « compagnon naturel de la mort », pourrait valoir comme figure représentative de la sphère savante, spirituelle et religieuse de Crotone[2].

En ce qui concerne le troisième nom, Βάθυλλος, bien que son interprétation scientifique reste incertaine[3], il était sans doute lui-même

Viredaz 2016 [*CEG* 15]), et face à la famille de θάνατος, remontant soit à une racine **$d^h enh_2$*- signifiant « arriver à son terme, se déliter » (cf. *LIV*, s. v., p. 144), soit à **dhu̯enH-* (cf. *LIV*, s. v., p. 159) dont l'idée première est celle de « fumée », d'« obscurité », de « disparition en fumée » (*cf.* skr. *á-dhvanī-t*, « il s'éteignit, disparu », cité par *DELG*, s. v. θάνατος, p. 406), l'adjectif βροτός est le représentant de la racine indo-européenne **mer-* qui semble ne jamais rien avoir signifié d'autre que « mourir » (cf. *DELG*, s. v. βροτός, p. 188).

1. *Cf.* Chantraine 1933, § 156, p. 202.

2. On remarquera que même en prenant en considération la variante orthographique Βρόντινος, cette hypothèse doit certes revoir sa dimension eschatologique, mais n'en est pas invalidée pour autant, puisqu'on doit supposer, dans ce cas, une dérivation suffixale de même nature à partir du nom βροντή, « spécialisé au sens précis de "tonnerre, foudre" » (*DELG*, s. v. βρέμω, p. 185) – c'est-à-dire un sens à forte connotation ouranienne, qui nous renvoie directement à la sphère du divin. Pour l'existence d'une ancienne tradition indo-européenne liant la naissance de l'humanité au pouvoir générateur d'un « Dieu-Tonnerre », voir Nagy 1990b.

3. A. Mathys (2017, p. 349), qui reprend l'ensemble du dossier des anthroponymes en -λος, -ιλ(λ)ος et -υλ(λ)ος, hésite entre un hypocoristique sur base de « surnom » à partir de l'adjectif βαθύς et un hypocoristique sur base de composé (quel qu'il fût) pour lequel il fournirait une sorte d'abréviatif.

aisément analysable par les usagers grecs comme un dérivé de l'adjectif βαθύς formé par l'adjonction du suffixe productif de diminutif -υλος ou -υλλος, forme à géminée dont l'effet produit, quel qu'en soit l'origine exacte, était probablement expressif[1]. Si divers phénomènes ont pu intervenir – d'analogie ou de confusion latente (notamment avec les composés en -λαος ou -λοχος) –, il semblerait que le lien avec l'adjectif en -ύς (quand il existe) reste prégnant et que la signification en soit conservée intacte[2]. Dans le système d'interférences synonymiques et antonymiques qui lie fortement entre eux les adjectifs en -ύς, les analyses philologiques de détail de Charles de Lamberterie montrent bien que βαθύς a pour valeur constante fondamentale un conglomérat réunissant, d'un côté l'idée de « profondeur », d'« épaisseur » et de « richesse » qui l'apparente à l'adjectif εὐρύς, et de l'autre, celle d'« ampleur » et de « plénitude » qui le rapproche de πολύς[3]. L'idée de richesse et de fertilité est particulièrement fréquente pour qualifier une terre ou une plantation et l'adjectif substantivé au masculin pluriel βαθεῖς pouvait même servir à désigner les « gens riches et puissants »[4]. Deux possibilités peuvent donc être envisagées. Ou bien le diminutif Βάθυλλος ne reprend à βαθύς l'idée de « profondeur » que dans sa spécialisation au sens intellectuel, ou bien il en reprend l'idée globale et il faut alors l'entendre au sens d'une « aisance » propre à caractériser un riche propriétaire terrien.

On pourrait ajouter que par l'entremise d'une fausse décomposition, le suffixe -υλ(λ)ος était également en mesure d'évoquer le nom du héros Hyllos, fils d'Héraklès, qui donna son nom à l'une des trois tribus doriennes de Sparte, les Hylleis[5]. Compte tenu des jeux étymologiques anciens qui ont fait partie des stratégies de rapprochement entre Crotone et cette cité, et puisque Croton lui-même, le héros fondateur que Crotone se donne au VIe siècle, était intimement lié à Héraklès, on voit que le nom

1. Alors que le mycénien permet de supposer l'origine *-*uljo*- du doublet expressif -υλλο- (*cf.* Dobias-Lalou 2017, p. 479), A. Mathys (2017, p. 353-361) développe l'hypothèse intéressante d'une variante, non pas tant expressive, que rythmique, liée à la tendance naturellement iambique de la langue grecque : « la gémination joue, *mutatis mutandis*, un rôle similaire à celui de l'allongement de la voyelle thématique des formes de gradation : elle permettrait d'éviter une suite de deux brèves dans un hypocoristique trisyllabique » (p. 356).

2. *Cf.* Chantraine 1933, § 197, p. 250.

3. Voir Lamberterie 1990, t. 1, § 61-62, p. 133-135 pour les interferences avec εὐρύς et § 59, p. 130-131 pour la concurrence avec πολύς.

4. *Cf.* Lamberterie 1990, t. 1, § 57, p. 129. C'est chez Xénophon (*Économique* 11, 10) qu'on trouve l'expression βαθεῖς τε καὶ ἐρρωμένους ἄνδρας, « gens riches et puissants ».

5. Pour le rapport étymologique non nécessairement « scientifique » entre le nom de la tribu et l'anthroponyme héroïque, voir *DELG*, s. v. Ὑλλεῖς, p. 1115. Un rapport pourrait exister entre les noms Ὑλλεῖς et Ἰλλυριοί, et le nom de poisson ὕλλος.

Βάθυλλος serait symboliquement approprié à un descendant d'une riche famille de propriétaires, liés ou non à Sparte, ou bien à un représentant de cette catégorie sociale au sein de la communauté crotoniate[1].

Quant au nom Λέων, enfin, anthroponyme extrêmement répandu en Grande Grèce et attesté dès le mycénien, il n'a pas d'étymologie connue ni de parallèle dans les autres langues indo-européennes[2]. Il est cependant plus évident encore que les deux précédents puisqu'il n'est autre que le nom grec du « lion », animal fétiche des comparaisons homériques, traditionnellement et communément associé au courage des héros et à la force guerrière par excellence[3].

Que tirer de ces remarques d'ordre linguistique ? La charge symbolique dont sont porteurs chacun des trois noms mentionnés par Alcméon est suffisamment nette pour nous conduire à reconnaître la tripartition fonctionnelle que les travaux de Georges Dumézil, prolongés et nuancés par ceux d'Émile Benveniste, ont permis d'identifier dans l'ensemble des cultures indo-européennes. Il ne s'agit pas de tomber dans une représentation schématique et outrancière qui verrait dans Brotinos, Léôn et Bathyllos les représentants officiels des trois corps fondamentaux de la société crotoniate de l'époque archaïque, respectivement le corps spirituel et religieux, l'ordre guerrier et la classe des citoyens fonciers. Mais puisqu'il a été montré que la « triplicité » informait inconsciemment, de manière plus ou moins prégnante selon les contextes, toutes les manières de penser et de faire[4], même si la cohérence sémantique de la réunion de ces trois noms n'est que pure coïncidence, même s'ils furent tous les trois de réels savants

1. On remarquera que ce n'est peut-être pas un hasard si ce même nom a subi une double adaptation, dans l'onomastique romaine, à la fois formelle (dans le respect des lois phonétique du grec) et fonctionnelle : face à la forme latinisée Batullus servant de cognomen, la forme grecque Bathilius était en effet réservée au système de dénomination du gentilice. *Cf.* Poccetti 2017, p. 175 et 187.

2. Cf. *DELG*, s. v. λέων, p.*Cf*610.

3. Pour la « pure construction idéologique » que représente le lion dans les comparaisons homériques, voir Schnapp-Gourbeillon 1981, p. 38-131 et en particulier, p. 39-43, où il est bien souligné que le lion, « symbole héroïque par excellence », « qualifie exclusivement les héros guerriers dans leur attitude au combat ». Dans le même sens, voir également les remarques de Snell 1953, p. 210. Comme le dit encore Galien, après nous avoir livré un vers de Tyrtée reprenant ce *topos* (fr. 11 A = fr. 13 West), « indépendamment même des poètes, tous les hommes appellent des lions ceux qui sont les plus impétueux » (Galien, *Sur les doctrines d'Hippocrate et de Platon* III, 3, 28 = Tyrt. *test.* 18a)

4. Voir en particulier Benveniste 2015 (15) où il est bien montré que la *forme* triadique avaient aux yeux des Indo-européens « l'autorité et la nécessité d'un fait naturel » (p. 151) pour la simple raison, selon la formule des éditeurs (p. xx), que celle-ci « n'est pas indépendante du contenu qu'elle exprime, cette "forme" est aussi substantielle que les "idées"qui auraient constitué une doctrine consciente ».

d'obédience pythagoricienne comme cela est généralement admis, on peut au moins suggérer qu'Alcméon sut mettre cette coïncidence au profit de ses intentions pragmatiques, c'est-à-dire sous-entendre – grâce à ces trois noms qu'il n'avait pas de raison particulière de mentionner expressément – que son discours s'adressait à l'ensemble de la communauté crotoniate.

Indépendamment du sens apparemment fonctionnel que recèlent ces noms, le fait qu'ils soient trois est déjà l'indicateur en soi d'une totalité symbolique qui pouvait être de différente nature. On pourrait tout simplement imaginer que Brotinos, Léon et Bathyllos étaient les représentants réels de trois des familles les plus influentes ou les chefs de file des trois courants de pensée savante et politique qui dominaient alors. Cette situation de communication tripartite n'est pas très fréquente mais deux parallèles peuvent être proposés : l'un est l'exemple social de Tyrtée s'adressant aux Spartiates en les désignant, dans un seul vers, par les trois noms de tribus entre lesquelles ils étaient répartis : χωρὶς Πάμφυλοί τε καὶ Ὑλλεῖς ἠδ̣[ὲ Δυμᾶνες, « chacun de notre côté, *Pamphyloi* et *Hylleis* et *Dymanes* à la fois » (fr. 5, 8 A [= 19, 8 W]) ; l'autre est l'exemple politique de la célèbre discussion, déjà mentionnée, qui, au dire d'Hérodote (*Histoires* III, 80-83), se serait tenue en Perse à la fin du VIe siècle, entre Otanès, Mégabyse et Darius, chacun défendant le régime qu'il estimait le meilleur, le premier la démocratie, le second l'oligarchie, le troisième la monarchie.

Dans le cas de Tyrtée, la réunion des trois noms de tribus a une fonction clairement *communautaire* [1]. En ce qui concerne Hérodote, en occultant la diversité et la fluidité des formules politiques que les cités grecques ont adoptées à l'époque archaïque, pour concentrer l'attention sur trois types de constitutions en particulier, son récit tend lui aussi, à sa façon, à exprimer une totalité. Son but n'est pas seulement de « projeter sur les périodes précédentes les catégories du débat pour ou contre la démocratie qui n'ont été précisées que dans les dernières décennies du Ve siècle » [2]. Comme l'a montré Marie-Laurence Desclos, il s'agit plus encore, avec ce récit, de construire « l'image reflétée des *Histoires* à l'intérieur des *Histoires* » d'un point de vue à la fois thématique et énonciatif : énonciatif, au sens où l'échange reflète la nécessité de débattre des opinions et l'importance de savoir en faire prévaloir une sur les autres ; thématique, « parce que les types constitutionnels en présence correspondent exactement aux principaux protagonistes des guerres médiques » [3] qui sont, comme on

1. *Cf.* Année 2017, p. 732-733.
2. *Cf.* Sassi 2007, p. 197.
3. *Cf.* Desclos 2003, p. 77.

sait, l'objet fondamental de l'enquête hérodotéenne comme *principe unificateur* de la Grèce.

Consciemment ou non, un même schéma communicationnel à trois termes plus un, dérivant d'un système de pensée tripartite, et dont la fonction était manifestement rassembleuse, pourrait donc aussi se retrouver dans l'*incipit* d'Alcméon. Dans ce cas, cela nous mène à revenir sur l'hypothèse initiale de sa bipartition entre un préambule en prose et une strophe poétique pour en nuancer le caractère un peu trop tranché. Que la mention des trois interlocuteurs nous renvoie à une performance passée réelle n'empêche pas, en effet, que, dans le présent de l'*incipit*, celle-ci ait également annoncé et préparé de manière symbolique l'ouverture de l'énonciation qui caractérise l'unité strophique lui succédant et qui laisse supposer une adresse à un public relativement large et indifférencié.

Une performance orale bigarrée et communautaire ?

La situation institutionnelle « aristocratic/oligarchic » de Crotone au VIe siècle, qui repose pour l'essentiel sur le témoignage de Jamblique, ne nous est guère connue[1]. Avant la « révolution » (peut-être démocratique) de la fin du VIe siècle (ou peut-être de la première moitié du Ve siècle ?), qui dut être cause de violences à l'égard des Pythagoriciens et de la fuite subséquente d'un bon nombre d'entre eux, la cité devait jouir d'un régime de type oligarchique modéré et florissant[2]. À son bon fonctionnement, il semblerait qu'ait présidé un conseil d'Anciens et une assemblée de « Mille » dont on ne sait quasiment rien[3]. Il pourrait cependant s'avérer

1. Voir, notamment, *De vita Pythagorica* 255. *Cf.* Fischer-Hansen, Nielsen, Ampolo 2004, p. 268 : «The constitution of Kroton is known only from late sources of doubtful value, principally Iamblichos' *De Vita Pythagorica*. It was aristocratic/oligarchic until C5m, from C6l to C5m seemingly under strong Pythagorean influence ».

2. *Cf.* Burkert 1972, p. 116, qui à l'aune des faits numismatiques, estime que « from about 510 to 450 B. C., under the leadership of a Pythagorean oligarchy, Croton experienced a period of prosperity and power, which then was broken up by internal strife ». Concernant la catastrophe de l'incendie du haut-lieu de rencontre des Pythagoriciens de Crotone, qu'auraient volontairement provoqué leurs opposants, voir Burkert 1972, p. 115 (avec la n. 42 pour des remarques sur la nature de cet événement, qui ne nous est connu, pour l'essentiel, par le témoignage d'Aristoxène).

3. *Cf.* Fischer-Hansen, Nielsen, Ampolo 2004, p. 268, faisant état d'une *gerousia* et, à l'appui du témoignage de Jamblique (*De vita Pythagorica* 45 et 126), d'un *archeion* de « Mille » qui pourrait avoir représenté une assemblée archaïque originelle, ou une

éclairant d'établir un rapprochement entre ces « Mille » de Crotone et la « totalité symbolique » du corps civique qu'Alain Duplouy reconnaît dans les « Mille » de Colophon[1], stigmatisés par Xénophane dans l'un de ses fragments[2].

En faisant état de la continuité remarquable des traditions civiques à Colophon, qui atteste, depuis l'époque archaïque jusqu'à la période hellénistique, l'établissement ancien d'un quorum de citoyens requis pour certaines décisions et fixé au nombre de 1000, représentant symboliquement la totalité du corps civique, celui-ci montre qu'il est nécessaire de repenser les notions d'« aristocratie » et de « citoyenneté » à l'époque archaïque[3]. Selon lui, ce que Xénophane critique dans son fragment, ce ne sont pas les mœurs dissolues (ἁβροσύνας ἀνωφελέας) d'un groupe d'aristocrates – dont le nombre dépasserait alors largement la réalité historique –, mais le comportement politique de la cité en générale[4].

Si l'existence d'une assemblée de citoyens avec un quorum stable n'impliquait pas nécessairement un régime démocratique égalitaire, elle

sorte d'intermédiaire entre celle-ci et un Conseil (*boulè*), connu en Grande Grèce sous le nom de ἔσκλητος / ἐπείσκλητος. *Cf.* Diodore de Sicile, *Bibliothèque historique* XII, 9, 4 ; Sartori 1953, p. 116 et 132-133 ; De Sensi Sestito 1985-1986, p. 34-35 ; et pour les problèmes d'interprétation que pose l'existence de cette sorte d'assemblée, Ghinatti 1996, p. 3-19.

1. *Cf.* Duplouy 2013, de manière générale et en particulier p. 157-163.

2. *Cf.* Xénophane, fr. 3, 3-4 West (= 21 B 3, 3-4 DK) : ἤιεσαν εἰς ἀγορὴν παναλουργέα φάρε' ἔχοντες, | οὐ μείους ὥσπερ χίλιοι εἰς ἐπίπαν, « ils se rendaient sur l'agora en vêtements tout teints de pourpre, n'étant pas moins de mille en général ».

3. *Cf.* Duplouy 2013, p. 164 : « Ce constat nous invite également à remettre sur le métier nos anciennes certitudes tant sur l'aristocratie grecque que sur la citoyenneté archaïque ». De manière plus générale, pour la nécessité de plus en plus reconnue de remettre en cause le concept d'« aristocratie » pour penser la complexité et la fluidité fondamentale des luttes politiques et des mécanismes sociaux à l'époque archaïque, il faut voir l'ensemble des contributions au volume de N. Fisher et H. van Wees (2015). Celle d'A. Duplouy (2015), en particulier, dans la droite ligne de sa monographie de 2006, distingue deux types de stratégies (« rétrospectives » et « prospectives ») pour rendre compte du processus de réarfirmation sociale à laquelle est perpétuellement soumise l'élite des cités grecques. Dans le contexte plus spécifique de la colonisation et de la Grande Grèce, il ressort des contributions de Th. Figueira (2015) et G. Shepherd (2015) que le maintien général des statuts et des structures indigènes n'empêche pas que le climat de compétition et d'exhibition sociales y soit plus exacerbé qu'ailleurs. Allant dans ce même sens, N. Nicholson (2016, p. 79-98) montre bien toute l'importance que revêtait alors, en Sicile et en Italie du Sud, l'esprit de « victoire » et ce qu'il appelle l'« *athlopolitics* ».

4. *Cf.* Duplouy 2013, p. 153-157. L'*habrosunè*, à l'époque archaïque, ne doit donc pas être entendue au sens péjoratif de « luxe inutile et déliquescent » que lui prête anachroniquement un Athénée (*Deipnosophistes* XII, 526 a) et qu'il possède de fait dans toute la littérature hellénistique, mais au contraire comme un véritable « art de vivre » qui seyait aux citoyens dignes de ce nom.

supposait en revanche un ensemble de pratiques communes. Les membres du corps civique des cités archaïques se définissaient en particulier par des réunions sur l'agora, la participation à des banquets publics ou privés, et des signes distinctifs dans la tenue et l'apparence. Puisque, de surcroît, Alain Duplouy n'hésite pas à comparer le témoignage de Xénophane concernant Colophon à certaines pratiques qui auraient eu cours à Sybaris[1], il ne faut pas beaucoup pousser le parallélisme pour voir dans les « Mille » de Crotone la référence à une assemblée de citoyens comparable à celle que connaissait Colophon, ni plus ni moins forcément oligarchiques qu'elle ou que celles d'autres cités.

Puisque, par ailleurs, il est parfaitement reconnu qu'à l'époque archaïque, les espaces publics où avaient lieu les débats politiques de la communauté pouvaient également accueillir les discours publics de *sophoi* – poètes, orateurs, *kosmologues* ou médecins – désireux de diffuser leur savoir et de lui donner autorité[2], on peut finalement suggérer que le discours poético-médical d'Alcméon correspondant au double *incipit* transmis par Diogène Laërce était destiné à un groupe civique possiblement représentatif de la totalité de la communauté, qui pourrait ou non avoir correspondu à l'assemblée des Mille, et au sein duquel pouvaient très bien se trouver d'éventuels Spartiates voyageurs. Qu'il fût ou non une forme de compte-rendu d'un précédent discours, si l'on n'a aucune raison de douter que sa teneur fut largement physiologique et médicale, on ne peut pas non plus lui dénier une dimension politique sous-jacente qui, à en croire son invitation métriquement équilibrée à τεκμαίρεσθαι et son évaluation positive de l'*isonomia* des puissances corporelles, avaient des visées, non pas démocratiques avant l'heure, mais du moins certainement modératrices et rassembleuses.

1. *Cf.* Duplouy 2013, p. 165.

2. Sur cette question, il faut voir en particulier l'article de R. Thomas (2003). Concernant l'intrication étroite et complexe des pratiques écrites et orales à l'époque archaïque, sans doute dès la fin du VIIIe siècle, voir Thomas 1992, p. 40-51, et surtout p. 48-50, avec ces deux remarques complémentaires, l'une, que « writing in the eighth and seventh centuries probably merely duplicated orally composed poetry », et l'autre qu'il serait absurde de croire qu'à l'époque archaïque « writing would yet be intended to *fix* a text for ever ». Aussi était-il absolument nécessaire, pour une composition écrite, de quelque nature que ce soit, d'être *sonorisée*. Voir notamment Fowler 2001, p. 115, pour qui « though [Herodote] was a literate historian, the literate/oral distinction is ours, not his », ainsi que l'ouvrage collectif co-édité par A. P. Lardinois, J. Blok, M. van der Poel (2011) dont la majorité des contributions montre bien combien l'efficacité pragmatique des textes écrits – aussi bien sur le plan public et politique que dans le domaine du culte privé et « secret » – tenait au fait qu'ils étaient fondamentalement conçus comme les prolongations *sonores* de pratiques purement orales auxquelles ils se rattachaient toujours directement.

Qu'il ait composé son discours en usant, en tout ou en partie, de formes métriques fait de lui un authentique savant-*polymathe* de l'époque archaïque, expert dans l'art *poïétique* de la parole autant que dans l'art de l'observation des choses humaines et dans celui de l'élaboration d'un jugement scientifique pertinent. Cela peut permettre de reconsidérer favorablement le témoignage souvent négligé d'Isidore de Séville, qui fait d'un certain Alcimon de Crotone l'un des premiers inventeurs de la fable ésopique.

> Isidore de Séville, *Etymologiae* I, 40, 1 (Lindsay) = Alcméon, fr. T2c (24 A 2, 5-10 DK)
>
> *Fabulas poetae a fando nominaverunt, quia non sunt res factae, sed tantummodo loquendo fictae. Quae ideo sunt inductae, ut fictorum mutorum animalium inter se conloquio imago quaedam hominum vitae nosceretur. Has primus invenisse traditur Alcimon Crotoniensis, appellanturque Aesopicae, quia is apud Phrygas in hac re polluit.*
>
> Les poètes ont nommé les fables à partir de *fando* (l'ouï-dire), parce qu'elles ne correspondent pas à des faits réels, mais seulement à des inventions verbales. Celles-ci étaient mises en scène de telle sorte qu'on reconnaisse dans la conversation tenue entre des animaux fictifs, pourtant dénués de parole, une certaine image de la vie des hommes. On rapporte qu'Alcimon de Crotone fut le premier à les inventer et on les appelle Ésopiques parce qu'Ésope, chez les Phrygiens, se distingua particulièrement en la matière.

Comme l'a suggéré Antonio Capizzi, rien n'empêche de croire qu'Alcméon ait composé un apologue a des fins didactico-savantes et la déformation même du nom dans les *Etymologiae* pourrait être l'indice de l'ancienneté de la tradition rapporté par Isidore « che certamente non ricollegò l'Alcimone a lui pervenuto all'Alcmeone medico »[1]. Le même Antonio Capizzi montre, en particulier, que le fr. **Fp6** (24 B 4 DK) d'Alcméon pourrait avoir fait partie intégrante d'un apologue politique destiné aux citoyens de Crotone et que, le Latium connaissant une influence

1. *Cf.* Capizzi 1983, p. 162. Pour la question du πρῶτος εὑρετής de la fable « ésopique », voir Nøjgaard 1964, p. 446-448, où Alcméon figure aux côtés d'Homère et d'Hésiode comme candidat favori, et l'ensemble des p. 442-463 pour l'ampleur des ramifications de ce mode discursif à l'époque archaïque. Voir aussi, surtout, van Dijk 1997, p. 311-313 qui, tout en suggérant la possibilité que la curieuse orthographe « *Al*-cimon » soit le résultat d'une corruption manuscrite du nom d'un fabuliste arabe, *Loqman*, dont l'évêque d'Hispalis (Séville) aurait pu avoir connaissance (p. 313 et n. 11-12), ne discrédite pas complètement ce témoignage médiéval tardif : « even if Alcmaeon did not [compose a fable], Isidore may in a sense justly call him the inventor of fabulae, since, according to tradition, Menenius' fable is the oldest one in Latin » (p. 312).

massive des cultes et des traditions de Grande Grèce à partir des années 500[1], cette fable politico-médicale aurait, par son succès, directement inspiré le fameux apologue sur le Ventre et les membres du corps humains que, selon Denys d'Halicarnasse, le patricien Menenius Agrippa aurait prononcé « sur le mode ésopique » (εἰς τὸν Αἰσώπειον τρόπον) à peu près au même moment (494 *a. C.*) pour achever de convaincre la plèbe romaine d'abandonner l'Aventin[2].

Sans nécessairement accorder plus de crédit qu'il ne convient à cette hypothèse, on doit néanmoins convenir qu'elle s'accorde assez bien avec le contexte italien de la fin du VIe siècle et du début du Ve siècle et qu'elle offre une explication séduisante de l'application à l'organisme humain des « *due concetti del tutto insoliti in medicina* »[3], que sont l'*isonomia* et la *monarchia* du fr. **Fp6** (24 B 4 DK). Mais elle a surtout le mérite de nous conforter dans l'idée qu'Alcméon savait sans aucun doute varier les modes d'expressions traditionnels qui s'offraient à lui et en tirer le meilleur parti pour emporter, auprès de ses concitoyens, l'assentiment le plus général possible. L'unité strophique qu'on a identifiée dans son *incipit*

1. Non seulement certains éléments des débuts de l'histoire romaine semblent directement renvoyer à l'histoire archaïque de Crotone – comme la date du renversement de la monarchie romaine qui coïnciderait avec la prise de Sybaris par les Crotoniates, ou l'intervention des Dioscures dans la bataille du lac Régille au tout début du Ve siècle, qui s'inspirerait de la tradition crotoniate concernant la bataille dela Sagra – mais encore, « attorno al 500 il Lazio fu invaso da una pleiade di culti provenienti dalla Magna Grecia e a Lavinio sorse addirittura un *dodekàtheon*, un santuario dedicato alle divinità di dodici città greche italiote ». *Cf.* Capizzi 1983, p. 161-162. Comme celui-ci le rappelle également, Aristoxène (fr. 17 Wehrli) et Diogène Laërce (VIII, 14) rapportent qu'à peu près à cette époque, certains Romains se rendaient en outre à Crotone pour y entendre Pythagore. Pour l'ancienneté des échanges et des interinfluences socio-culturelles qui existaient en Italie entre les cités grecques du Sud et les populations indigènes, on peut voir Burkert 1972, p. 113, n. 22 qui signale des relations avec les Étrusques et, d'autre part, McDonald 2015 qui, par une nouvelle analyse de l'ensemble du corpus des textes osques du Sud de l'Italie, met en évidence une profonde interpénétration de cette langue avec le grec, et parvient à montrer combien le bilinguisme était la norme dans les communautés de langue osque.

2. *Cf.* Denys d'Halicarnasse, *Antiquités romaines* VI, 83, 2. Pour l'apologue, qui constitue la partie finale du long discours rapporté par Denys, voir VI, 86 et en particulier VI, 86, 5 où est résomptivement soulignée l'interdépendance étroite qui unit le Ventre, apparent dominateur privilégié, aux autres parties du corps humains. Pour la fortune de cette fable, dont plusieurs variantes ont été perpétuées par la tradition, voir van Dijk 1997, p. 312, n. 7. Au sujet de l'existence d'un prototype égyptien remontant au XIe siècle *a. C.*, voir van Dijk 1997, p. 312, n. 8. De manière beaucoup plus générale, pour une présentation des différentes monographies modernes de référence consacrées à la fable, suivie d'un utile état de la question, voir van Dijk 1997, p. 4-37 ; pour la dimension « ésopique » du personnage et de la pensée socratiques, voir Zafiropoulos 2015 et, concurremment, Desclos 1997 et 2000.

3. *Cf.* Capizzi 1983, p. 160.

en est la preuve la plus manifeste. L'élaboration symétrique de rythmes qui jouissaient d'une incontestable notoriété spartiate, nous laisse à penser, en particulier, qu'il devait leur prêter exactement le même pouvoir d'action sur les âmes que celui que leur accordèrent, non seulement les Pythagoriciens, mais également, Alcman et, si l'on en croit le témoignage de Jean le Siciliote, l'autre poète de Sparte, Tyrtée, qui inventa un rythme élégiaque expérimental à quatre temps dont les effets étaient éminemment parénétiques.

En guise de conclusion : la δύναμις du rythme au service d'un savoir à l'héritage multiple

Ce rapprochement n'est pas indifférent. Entre les traditions poétiques et musicales de Sparte et la conception arithmético-musicale des Pythagoriciens, on tient peut-être là un autre indice de l'indépendance de la pensée d'Alcméon à l'égard de ces derniers. Comme l'a très bien formulé Daniela Fausti, « i giudizi dati dagli studiosi sulla posizione da assegnarsi ad Alcmeone (…) comprendono tutte le possibilità : indipendenza dal pitagorismo, stretto rapporto, mutua influenza »[1]. Il semble néanmoins que l'appartenance d'Alcméon à la corporation pythagoricienne de Crotone soit de moins en moins considérée face à l'idée d'indépendance et d'originalité qui ressort majoritairement de ses positions savantes et de ses découvertes médicales[2]. Si au moins l'un des interlocuteurs du poète-médecin était bien l'une des principales figures pythagoriciennes de la seconde moitié du VIe siècle, il est plus raisonnable, compte tenu de la dimension vraisemblablement conciliatrice de son discours, d'envisager non pas une opposition radicale mais une amicale rivalité mêlée de

1. *Cf.* Fausti 1973, p. 86, dont tout l'article, partant du principe qu'« Alcmeone è chiamato "pitagorico" senza ragione veramente valide » (p. 87), s'attache à confirmer l'idée, déjà défendue par Heidel 1940, p. 3-7 (et 1941, p. 43 *sq.*), d'une parfaite indépendance d'Alcméon à l'égard des Pythagoriciens, le seul point de contact réel étant la doctrine des opposés.

2. Voir, notamment, la conclusion de Huffman 2013, § 1. 2 : « The overwhelming majority of scholars since 1950 have accordingly regarded Alcmaeon as a figure independent of the Pythagoreans (e.g., Guthrie 1962, p. 341 ; Burkert 1972, p. 289 ; Lloyd 1991, p. 167 ; Kahn 2001 ; Riedweg 2005, p. 115 ; Primavesi 2012, p. 447. Zhmud [2012, p. 121-124] is the notable exception), although, as a fellow citizen of Croton, he will have been familiar with their thought ».

concordances et de divergences d'opinions, elles-mêmes différemment nourries par l'influence latente de certains aspects de la pensée spartiate.

Les analyses précédemment menées permettent de mettre au jour un nouveau point de divergence majeur. C'est, d'une part, l'indifférence évidente que le discours d'Alcméon témoigne à l'égard des Muses, qui n'apparaissent jamais dans les témoignages se rapportant à Alcméon alors qu'elles occupent une place considérable dans la doctrine pythagoricienne [1], et d'autre part, surtout, le non-usage d'hexamètres dactyliques – vers de prédilection de la plupart des poètes-savants qui ont été désireux de composer un discours métriquement réglé, et vers généralement choisis pour les compositions de facture « orphique » auxquelles, en particulier, la tradition rapporte que se seraient livrés certains Pythagoriciens, dont Bro(n)tinos et peut-être Pythagore lui-même [2].

En ce sens, la strophe de l'*incipit* d'Alcméon, caractérisée autant par l'emploi de rythmes hétérogènes d'inspiration spartiate que par sa forte structuration interne, manifeste un usage poético-musical de type « empirique » au service d'intentions pragmatiques et politiques,

1. Voir en particulier les témoignages de Porphyre (*Vita Pythagorae* 4) et de Jamblique (*De vita Pythagorica* 170). En ce qui concerne l'importance du culte des Muses dans le premier pythagorisme et, en particulier, du chœur qu'elles constituaient, conçu comme « l'archetipo divino e il modello della communità pitagoriche, in cui vige il precetto secondo cui harmonia è "la cosa più bella" (τί κάλλιστον ; ἁρμονία) », voir Provenza 2014 (p. 80 pour cette citation). Selon cette dernière, la version de la tradition selon laquelle Pythagore serait mort à Métaponte dans le sanctuaire des Muses, confirmerait la représentation du sage « come individuo sacro alle Muse ». Voir également Lupo 2014, p. 175 pour qui l'édification d'un Μουσεῖον dédié au culte collectif des Muses, à Crotone, est intrinsèquement liée au sens communautaire de l'éducation pythagoricienne : « come modello di concordia (ὁμόνοια) e della communità stessa, Pitagora indicava proprio un coro, quello delle Muse ». Concernant plus généralement le rôle que jouaient les Muses dans les cultes à Mystères, voir Hardie 2004.

2. *Cf.* p. 88, n. 1, et plus généralement, pour les rapports d'interférences constantes qui semblent avoir existé, dès la fin de l'époque archaïque, entre les Pythagoriciens – Pythagore en tête – considérés comme « auteurs » de poèmes orphiques et les deux autres « cercles » d'influence « mystérique » que constituaient l'« orphisme » et le « bacchisme », voir Burkert 2011, p. 390-398, en particulier p. 396 ; Bernabé 2013 ; Cornelli 2013, p. 86-136 ; et Provenza 2014, p. 81-82 (avec la n. 1, p. 82 pour une brève présentation du débat concernant la probabilité que Pythagore ait réellement conçu une œuvre orphique). La pratique poético-musicale des premiers Pythagoriciens ne se réduisait certes pas à l'éventuelle composition de vers « orphiques ». À côté de l'art choral et de la récitation domestique d'hexamètres épiques et hésiodiques, notamment, on sait que la performance de péans accompagnés à la lyre et de chants de libation spondaïques accompagnés à l'*aulos* occupèrent une place de plus en plus systématisée (voir à ce propos l'ensemble des réflexions de C. Lupo [2014]). Mais aussi variée soit-elle, il n'apparaît pas que cette pratique musicale ait quoi que ce soit de comparable avec les associations rythmiques dont témoigne l'unité strophique d'Alcméon et leur adéquation à la diction savante de son *incipit*.

et non un usage d'ordre « didactico-initiatique » à des fins morales et eschatologiques. Dans les deux cas, la fonction des rythmes est sans nul doute rassembleuse mais la nature de cette fonction est tout autre : face à la recherche d'un rassemblement « choral » d'initiés dans une communauté éthique et religieuse assimilée au chœur des Muses lui-même[1], la visée plus pragmatique du discours d'Alcméon était manifestement plutôt celle d'un rassemblement communautaire à la fois savant et citoyen. Le fait même que Bro(n)tinos soit explicitement nommé, en en-tête d'un discours qu'il a choisi de commencer par au moins une strophe initiale, laisse à croire que cette conception musicale était implicitement revendiquée. Si, parallèlement à cette marque d'indépendance, on se rappelle la volonté de rapprochement que semble avoir manifesté Crotone à l'égard de Sparte au milieu du VIe siècle, et si l'on tient compte des traces d'une influence dorico-spartiate décelées dans la strophe d'Alcméon et ailleurs, on peut légitimement envisager une datation plus haute que celle qui est habituellement retenue, qui le ferait plus proche contemporain d'événements remontant à la première moitié du VIe siècle et – à moins qu'il faille revoir la chronologie de Pythagore lui-même – plutôt le strict contemporain (si ce n'est l'aîné) que le cadet de ce dernier[2].

Qu'on accepte ou non cette antédatation, la pensée d'Alcméon doit donc en tout cas être considérée, non pas seulement dans un rapport d'influence réciproque au pythagorisme florissant, mais au moins autant dans la perspective des préoccupations épistémologiques de son temps, aussi bien historiographiques que physiques ou physiologiques, et encore

1. *Cf.* précédemment, p. 100, n. 1, et en particulier, Provenza 2014.

2. Le repère temporel le plus probable concernant Pythagore est son arrivée à Crotone vers 532/531 (voir p. 49, n. 3). En ce qui concerne la chronologie traditionnelle d'Alcméon, relativement à celui-ci, et qui repose tout entière sur la conjecture décisive de H. Diels, proposant d'insérer l'adjectif νέος au sein d'une phrase de surcroît manquante dans le meilleur manuscrit du témoignage aristotélicien (fr. **T3a** [24 A 3, 1-13 DK]), voir en particulier Fausti 1973, p. 88-89. Mis à part le rejet radical de W. A. Heidel (1940, p. 4 et 1941, p. 43), que celle-ci mentionne, la plupart des spécialistes, elle-même comprise, acceptent cet élément de datation pourtant relativement tendancieux. Certains, toutefois, (contrairement à W. A. Heidel que son rejet conduit à situer l'activité d'Alcméon aux alentours de 450) préfèrent considérer une datation plus haute, dans la seconde moitié du VIe siècle. Voir notamment Stella 1939, p. 237 ; Vegetti 1965, p. 87 ; Ebner 1969, p. 34 ; Burkert 1972, p. 292 ; Zhmud 2012, p. 122. Pour un état de la question de ce débat chronologique suscité par le témoignage controversé d'Aristote (*Métaphysique* A 5, 986 a 27-31), et qui oppose essentiellement ces deux groupes de spécialistes, l'un datant l'œuvre alcméonienne de la toute fin du VIe siècle et le faisant naître vers 550, l'autre situant la naissance du savant en 510 et son œuvre vers 470, voir Huffman 2013, § 1. 3 ainsi que Lebedev 2017, p. 241-245 (qui, pour sa part, n'en reste pas moins fidèle au témoignage émendé d'Aristote). Plus récemment, voir aussi Kouloumentas 2019.

autant dans le sillage d'un héritage *poïétique* et savant riche et multiple, sans doute en bonne partie local et marqué par une certaine prédominance de Sparte à cette époque et dans cette région de la Méditerranée. Sur les traditions strictement crotoniates, on a déjà souligné le peu d'information dont nous disposons. Un retour sur le préambule de l'*incipit*, et plus précisément sur la succession remarquable de ses noms propres, pourrait cependant autoriser une ultime suggestion.

On a montré qu'il représentait un schéma communicationnel à trois termes plus un, mais on n'a encore fait aucune observation sur la triple désignation qui caractérise ce quatrième élément que représente le locuteur-savant Alcméon. Le fait qu'aux trois noms simples de ses interlocuteurs, il oppose, comme par symétrie numérique, à la fois le nom simple qui est le sien, Ἀλκμαίων, le nom de son origine crotoniate, Κροτωνιήτης, et son patronyme Πειρίθους / Πειρίθοος, pourrait être en effet, en soi, l'indice d'une démarcation intentionnelle. Or, si l'indication d'origine n'appelle pas grand commentaire, quelques remarques peuvent être faites sur la valeur sémantique des noms Ἀλκμαίων et Πειρίθοος.

Indépendamment de sa coloration mythologique[1], Πειρίθοος est un composé archaïque qui repose sur un thème d'adjectif θοός, « appelé à disparaître » et qui a servi dès le mycénien comme second élément de composé anthroponymique pour exprimer la « rapidité » ou la « vivacité » d'une qualité souvent guerrière[2]. Quel que soit le mot qu'il faille identifier dans le premier élément, il est évident qu'il relève, comme le nom πεῖρα, de la vaste racine indo-européenne **per-*, « qui occupe une très grande place en grec » et dont la notion originelle d'« effort pour aller de l'avant »[3] lui a permis d'exprimer aussi bien l'idée de « percement » et de « traversée », que celle de « tentative » et d'« expérience ». Le nom du père d'Alcméon, autrement dit, nous renvoie indirectement à l'idée de vivacité et d'acuité dans l'expérience des choses. Quant au nom Ἀλκμαίων, forme orthographiquement « fautive » d'Ἀλκμάων[4], il s'agit d'un dérivé du thème ἀλκ-, remontant au vieux nom racine *ἄλξ, dont la valeur fondamentale, avant d'être celle de « force » et d'« ardeur », est

1. Roi des Lapithes et fameux compagnon de Thésée, Peirithous était considéré comme le fils de Zeus ou, le plus souvent, d'Ixion et de Dia. Pour le détail et les références concernant sa généalogie et les principaux épisodes de sa légende, voir Käppel 2002-2003 et Grimal 1951, s. v. *Pirithoos*, p. 377-378. Concernant le récit de sa catabase en compagnie de Thésée, voir Hésiode, fr. 280 Merkelbach-West = fr. 7 Bernabé (*Mynias*) et Santamaría Álvarez 2016.

2. Cf. *DELG*, s. v. 1. θέω, p. 416 où, pour sa formation, Πειρί-θοος est mis en parallèle avec Ἀλκί-θοος

3. Cf. *DELG*, s. v. πεῖρα, p. 839 et πείρω, p. 840 (parties étymologiques).

4. Voir plus haut p. 66, n. 1.

celle qui exprime l'idée d'un « danger qu'on repousse et dont on protège les autres », idée particulièrement bien préservée dans le nom archaïque ἀλκτήρ spécialisé dans le sens « guérisseur, qui guérit » [1].

« Force protectrice » d'un côté, « acuité de l'expérience » de l'autre, on voit donc qu'Alcméon, fils de Peirithous, était particulièrement bien nommé pour le médecin et savant empirique qu'il semble avoir été. Cette association, tout comme celle des noms de ses trois interlocuteurs, n'est peut-être évidemment qu'une coïncidence. Mais on pourrait aussi imaginer qu'elle soit la marque implicite d'une lignée professionnelle et savante, s'inscrivant de père en fils dans une tradition de savoir médical et expérimental. Symboliquement et peut-être stratégiquement, l'opposition explicite entre cette association onomastique et le groupe des trois noms Bro(n)tinos, Léôn et Bathyllos, pourrait en tout cas avoir été une façon d'opposer d'emblée, au pythagorisme naissant et/ou aux éventuelles sphères d'influence que pourraient avoir représenté ces trois interlocuteurs, l'indépendance et l'originalité d'une tradition épistémologico-empirique, locale et probablement ancienne.

Il va sans dire qu'il n'en faut pas pour autant oublier le prudent avertissement d'Antoine Meillet concernant l'incertitude et l'instabilité inhérentes à l'étymologie des noms propres, qui ne mène bien souvent qu'aux jeux d'esprit et à diverses autres acrobaties [2]. « L'étymologie active, dynamique », que prône Michel Casevitz, peut toutefois avoir sa richesse et sa vérité : « sans exclure l'étymologie comparative et diachronique, l'étude des diverses significations d'un nom propre, *dans ses contextes*, peut aboutir à préciser un sens, sans tomber dans l'aventurisme que Meillet dénonçait à bon droit » [3].

Mais, de toute façon, l'essentiel de l'*incipit* d'Alcméon ne réside pas dans cet éventuel apport significationnel de second ordre. Quoi qu'on pense de ses noms et de leur mode référentiel, on doit reconnaître que sa composition en deux parties aussi radicalement différentes que complémentaires par leurs structure tri- et quadripartite, à symétries croisées et à multi-combinaisons binaires, suffit à en marquer l'extraordinaire originalité – une originalité qui ne réside donc pas seulement dans ses avancées médicales, sensorielles, neurologiques et

1. Cf. *DELG*, s. v. ἀλέξω, p. 55. Le nom ἀλκτήρ se trouve de multiples fois chez Homère et Hésiode et est employé une fois par Pindare, à propos d'Asclépios, dans sa *Troisième Pythique*, v. 7.

2. *Cf.* Meillet 1921, p. 31-32 et 1925, p. 41-42.

3. *Cf.* Casevitz 1991, p. 86 et 88.

embryologiques[1]. Elle tient également, non pas à sa pensée politique qui n'a rien d'avant-coureur démocratiquement parlant, mais à la forme même de son discours qui, d'un point de vue à la fois dictionnel, énonciatif et rythmique – par un mélange discret des dialectes, par l'accord implicite entre une double destination, l'une tripartite, l'autre indifférenciée, et par le mélange hétérogène de formes métriques et non métriques[2] – a su façonner sa parole à l'image exacte de son contenu et de ses intentions pragmatiques, à la fois savantes et communautaires[3].

Ni « traité » en prose, ni « poème », le discours poético-médical d'Alcméon se révèle ainsi précieux pour ce qu'il nous enseigne : les σοφοί *polymathes* de l'époque archaïque étaient avant tout autre chose de véritables experts de la langue sous ses divers aspects – lexical, morpho-sémantique, phonico-syllabique et fondamentalement rythmique[4] – parce que dans le régime d'oralité sonore qui était alors celui de la Grèce ancienne, l'expérience du monde et de la réalité des choses passait nécessairement par l'expérience totale de la langue. Comme le monde était nécessairement un « *sound-textured world* » (plus encore qu'un « *logos-textured world* »)[5], de même, leurs savoirs et leurs pensées ne pouvaient qu'avoir la contexture organique – et *sonore* – du langage.

1. Concernant l'embryologie alcméonienne (fr. **T13-T14** = 24 A 13-14 DK), reposant sur l'idée d'une double semance (féminine et masculine) et sur une théorie « encéphalo-*myélique* », voir surtout Lesky 1951, p. 12 (et plus généralement, p. 13-18) et Fausti 1973, p. 105-107. Pour sa similitude avec les doctrines pythagoriciennes et hippocratiques, en particulier, et pour une mise en perspective avec l'embryologie de Platon, davantage centrée sur le rôle de la ψυχή, on peut voir Wilberding 2015.

2. Mélange hétérogène d'un type qu'on pourrait qualifier, en reprenant l'expression de B. Gentili, de « *kat'enoplion* épitrite » *fluide*. *Cf.* Gentili, Lomiento 2003, p. 201-202 et n. 35.

3. S'il est vrai que les conceptions rythmico-musicales, et en particulier l'idée d'*harmonia* conçue comme organisation structurée d'éléments *dissemblables*, jouèrent un rôle paradigmatique fondamental dans le développement des doctrines bio-médicales et embryologiques les plus anciennes (pythagoriciennes et hippocratiques), l'*incipit* d'Alcméon, qui en constitue une sorte d'application pratique exceptionnelle, au niveau même de son discours poético-savant, nous en offrirait ainsi la plus ancienne et intrinsèque manifestation. Pour la mise en évidence de cette importance paradigmatique des conceptions rythmico-musicales, voir Pelosi 2016 et Restani 2016, l'un et l'autre attachés à montrer l'ancienneté de l'idée d'une « musique » du corps humain.

4. Pour la prééminence de la dimension rythmique de la langue grecque ancienne, et pour son influence majeure sur la conception « esthétique » que les Grecs avaient de la « musique », voir D'Angour 2015, p. 192-194 ; notamment, p. 194 : « While we are told virtually nothing of standalone rhythmical patterns produced on percussion instruments (...) some of these patterns may have been imitative of those that depended on the rhythms of spoken Greek, that is, derived from the "heavy" and "light" syllables of words ».

5. Étant donné, selon S. Klotz (2014, p. 221), que c'est un principe d'« audio-governementality » qui se trouvait régler l'ensemble des pratiques socio-culturelles de

Dans ce « monde sonore », l'influence de la « *song culture* » spartiate sur un poète-savant comme Alcméon ne pouvait qu'être au moins aussi importante que celle de la *kosmologie* ionienne, des démarches historiographiques contemporaines ou des pratiques socio-culturelles locales.

la Grèce archaïque (et de la Grèce occidentale en particulier), et que, comme le souligne A. D'Angour (2015, p. 188-190), musique et contenu significationnel du discours ne sont jamais réellement conçus indépendamment l'un de l'autre avant le commencement du Ve siècle, il convient en effet de concevoir le monde grec archaïque en termes de « sound-textured world » où c'est le rythme *sonore* de la langue qui était au fondement de toute connaissance et de toute représentation du monde. L'expression « logos-textured world », sur laquelle je prends ici modèle, est celle qu'emploie A. P. D. Mourelatos (2008, p. 328) à propos des conceptions héraclitéenne et parménidienne du monde.

RÉFÉRENCES BIBLIOGRAPHIQUES

Textes grecs : éditions, traductions, commentaires

NB : Les textes des médecins de l'Antiquité sont disponibles en ligne sur le site de la BIU Santé de l'Université Paris Descartes (http://www.biusante.parisdescartes.fr/histoire/medica/). On y trouve, par conséquent, les œuvres d'Hippocrate et de Galien, et entre autres, notamment, l'intégralité de celle d'Oribase par Daremberg et Bussemaker (1851-1876) ainsi que ses *Collectionum medicarum reliquiae* par J. Raeder chez Teubner (1928-1933).

Aëtiana
- Diels 1879
- Runia 1999

(Ps.-Plutarque)
- Mau 1971

Alcman
- Bergk 1882, vol. 3
- Calame 1983
- Page 1967 (PMG)

Aristote (*Problemata*)
- Bekker 1831
- Mayhew 2011

Aristoxène de Tarente
- Wehrli 1967

Callimaque de Cyrène
- Blum 1991

C(h)alcidius
- Bakhouche 2011
- Magee 2016
- Wrobel 1876

Clément d'Alexandrie
- Stählin, Früchtel, Treu 1905-1936

Démétrios de Magnésie
- Mejer 1981

Denys d'Halicarnasse
- Sautel 2016

Diogène Laërce
- Dorandi 2013
- Goulet-Cazé 1999

Fragments historiographiques
- *FGrHist*
- Müller 1848-1870

Fragments orphiques
- Bernabé 1994-2007 (*PEG*)

Fragments tragiques
- *TrGF*

Hippocrate (*Corpus hippocratique*)
- Jones 1923
- Jouanna 1983
- Jouanna 1988
- Jouanna 2003

Hésiode (fragments)
- Merkelbach, West 1967

Hymnes orphiques
- Fayant 2014
- Quandt 1962

Inscriptions
- CEG
- Dubois 2002
- SGO

Isidore de Séville
- Lindsay 1911

Isocrate
- Mathieu 1942
- Mathieu, Brémond 1938

Jamblique
- Brisson, Segonds 2011
- Klein 1937

Jean le Siciliote
- Walz 1832-1836

Oribase
- Raeder 1933

Nicolas de Damas
- Drossaart Lulofs, Poortman 1989

Pindare
- Maehler 1971-1975
- Puech 1922

(*Scholies*)
- Drachmann 1903-1927

Plutarque
- Froidefond 1988
- Hunter, Russell 2011

Porphyre
- Des Places 1982
- Nauck 1886

Présocratiques
- DK/D.-K. = Diels, Kranz 1951-1952
- LM/L.-M. = Laks, Most 2016
- Lami 2005

Psellos (Michael)
- Boissonade 1838
- Westerink 1948

Stobée
- Wachsmuth, Hense 1884-1912

Suda
- Adler 1928-1938

Terpandre
- Gostoli 1990

Théophraste
- Diels 1879, p. 499-527
- Wimmer 1862

Thucydide
- Romilly 1953

Tyrtée
- Année 2017
- Bergk 1882, vol. 1
- Page 1967 (PMG)
- Prato 1968
- West 1989-1992

Xénophane
- Lesher 1992
- Reibaud 2012

Études, ouvrages, articles

Adler, Ada (1928-1938), *Suidae lexicon*, Leipzig, Teubner (réimpression, Stuttgart, Teubner, 1967-1971).

Suda On Line : Byzantine Lexicography : www.stoa.org/sol/.

Allen, James (2001), *Inference from Signs. Ancient Debates about the Nature of Evidence*, Oxford, Clarendon Press.

Alonso Déniz, Alcorac, Nieto Izquierdo, Enrique (2009), « Dialecto local y dialecto épico en las inscripciones métricas de la Argólide / Local dialect and epic dialect in metrical inscription from the Argolis », *Minerva* 22, p. 83-105.

AMIGUES, Susanne (2005), Τυρταῖος, *CEG* 9, 2005 (*RPh* 78/1, 2004), p. 174-175 = *DELG*, *CEG*, s. v. Τυρταῖος, p. 1361.

ANDREATTA, Luisa (2014), *Il verso docmiaco : fonti e interpretazioni*, Roma, Accademia Nazionale dei Lincei.

ANNÉE, Magali (2013), « 3. Milet. II : Lire et ne pas lire Héraclite », *in* DESCLOS, FRONTEROTTA 2013, p. 89-115.

– (2017), *Tyrtée et Kallinos. La diction des anciens chants parénétiques (édition, traduction, interprétation)*, Paris, Classiques Garnier.

– (2018), « Mourir immortel plutôt que vieillir : le vieillard à Sparte au VIIe siècle *a. C.* comme anti-modèle de l'ἀρετή suprême ? », *Cahiers des Études Anciennes* LV, 2018, p. 129-145. https://etudesanciennes.revues.org/.

BABUT, Daniel (1974), *La religion des philosophes grecs : de Thalès aux stoïciens*, Paris, Presses Universitaires de France.

BADER, Françoise (1994), « Les Sirènes et la poésie », *in* D. CONSO, N. FICK, B. POULLE (éd.), *Mélanges François Kerlouégan*, Paris, Les Belles Lettres, (*Annales Littéraire de l'Université de Besançon* 515), p. 17-42.

BAKHOUCHE, Béatrice (2011), *Calcidius. Commentaire au Timée de Platon*, 2 vols., Paris, Vrin.

BAKKER, Egbert J. (2010), « Paragmatics : Speech and Text », *in* E.J. BAKKER (ed.), *A Companion to the Ancient Greek Language*, Chichester-Malden (Mass.), Wiley-Blackwell, p. 151-167

BALAUDÉ, Jean-François (1999), « Livre VIII. Introduction, traduction et notes (1-23 & 51-91) », *in* GOULET-CAZÉ 1999, p. 921-960 et 980-1023.

BASSET, Louis (1997), « Ἀλλ' ἐξόλοισθ' αὐτῷ κοαξ. Réexamen des emplois de ἀλλά à la lumière de l'énonciation dans les *Grenouilles* d'Aristophane », *in* A. RIJKSBARON (ed.), *New Approaches to Greek Particles*, (Proceedings of the colloquium held in Amsterdam, January 4-6, 1996, to honour C. J. Ruijgh on the occasion of his retirement), Amsterdam, J. C. Gieben, p. 75-99 (= L. BASSET, *L'imaginer et le dire. Scripta minora*, Lyon, Maison de l'Orient et de la Méditerranée, 2004, p. 315-339).

BAUMBACH, Manuel (2016), « *Protos heuretes* » *Brill's New Pauly. Antiquity volumes* edited by Hubert Cancik and Helmuth Schneider, Brill Online, 2016 : http://referenceworks.brillonline.com/entries/brill-s-new-pauly/protos-heuretes-e1011460.

BEKKER, Immanuel (1831), *Aristotelis Opera, vol. 2 : Naturalis auscultationis libri VIII ; De cœlo libri IV ; De generatione et corruptione libri II*, Oxford, Oxford University Press (réimpression Berlin, W. De Gruyter, 1960).

BELLIA, Angela (éd.), (2014a), *Musica, culti e riti nell' Occidente greco*, Pisa-Roma, Istituti Editoriali e Poligrafici Internazionali.

– (2014b), « La musica nei i culti e nei riti della Magna Grecia e della Sicilia », *in* BELLIA 2014a, p. 13-46.

BENVENISTE, Émile (1966), *Problèmes de Linguistique générale*, t. 1 et 2, Paris, Gallimard.

– (1966), « Actif et moyen dans le verbe », t. 1, p. 168-175.

– (2015), *Langues, cultures, religions. Choix d'articles réunis par Chloé Laplantine et Georges-Jean Pinault*, Limoges, Lambert-Lucas.

–(2015) (15) : « Symbolisme social dans les cultes gréco-italiques », p. 151-160 (= *Revue de l'Histoire des Religions* 129, 1945, p. 5-16).

–(2015) (16) : « La doctrine médicale des Indo-Européens », p. 161-166 (= *Revue de l'Histoire des Religions* 130, 1945, p. 5-12).

Bergk, Theodor (1882, 4e éd.), *Poetae lyrici Graeci*, vol. 1 : *Pindari carmina* ; vol. 2 : *Poetae elegiaci et iambographi* ; vol. 3 : *Poetae melici*, Lipsiae, Teubner (1re éd. 1843 ; 2e éd. 1853 ; 3e éd. 1866-67).

Bernabé, Alberto (1994-2007), *Poetae Epici Graeci. Testimonia et fragmenta*, Pars II, fasc. 1 et 2, *Orphicorum et orphicis similium testimonia et fragmenta*, Leipzig, K. G. Saur, 1994 et 2005 ; fasc. 3, *Musaeus, Linus, Epimenides, Papyrus Derveni, indices*, Berlin, W. de Gruyter, 2007.

– (2013), « Orphics and Pythagoreans : the Greek perspective », *in* Cornelli, McKirahan, Macris 2013, p. 117-152.

– (2016), « Transfer of Afterlife Knowledge in Pythagorean Eschatology », *in* A.-B. Renger, A. Stavru (eds.), *Pythagorean Knowledge from the Ancient to the Modern World : Askesis, Religion, Science*, Wiesbaden, Harrassowitz Verlag, p. 17-30.

Björck, Gudmund (1950), *Das Alpha impurum und die tragische Kunstsprache*, Uppsala-Wiesbaden-Leipzig, Almqvist & Wiksell-O. Harrassowitz.

Blaise, Fabienne (2005), « Poétique, Politique, Religion. Solon entre les dieux et les hommes (l'"Eunomie" et l'"Élégie aux Muses", 4 et 13 West) », *Revue de Philosophie Ancienne* 23(1), p. 3-40 (version française modifiée et élargie à l'"Élégie aux Muses" de « Poetics and Politics : Tradition re-worked in Solon's "Eunomia" [poem 4W] », *in* J. Block, A. Lardinois (eds.), *Solon of Athens : New Historical and Philological Approaches*, Leyde, Brill, 2006).

Blum, Rudolf (1991), *Kallimachos : The Alexandrian Library and the Origins of Bibliography*, Madison, The University of Wisconsin Press (traduction anglaise de *Kallimachos und die Literaturverzeichnung bei den Griechen*, Frankfurt am Main, 1977 ; édition paperback, 2011).

Boissonade, Jean-François (avec François Feu-Ardent et Gilbert Gaulmin) (1838), *Ψελλος. Michael Psellus : De Operatione Daemonum, cum notis Gaulmini, curante J.-F. Boissonade. Accedunt inedita opuscula Pselli. (Feu-Ardentii præfatio)*, Norimbergae, apud Fr. Nap. Campe.

Bottler, Heike (2014), *Pseudo-Plutarch und Stobaios : Eine synoptische Untersuchung*, Göttingen / Bristol (CT), Vandenhoeck & Ruprecht, 2014.

Bremmer, Jan N. (2010), « The Rise of the Unitary Soul and Its Opposition to the Body », *in* J. Ludger, Chr. Jedan (eds.), *Philosophische Anthropologie in der Antike*, Frankfurt-Paris-Lancaster-New Brunswick, Ontos Verlag, p. 11-29

Brisson, Luc, Segonds, Alain Philippe (2011), *Jamblique. Vie de Pythagore*, Paris, Les Belles Lettres (2e tirage revue et corrigé).

BURKERT, Walter (1972), *Lore and Science in Ancient Pythagoreanism*, Cambridge (Mass.), Harvard University Press (traduction anglaise par Edwin L. Minar de *Weisheit und Wissenschaft : Studien zu Pythagoras, Philolaos und Platon*, Nürnberg, 1962).

– (2008), « Mikroskopie der Geistesgeschichte. Bruno Snell "Entdeckung des Geistes" im krtischen Ruchblick », *in* W. BURKERT, *Kleine Schriften VIII. Philosophica*, édité par Th. A. Szlezák et K.-H. Stanzel, Göttingen, Vandenhoeck & Ruprecht, p. 277-292.

– (2011), *La religion grecque à l'époque archaïque et classique*, Paris, Picard, 2011 (traduction française et mise à jour bibliographique par Pierre Bonnechère, de *Griechische Religion der archaischen und klassischen Epoche*, Stuttgart-Berlin, W. Kohlhammer, 1977).

CALAME, Claude (1977), *Les chœurs de jeunes filles en Grèce archaïque*, vol. I : *Morphologie, fonction religieuse et sociale*, vol. II : *Alcman*, Roma, Edizioni dell'Ateneo.

– (1983), *Alcman. Introduction, texte critique, témoignages, traduction et commentaire*, Roma, Edizioni dell'Ateneo.

–(2004a), « Identités d'auteur à l'exemple de la Grèce classique : signatures, énonciations, citations », *in* Cl. CALAME, R. CHARTIER (éd.), *Identité d'auteur dans l'Antiquité et la tradition européenne*, Grenoble, Jérôme Millon, p. 11-39.

– (2004b), « Modes de la citation et critique de l'intertextualité : jeux énonciatifs et pragmatiques dans les *Theognidea* », *in* DARBO-PESCHANSKI 2004a, p. 221-241.

– (2011), *Mythe et histoire dans l'Antiquité grecque. La création symbolique d'une colonie*, Paris, Les Belles Lettres.

– (2014), « La tragédie chorale et le nome citharodique : de la Grande Grèce à Athènes », *in* BELLIA 2014a, p. 49-65.

CAMBIANO, Giuseppe (1982), « Patologia e metafora politica. Alcmeone, Platone, Corpus Hippocraticum », *Elenchos* 3, p. 219-236.

– (1983), « Pathologie et analogie politique », *in* Fr. LASSERRE, Ph. MUDRY (éd.), *Formes de pensée dans la Collection hippocratique (Actes du IVe Colloque International Hippocratique, Lausanne, 21-26 septembre 1981)*, Genève, Droz, p 441-458.

CAPIZZI, Antonio (1983), « Un apologo di Alcmeone crotoniate ? », *Quaderni Urbinati di Cultura Classica* 13(1), p. 159-163.

CARTLEDGE, Paul (1979), *Sparta and Lakonia. A Regional History 1300-362 BC*, London-Boston, Henley.

CASADESÚS BORDOY, Francesc (2013), « On the Origin of the Orphic-Pythagorean notion of Immortality of the Soul », *in* CORNELLI, MCKIRAHAN, MACRIS 2013, p. 153-178.

CASEVITZ, Michel (1991), « Sur l'étymologie de quelques noms propres. *Diachronic and synchronic etymology* », *RPh* 65(1), p. 83-88.

– (2010), « Note sur ΑΡΜΟΝΙΑ et ΣΥΜΜΕΤΡΙΑ », *in* P. CHIRON, C. LÉVY (éd.), *Les noms du style dans l'Antiquité gréco-latine*, Louvain-Paris, Peeters, p. 51-55.

Cawadias, Alexandre P. (1953), « Tempéraments et glandes endocrines », in *Rapports du IIe Congrès international de médecine hippocratique, Journées médicales d'Évian, 3-6 sept. 1953 (avant-propos de P. Delore)*, Paris, L'Expansion scientif. franç., p. 109-113

CEG = Hansen, Peter A. (1983), *Carmina Epigraphica Graeca*, Berlin-New York, W. de Gruyter.

Centrone, Bruno (2013), « 7. Calabrie. La figure historique de Pythagore et du pythagorisme antique : un problème encore actuel », *in* Desclos, Fronterotta 2013, p. 167-188.

Chantraine, Pierre (1933), *La Formation des noms en grec ancien*, Paris, Klincksieck, (2e éd. 1979).

–(1958-1963), *Grammaire homérique*, t. 1 : *Phonétique et Morphologie* ; t. 2 *Syntaxe*, Paris, Klincksieck (3e tirage avec une conclusion traitant des problèmes dialectaux à la lumière des tablettes mycéniennes récemment déchiffrées ; 1re éd. 1942 ; nouvelle éd. revue et corrigée par Michel Casevitz, 2013-2015).

Coldstream, John N. (1977), *Geometric Greece*, London, E. Benn.

Cornelli, Gabriele (2013), *In Search of Pythagoreanism : Pythagoreanism as an Historiographical Category*, Berlin-Boston, W. de Gruyter.

Cornelli, Gabriele, McKirahan, Richard D., Macris, Constantinos (eds.) (2013), *On Pythagoreanism*, Berlin-Boston, W. de Gruyter.

Coudin, Fabienne (2009a), *Les Laconiens et la Méditerranée à l'époque archaïque*, Naples, Centre Jean Bérard.

– (2009b), « Les vases laconiens entre Orient et Occident au vie siècle av. J.-C. : formes et iconographie », *Revue Archéologique* 48, p. 227-262.

Crispo, Carlo Felice (1943), « Recenti Studi su Alcmeone di Crotone », *Archivio storico per la Calabria e la Lucania* 12, p. 185-209.

D'Angour, Armand (2015), « Sense and sensation in musique », *in* P. Destrée, P. Murray Penelope (eds.), *A Companion to Ancient Aesthetics*, Malden, Wiley Blackwell, p. 188-213.

Darbo-Peschanski, Catherine (1987), *Le discours du particulier. Essai sur l'enquête hérodotéenne*, Paris, Éditions du Seuil.

Darbo-Peschanski, Catherine (dir.) (2004), *La citation dans l'Antiquité*, Grenoble, Jérôme Millon.

Davies, John Colin (1984), « A note on the eclecticism of Hippocrates », *Emerita* 52, p. 5-9.

Davies, Malcolm (2010), « From rags to riches : Democedes of Croton and the credibility of Herodotus », *Bulletin of the Institute of Classical Studies of the University of London* 53(2), p. 19-44.

DELG = Chantraine, Pierre *et al.* (dir.), (2009), *Dictionnaire étymologique de la langue grecque. Histoire des mots*, avec, en supplément, les *Chroniques d'étymologie grecque* (1-10) rassemblées par Alain Blanc, Charles de Lamberterie et Jean-Louis Perpillou, Paris, Klincksieck (1re éd. 1968-1980)

Denizot, Camille (2011), *Donner des ordres en grec ancien : étude linguistique des formes de l'injonction. Cahiers de l'ERIAC, n° 3 – Fonctionnements linguistiques*, Mont-Saint-Aignan, Publications des Universités de Rouen et du Havre.

Denniston, John Dewar (1954), *The Greek Particles*, Oxford, Clarendon Press (1re éd. 1934).

Desclos, Marie-Laurence (1997), « "Le renard dit au lion…" (*Alcibiade Majeur*, 123a) ou Socrate à la manière d'Ésope », *in* B Cassin, J.-L. Labarrière (éd.), *L'animal dans l'Antiquité*, Paris, Vrin, p. 395-422.

– (2000), « Le rire comme conduite de vie : l'Ésope de Platon », *in* M.-L. Desclos (dir.), *Le rire des Grecs. Anthropologie du rire en Grèce ancienne*, Grenoble, Jérôme Millon, p. 441-457.

– (2003), *Aux marges des dialogues de Platon. Essai d'histoire anthropologique de la philosophie ancienne*, Grenoble, Jérôme Millon.

– (2013), « 2. Poètes et savants : une fausse opposition ? II : Historiens, médecins et scientifiques : la polymathie comme nécessité heuristique ? », *in* Desclos, Fronterotta 2013, p. 37-60

– (dir.) (2018), *Le problème de la réappropriation par la philosophie des discours de savoir antérieurs : la poésie archaïque comme discours de savoir* (Actes du colloque international de Grenoble, 28-29 novembre 2014), Paris, Classiques Garnier.

Desclos, Marie-Laurence, Fronterotta, Francesco (dir.), (2013), *La sagesse « présocratique ». Communication des savoirs en Grèce archaïque : des lieux et des hommes*, Paris, Armand Colin.

De Sensi Sestito, Giovanna (1985-1986), « L'evoluzione politico-costituzionale nelle colonie greche della Calabria », *Miscellanea di studi storici* 5, p. 25-45.

Des Places, Édouard (1982), *Porphyre. Vie de Pythagore – Lettre à Marcella*, Paris, Les Belles Lettres.

Diels, Hermann (1879), *Doxographi Graeci*, Berlin, G. Reimer (réimpression, Berlin, W. de Gruyter, 1965).

Diels Hermann, Kranz, Walther (1951-1952), *Die Fragmente der Vorsokratiker*, 3 vol., Zürich-Dublin, Weidmann (6e éd.).

Diller, Hans (1932), « Ὄψις ἀδήλων τὰ φαινόμενα », *Hermes* 67, p. 14-42.

DK / D.-K. = Diels, Kranz 1951-1952

Dobias-Lalou, Catherine (2017), « La suffixation des anthroponymes en Cyrénaïque pré-romaine », *SAGA*, p. 469-492.

Domínguez Monedero, Adolfo J. (2009), « El final del Arcaísmo y la transformación de los mecanismos de intercambio en el Mediterráneo », *Gerión* 27(1), p. 127-146.

Dorandi, Tiziano (2013), *Diogenes Laertius. Lives of Eminent Philosophers (edited with introduction)*, Cambridge-New York-Melbourne, Cambridge University Press.

Doutzaris, Panos (1934), « La rythmique dans la poésie et la musique des Grecs anciens », *Revue des Études Grecques* 47, p. 297-345.

DOVER, Kenneth James (1997), *The Evolution of Greek Prose Style*, Oxford, Clarendon Press.

DRACHMANN, Anders Björn (1903-1927), *Scholia vetera in Pindari carmina*, 3 vols., Leipzig, Teubner, vol. 1 : 1903 ; vol. 2 : 1910 ; vol. 3 : 1927 (réimpression Amsterdam, A. M. Hakkert, 1966-1969).

DROSSAART LULOFS, Hendrik Joan, POORTMAN, E. L. J. (1989), *Nicolaus Damascenus. De plantis : Five translations*, Amsterdam-Oxford, North-Holland.

DROZDEK, Adam (2012), « Alcmaeon and the immortality of the soul », *Maia* 64 (3), p. 429-437.

DUBOIS, Laurent (2002), *Inscriptions grecques dialectales de Grande Grèce. Tome II : Colonies achéennes*, Genève-Paris, Droz-Champion.

DUPLOUY, Alain (2006), *Le prestige des élites : recherches sur les modes de reconnaissance sociale en Grèce entre les xe et ve siècles avant J.-C.*, Paris, Les Belles Lettres.

– (2013), « Les Mille de Colophon. "Totalité symbolique" d'une cité d'Ionie (VIe-IIe s. av. J.-C.) », *Historia* 62(2), p. 146-166.

– (2015), « Genealogical and Dynastic Behaviour in Archaic and Classical Greece : Ttwo Gentilician Strategies », *in* FISHER, VAN WEES 2015, p. 59-84.

EBNER, Pietro (1969), « Alcmeone Crotoniate », *Klearchos* 11, p. 25-77.

EDMUNDS, Lowell (1997), « The Seal of Theognis », *in* L. EDMUNDS, R.W. WALLACE, (eds.), *Poet, Public and Performance in Ancient Greece,*, Baltimore, The Johns Hopkins University Press, p. 29-48.

– (2008), « Deixis in Ancient Greek and Latin Literature : Historical Introduction and State of the Question », *Philologia Antiqua* 1, p. 67-98.

FAUSTI, Daniela (1973), « Alcmeone di Crotone », *Studi Classici e Orientali* 22, p. 85-110.

FAYANT, Marie-Christine (2014), *Hymnes orphiques*, Paris, Les Belles Lettres.

FGrHist = JACOBY, Felix (1923-), *Die Fragmente der Griechischen Historiker*, Berlin, Weidmann, puis Leiden, Brill.

FIGUEIRA, Thomas J. (2015), « Modes of Colonization and Elite Intgration in Archaic Greece », *in* FISHER, VAN WEES 2015, p. 313-348.

FISHER, Nick, VAN WEES, Hans (eds.) (2015), *'Aristocracy' in Antiquity : Redefining Greek and Roman Elites*, Swansea, Classical Press of Wales.

FISCHER-HANSEN, Tobias, NIELSEN, Thomas H., AMPOLO, Carmine (2004), « n° 56, *Kroton* (*Italia and Kampania*) », *in* HANSEN, NIELSEN 2004, p. 266-270.

FORD, Andrew (1985), « The Seal of Theognis : The Politics of Authorship in Archaic Greece », *in* Th. J. FIGUEIRA, G. NAGY (eds.), *Theognis of Megara : Poetry and the Polis*, Baltimore, The Johns Hopkins University Press, p. 82-95.

FORD, Andrew (2002), *The Origins of Criticism. Literary Culture and Poetic Theory in Classical Greece*. Princeton-Oxford, Princeton University Press.

Fowler, Robert Louis (2001), « Early *Historiē* and Literacy », *in* N. Luraghi, (ed.), *The Historian's Craft in the Age of Herodotus*, Oxford, Oxford University Press, p. 95-115.

Fränkel, Hermann (1925), « Xenophanesstudien, II : Die Erkenntniskritik des Xenophanes », *Hermes* 60, p. 180-192 (= *Wege und Formen frühgriechischen Denkens, Literarische und philosophiegeschichtliche Studien*, München, C. H. Beck, 1955, p. 335-349).

– (1962), *Dichtung und Philosophie des frühen Griechentums. Eine Geschichte der griechischen Epik, Lyrik und Prosa bis zur Mitte des fünften Jahrhunderts*, München, C. H. Beck (2e éd. revue et corrigée ; 1re éd. 1951).

Froidefond, Christian (1988), *Plutarque. Œuvres morales, Tome V, 2e partie : traité 23. Isis et Osiris*, Paris, Les Belles Lettres.

Gagné, Renaud (2007), « Winds and Ancestors : The *Physika* of Orpheus », *Harvard Studies in Classical Philology* 103, p. 1-23.

Gago, Luis Guillermo (2006), « Alcmeón de Crotona y el problema mente-cerebro », *Helmantica* 57(174), p. 387-417.

García, Guillermo (1973), « Brontino pitagórico », *Revista de Filosofía de la Universidad de Costa Rica* 11, p. 215-223.

Garnier, Romain (2007), « Nouvelles réflexions étymologiques autour du grec ἄνθρωπος », *Bulletin de la Société de Linguistique de Paris* 102(1), p. 131-154.

Gemelli Marciano, Maria Laura (2002), « Le contexte culturel des Présocratiques : adversaires et destinataires », *in* Laks, Louguet 2002, p. 83-114.

– (2007), « Lire du début : quelques observations sur les "*incipit*" des présocratiques », *Philosophie antique* 7, p. 7-37.

– (2008), « Images and Experience : At the Roots of Parmenide's *Aletheia* », *AncPhil* 28, p. 21-48.

– (2009), « A chi profetizza Eraclito di Efeso ? Eraclito "specialista del sacro" fra Oriente e Occidente », *in* Chr. Riedweg (ed.), *Grecia Maggiore : intrecci culturali con l'Asia nel periodo arcaico / Graecia Maior : Kulturaustausch Mit Asien in der archaischen Epoche* (Atti del simposio in occasione del 75. anniversario di Walter Burkert/ Akten des Symposions aus Anlass des 75. Geburtstages von Walter Burkert. Istituto Svizzero di Roma 2. 2. 2006), Basel, Schwabe, p. 99-122.

– (2012), « Capitolo 1 – Oriente e Occidente », *in* L. Perilli, D. P. Taormina (eds.), *La filosofia antica. Itinerario storico e testuale*, Torino, UTET Università, p. 2-34.

Gemelli Marciano, Maria Laura, *et al.* (2013), *Parmenide : suoni, immagini, esperienza. Eleatica* 2007, a cura di L .Rossetti e M. Pulpito (Eleatica, vol. 3), Sankt Augustin, Academia Verlag

– (2014), « Chapter 6 – The Pythagorean way of life and the Pythagorean ethics », *in* C.A. Huffman (ed.), *A History of Pythagoreanism*, Cambridge, Cambridge University Press, p. 131-148

GENTILI, Bruno (1968), « La dedica di Kleombrotos di Francavilla Marittima », *PP* 23, fasc. 120, p. 222-224.

GENTILI, Bruno, LOMIENTO, Liana (2003), *Metrica e ritmica : storia delle forme poetiche nella Grecia antica*, Milano, A. Mondadori.

GERSCHEL, Lucien (1962), « La conquête du nombre : des modalités du compte aux structures de la pensée », *Annales. Économies, Sociétés, Civilisations* 17e année, n° 4, p. 691-714.

GHEERBRANT, Xavier (2017), « Le rythme de la prose de Phérécyde de Syros. Mythographie en prose et poésie en hexamètre dactylique », *Mnemosyne* 2017, p. 1-17. En ligne, DOI: 10.1163/1568525X-12342279.

GHINATTI, Franco (1996), *Assemblee greche d'Occidente*, Torino, Società Editrice Internazionale.

GIANGIULIO, Maurizio (1983), « Locri, Sparta, Crotone et le tradizioni leggendarie intorno alla battaglia della Sagra », *Mélanges de l'École française de Rome. Antiquité* 95(1), p. 473-521.

– (1989), *Ricerche su Crotone arcaica*, Pisa, Scuola Normale Superiore.

– (2015), *Democrazie greche : Atene, Sicilia, Magna Grecia*, Roma, Carocci Editore.

GOMPERZ, Heinrich (1928), « Zu Alkmaion Frag. I Diels », *Philologische Wochenschrift* 48, p. 1597–1598.

– (1953), *Philosophical Studies*, Boston, Christopher Publishing House.

GOSTOLI, Antonietta (1990), *Terpander. Veterum testimonia collegit, Fragmenta edidit = Terpandro*, introduzione, testimonianze, testo critico, traduzione e commento, Roma, Edizioni dell'Ateneo.

GOULET-CAZÉ, Marie-Odile (dir.) (1999), *Diogène Laërce. Vies et doctrines des philosophes illustres*, Paris, Le Livre de Poche.

GRANGER, Herbert (2007), « Poetry and Prose : Xenophanes of Colophon », *TAPhA* (*Transactions and Proceedings of the American Philological Association*) 137, p. 403-433.

GRIFFITHS, Alan (1987), « Democedes of Croton : a Greek doctor at Darius' court, II », *in* H. SANCISI-WEERDENBURG, A. KUHRT (eds.), *Achaemenid history, II : The Greek sources (Proceedings of the Groningen 1984 Achaemenid history workshop)*, Leiden, Nederlands Inst. voor het Nabije Oosten, p. 37-51.

GRIMAL, Pierre (1951), *Dictionnaire de la mythologie grecque et romaine*, Paris, Presses Universitaires de France.

GUTHRIE, William Keith C., (1962), *A History of Greek Philosophy*, Vol. I : *The Earlier Presocratics and the Pythagoreans*, Cambridge, Cambridge University Press, p. 341-359.

HALL, Jonathan M. (2007), *A History of the Archaic Greek World*, Malden (Mass.)-Oxford, Carlton.

HANSEN, Mogens Hermann, NIELSEN, Thomas H. (eds.) (2004), *An Inventory of Archaic and Classical Poleis*. An Investigation Conducted by The Copenhagen Polis Centre for the Danish National Research Foundation, Oxford, Oxford University Press.

HARDIE, Alex (2004), « Muses and Mysteries », *in* P. MURRAY, P. J. WILSON (eds.), *Music and the Muses. The Culture of "Mousikē" in the Classical Athenian City*, Oxford, Oxford University Press, p. 11-37.

HARTOG, François (1980), *Le miroir d'Hérodote. Essai sur la représentation de l'autre*, Paris, Gallimard.

HEIDEL, William Arthur (1940), « The Pythagoreans and Greek Mathematics », *American Journal of Philology* 61, p. 1-33.

– (1941), *Hippocratic Medicine : Its Spirit and Method*, New York, Columbia University Press.

HERINGTON, John (1985), *Poetry into Drama : Early Tragedy and the Greek Poetic Tradition*, Berkeley-Los Angeles, University of California Press.

HINGE, George (2004), « Dialect Colouring in Quotations of Classical Greek Lyric », *in* G. ROCCA (éd.), *Dialetti, dialettismi, generi letterari e funzioni sociali. Atti del V Colloquio Internazionale di Linguistica Greca*, Alessandria, Edizioni dell'Orso, p. 303-311.

– (2006), *Die Sprache Alkmans. Textgeschichte und Sprachgeschichte*, Wiesbaden, L. Reichert.

HUFFMAN, Carl (2013), « Alcmaeon », *The Stanford Encyclopedia of Philosophy* (Summer 2013 Edition), Edward N. Zalta (ed.), http://plato.stanford.edu/archives/sum2013/entries/alcmaeon/.

HUMBERT, Jean (1960), *Syntaxe grecque*, Paris, Klincksieck (1re éd. 1945).

HUNTER, Richard, RUSSELL, Donald (2011), *Plutarch. How to Study Poetry (De audiendis poetis)*, Cambridge, Cambridge University Press.

IRIGOIN, Jean (1953), *Recherches sur les mètres de la lyrique chorale grecque : la structure du vers*, Paris, Klincksieck.

JAEGER, Werner (1966), « Tyrtaeus on True Arete », *in* A. M. FISKE, H. BLOCH (eds.), *Werner Jaeger, Five Essays*, Montreal, Mario Casalini Ltd., p. 103-142 (= « Tyrtaios über die wahre ἀρετή », *Sitzungsberichte der Preussischen Akademie der Wissenschaften zu Berlin*, 1932, p. 537-568).

JOLY, Robert (1953), Compte rendu de KRANZ 1949, *L'Antiquité classique* 22/1, p. 243.

JONES, William Henry S. (1923), *Hippocrates. Vol. 2 [Prognostic, Regimen in acute diseases, The sacred disease, The art, Breaths, Law, Decorum, Physician-chap. I, Dentition]*, London-Cambridge (Mass.), Heinemann-Harvard University Press (The Loeb Classical Library).

JOUANNA, Jacques (1983), *Hippocrate. Œuvres complètes, Tome X, 2e partie : Maladies II*, Paris, Les Belles Lettres.

– (1988), *Hippocrate. Œuvres complètes, Tome V, 1re partie : Des vents – De l'art*, Paris, Les Belles Lettres.

– (2003), *Hippocrate. Œuvres complètes, Tome II, 1re partie : L'Ancienne médecine*, Paris, Les Belles Lettres.

JOURNÉE, Gérard (2015), « Dualités présocratiques », *in* F. JOURDAN, A. VASILIU (éd.), *Dualismes. Doctrines religieuses et traditions philosophiques*, *Chôra*, Hors-Série / 2015, p. 113-140.

KAHN, Charles (2001), *Pythagoras and the Pythagoreans*, Indianapolis, Hackett.

– (2003), « Writing Philosophy », *in* H. E. YUNIS (ed.), *Written Texts and the Rise of Literate Culture in Ancient Greece*, Cambridge, Cambridge University Press, p. 139-161.

KÄPPEL, Lutz (2002-2003), « Peirithous », *in* H. CANCIK, H SCHNEIDER (eds.), *New Pauly. Brill's encyclopaedia of the ancient world*, Leiden-Boston, Brill. En ligne depuis 2006 : http://referenceworks.brillonline.com.janus.biu.sorbonne.fr/browse/brill-s-new-pauly.

KINGSLEY, Peter (2002), « Empedocles for the new Millennium », *Ancient Philosophy* 22, p. 333-413.

– (2003), *Reality : The Teaching of Parmenides and Empedocles*, Inverness, The Golden Sufi Center Publishing.

KLEIN, Ulrich (1937), *Iamblichi de vita Pythagorica liber*, Leipzig, Teubner.

KLEINGÜNTHER, Adolf (1933), *ΠΡΩΤΟΣ ΕΥΡΕΤΗΣ. Untersuchungen zur Geschichte einer Fragestellung*, Mainz, Dieterich.

KLOTZ, Sebastian (2014), « *Mousiké*, Harmonics and the Symmetrical Culture of Western Greece », *in* BELLIA 2014a, p. 219-233.

KOULOUMENTAS, Stavros (2014), « The Body and the Polis : Alcmaeon on Health and Disease », *British Journal of the History of Philosophy* 22(5), p. 867-887.

– (2018), « Alcmaeon and his addressees : Revisiting the incipit », *in* P BOURAS-VALLIANATOS, S. XENOPHONTOS (eds.), *Greek Medical Literature and its Readers. From Hippocrates to Islam and Byzantium*, London-New York, Routledge, p. 7-29.

– (2019), « Aristotle on Alcmaeon in relation to Pythagoras : an addendum in *Metaphysics* Alpha? », *in* P. GOLITSIS, K. IERODIAKONOU (eds.), *Aristotle and His Commentators*, Berlin-Boston, W. de Gruyter, p. 49-67.

KRANZ, Walther (1949), *Vorsokratische Denker. Auswahl aus dem Überlieferten*, Berlin, Weidmann (1re éd. 1939).

KUCHARSKI, Paul (1952), *Étude sur la doctrine pythagoricienne de la tétrade*, Paris, Les Belles Lettres.

KUDLIEN, Fridolf (1967), *Der Beginn des medizinischen Denkens bei den Griechen : von Homer bis Hippokrates*, Zürich, Artemis Verlags.

LAKS, André (1997) « Du témoignage comme fragment », *in* G. W. MOST (ed.), *Collecting fragments = Fragmente sammeln*, Göttingen, Vandenhoeck & Ruprecht, p. 237-264.

– (1999), « Soul, Sensation, and Thought », *in* A. A. LONG (ed.), *The Cambridge Companion to Early Greek Philosophy*, Cambridge, Cambridge University Press, p. 250-270.

– (2002), « "Philosophes Présocratiques". Remarques sur la construction d'une catégorie de l'historiographie philosophique », *in* LAKS, LOUGUET 2002, p. 17-38.

LAKS, André, LOUGUET, Claire (éd.) (2002), *Qu'est ce que la philosophie présocratique ? What is presocratic philosophy ?*, Lille, Presses Universitaires du Septentrion.

LAKS, André, MOST, Glenn W. (éd.) (2016), *Les débuts de la philosophie. Des premiers penseurs grecs à Socrate*, Paris, Fayard.

LAMBERTERIE, Charles de (1990), *Les adjectifs grecs en -υς. Sémantique et comparaison*, 2 tomes, Louvain-la-Neuve, Peeters.

– (1998), ἴσος, *CEG* 2, 1998 (*RPh* 71/1, 1997), p. 163 = *DELG*, *CEG*, s. v. ἴσος, p. 1310.

LAMI, Alessandro (2005), *I Presocratici. Testimonianze e frammenti da Talete a Empedocle*, Milano, Bibioteca Universale Rizzoli (1re éd. 1991).

LANÉRÈS, Nicole (1994), *Les formes de la phrase nominale en grec ancien : étude sur la langue de l'*Iliade, Paris, CREDO URA 1423 CNRS, Université Charles-de-Gaulle, Lille III, Université Denis-Diderot, Paris VII.

LANÉRÈS Nicole, GRIGORAKAKIS, Grigoris (2015), « 1. Une découverte récente : un haltère pour les *Maleateia* ou Sparte à la conquête de sa côte orientale ; 2. L'haltère de Tirôn et l'expansion de Sparte sur le territoire de Prasiai (Cynourie du Sud) », *Revue des études Grecques* 128, p. 647-658.

LANZA, Diego (1965), « Un nuovo frammento di Alcmeone », *Maia* 17, p. 278-280.

LARDINOIS, André P. M. H., BLOK, Josine H., VAN DER POEL, Marc G. M. (eds.) (2011), *Sacred Words : Orality, Literacy and Religion*, Leiden- Boston, Brill.

LAURENT, Jérôme (2013), « 3. Milet. I : Thalès, Anaximandre, Anaximène : la découverte de l'esprit scientifique ? », *in* DESCLOS, FRONTEROTTA 2013, p. 61-88.

LEBEDEV, Andrei V. (2017), « Alcmaeon of Croton on Human Knowledge, the Seasons of Life and *Isonomia* : A New Reading of B 1 DK and Two Additional Fragments from *Turba Philosophorum* and Aristotle », *in* Chr. VASSALLO (ed.), *Physiologia. Topics in Presocratic Philosophy and its Reception in Antiquity (= AKAN-Einzelschriften, Band 12)*, Trier, Wissenschaftlicher Verlag, p. 227-257.

LE FEUVRE, Claire (2015), *Ὅμηρος δύσγωστος. Réinterprétations de termes homériques en grec archaïque et classique*, Genève, Droz.

LEJEUNE, Michel (1972), *Phonétique historique du mycénien et du grec ancien*, Paris, Klincksieck (2e tirage, 1987).

LESHER, James H. (1992), *Xenophanes of Colophon : Fragments*, Toronto, University of Toronto Press.

LESKY, Erna (1951), *Die Zeugungs- und Vererbungslehren der Antike und ihr Nachwirken*, Mainz, Verlag der Akademie der Wissenschaften und der Literatur.

– (1952), « Alkmaion bei Aetios und Censorin », *Hermes* 80, p. 249-255.

LGPN = FRASER, Peter Marshall, MATTHEWS, Elaine, *et al.* (eds.) (1987-), *A lexicon of Greek Personal Names*, (vol. 1. *The Aegean Islands, Cyprus, Cyrenaica*, 1987 ; vol. 2. *Attica*, 1996 ; vol. 3A. *The Peloponnese, western Greece, Sicily and Magna Graecia*, 1997 ; vol. 3B. *Central Greece from the Megarid to Thessaly*, 2000 ; vol. 4. *Macedonia, Thrace, northern regions of the Black Sea*, 2005 ; vol. 5A. *Coastal Asia Minor : Pontos to Ionia*, 2010 ; vol. 5B. *Coastal Asia Minor : Caria to Cilicia*, 2013, Oxford-New York, Clarendon Press-Oxford University Press.

Lilja, Saara (1968), *On the Style of the Earliest Greek Prose*, Helsinki, Finnish Academy.

Lindsay, Wallace Martin (1911), *Isidori Hispalensis episcopi. Etymologiarum sive Originum libri XX*, t. 1 : *libri I-X* ; t. 2 : *libri XI-XX*, Oxford, Clarendon Press.

LIV = Rix, Helmut, *et al.* (2001, 2e éd.), *Lexikon der indogermanischen Verben, Die Wurzeln und ihre Primärstammbildungen*, Wiesbaden, Reichert (1re éd. 1998) ; Supplément et corrections : http://www.martinkuemmel.de/liv2add.html.

Lloyd, Geoffrey E. R. (1964), « The hot and the cold, the dry and the wet in Greek philosophy », *Journal of Hellenic Studies* 84, p. 92-106.

– (1990), *Une histoire de la science grecque*, Paris, Éditions du Seuil (traduction française par Jacques Brunschwig, de *Early Greek Science*, 1970 et *Greek Science after Aristotle*, 1973).

– (1991), *Methods and Problems in Greek Science*, Cambridge, Cambridge University Press.

LM / L.-M. = Laks, Most 2016.

Lombardo, Mario (2005), « Le "prime democrazie" in Magna Grecia », *in* U. Bultrighini (ed.), *Democrazia e antidemocrazia nel mondo greco (Atti del Convegno Internazionale di Studi, Chieti, 9-11 aprile 2003)*, Alessandria, Edizioni dell'Orso, p. 109-118

Lo Presti, Roberto (2016), « Perceiving the Coherence of the Perceiving Body : Is There Such a Thing as a 'Hippocratic' View on Sense Perception and Cognition ? », *in* L. Dean-Jones, R. M. Rosen (eds.), *Ancient Concepts of the Hippocratic : Papers Presented at the XIIIth International Hippocrates Colloquium, Austin, Texas, August 2008*, Leiden-Boston, Brill, p. 163-194

Loraux, Nicole (1994), « Achille, le poète et les mots », préface de G. Nagy, *Le meilleur des Achéens. La fabrique du héros dans la poésie grecque archaïque* (traduction française augmentée de *The Best of the Achaeans*, The Johns Hopkins University Press, 1979), Paris, Éditions du Seuil, p. 9-17.

LSJ = Liddell, Henry George, Scott, Robert, Jones, Henry Stuart (1996), *A Greek-English Lexicon*, Revised Supplement edited by Peter Geoffrey W. Glare, Oxford, Clarendon Press.

Lupo, Claudia (2014), « Aspetti de la pratica musicale pitagorica a Crotone e a Taranto », *in* Bellia 2014a, p. 175-183.

Maehler, Herwig (post Snell, Bruno) (1971-1975), *Pindari carmina cum fragmentis, Pars I : Epinicia* ; 1re éd. ; *Pars II : Fragmenta, Indices*, Leipzig, Teubner (5e éd.).

Magee, John (2016), *Calcidius. On Plato's Timaeus*, Cambridge (Ma.), Harvard University Press.

Malkin, Irad (1987), *Religion and Colonization in Ancient Greece*, Leiden, Brill.

– (1999), *La Méditerranée spartiate. Mythe et territoire*, Paris, Les Belles Lettres (traduction française par O. Meslier de *Myth and Territory in the Spartan Mediterranean*, Cambridge, Cambridge University Press, 1994).

MANSFELD, Jaap (1975), « Alcmaeon, φυσιχός or physician ? With some remarks on Calcidius' *On vision* compared to Galen's *Plac. Hipp. Plat.* VII », *in* J. MANSFELD, L. M. de RIJK (eds.), *Kephalaion. Studies in Greek philosophy and its continuation offered to C. J. de Vogel*, Assen, Van Gorcum, 1975, p. 26-38.

– (1995), « Insight by Hindsight Intentional Unclarity in Presocratic Proems », *Bulletin of the Institute of Classical Studies* 40(1), p. 225-232.

– (2013), « The Body Politic : Aëtius on Alcmaeon on *isonomia* and *monarchia* », *in* V. HARTE, M. LANE (eds.), *Politeia in Greek and Roman Philosophy*, Cambridge, Cambridge University Press, p. 78-95

– (2014), « Alcmaeon and Plato on the Soul », *études platoniciennes* 11 : *Platon et la psychè*, 9 p. https://etudesplatoniciennes.revues.org/423.

MANSFELD, Jaap, RUNIA, David T. (1997), *Aëtiana. The method and intellectual context of a doxographer, Vol. I : The sources*, Leiden-New York-Köln, Brill.

– (2009), *Aëtiana. The method and intellectual context of a doxographer, Vol. II (2 parties) : The compendium*, Leiden-Boston, Brill.

– (2010), *Aëtiana. The method and intellectual context of a doxographer, Vol. III : Studies in the doxographical traditions of ancient philosophy*, Leiden-Boston, Brill.

MANSOUR, Karim (2009), *Poétismes et poétique d'Hérodote. Étude linguistique et philologique*, Thèse de Doctorat soutenue à l'Université Paris-Sorbonne, sous la direction du Pr. Charles de Lamberterie, le 21 novembre 2009. En ligne : http://www.e-sorbonne.fr/theses/poetismes-poetique-prose-d-herodote-etudelinguistique-philologique.

MATHIEU, Georges (1942), *Isocrate. Discours. Tome III : Sur la paix – Aréopagitique – Sur l'échange*, Paris, Les Belles Lettres.

MATHIEU, Georges, BRÉMOND, Émile (1938), *Isocrate. Discours. Tome II : Panégyrique – Plataïque – À Nicoclès – Nicoclès – Evagoras – Archidamos*, Paris, Les Belles Lettres.

MATHYS, Audrey (2017), « Anthroponymes et morphologie dérivationnelle : les anthroponymes en λος, ιλ(λ)ος et υλ(λ)ος et la gémination expressive », *SAGA*, p. 333-377.

MAU, Jürgen (1971), *Plutarchi Moralia, vol. V, fasc. 2, pars 1 (Placita Philosophorum 874 D-911 C, p. 50-153)*, Leipzig, Teubner.

MAYHEW, Robert John (2011), *Aristotle. Problems, Books 1-19*, Cambridge (Mass.)-London, Harvard University Press (The Loeb Classical Library).

MCDONALD, Katherine (2015), *Oscan in Southern Italy and Sicily : Evaluating Language Contact in a Fragmentary Corpus*, Cambridge, Cambridge University Press.

MEIER, Christian (1980), *Die Entstehung des Politischen bei den Griechen*, Frankfurt am Main, Suhrkamp.

MEILLET, Antoine (1921), *Linguistique historique et linguistique générale*, Paris, Champion.

– (1925), « Remarques sur l'étymologie de quelques mots grecs », *Bulletin de la Société Linguistique de Paris* 26, p. 1-22.

– (1965), *Aperçu d'une histoire de la langue grecque*, Paris, Klincksieck (7e éd. révisée de la 1re éd. de 1913).

MEJER, Jirgen (1981), « Demetrius of Magnesia. *On Poets and Authors of the same name* », *Hermes* 109, p. 447-472.

MERKELBACH, Reinhold, WEST, Martin Litchfield (1967), *Fragmenta Hesiodea*, Oxford, Clarendon Press.

MERTENS, Dieter (2006), *Städte und Bauten der Westgriechen : von der Kolonisationszeit bis zur Krise um 400 vor Christu*, München, Hirmer.

MICHLER, Markwart (1962), « Das Problem der westgriechischen Heilkunde. Eine Ueberprüfung der bisherigen Hypothesen », *Sudhoffs Archiv für Geschichte der Medizin und Naturwissenschaften* 46, p. 137-152.

– (1966), « Demokedes von Kroton. Der älteste Vertreter westgriechischer Heilkunde », *Gesnerus* 23, p. 213-229.

MICKEY, Katherine (1981), « Dialecte consciousness and literary language : an example from Ancient Greek », *Transaction from the Philological Society* 79/1, p. 35-66.

– (1982), *Studies in the Greek Dialects and the Language of Greek Verse Inscriptions*, Oxford (thèse de doctorat non publiée).

MINON, Sophie (2007), « La communication interdialectale au milieu du Ve siècle. Argien et Crétois dans les deux règlements argiens des relations entre Cnossos et Tylissos », *in* M. B. HATZOPOULOS (éd.), *Φωνῆς Χαρακτήρ Ἐθνικός. Actes du Ve Congrès International de dialectologie grecque (Athènes, 28-30 Septembre 2006)*, Athènes-Paris, Centre de recherches de l'Antiquité grecque et romaine-de Boccard, p. 169-210.

– (2018), « Dialectalisation et pseudépigraphie philosophique : la dorisation de la *koinè* littéraire comme marque d'École dans les fragments transmis par Stobée du Traité pseudo-archytéen Περὶ νόμου καὶ δικαιοσύνης », *Revue des Études Grecques* 131, p. 1-47.

MORPURGO DAVIES, Anna (2002), « The Greek Notion of Dialect », *in* Th. HARRISON Thomas (ed.), *Greeks and Barbarians*, Edinburgh, Edinburgh University Press, p. 153-171 (= *Verbum* 10, 1987, p. 7-28)

MOST, Glenn W. (1987), « Alcman's "Cosmogonic" Fragment (Fr. 5 Page, 81 Calame) », *Classical Quarterly* 37, p. 1-19.

– (2011), « What Ancient Quarrel between Philosophy and Poetry ? », *in* P. DESTRÉE, F.-G. HERRMANN (eds.), *Plato and the Poets*, Leiden-Boston, Brill, p. 1-20.

MOURELATOS, Alexander P. D. (2008), *The Route of Parmenides : revised and expanded edition with a new introduction, three supplemental essays, and an essay by Gregory Vlastos*, Las Vegas, Parmenides Pub. (1re éd. 1970).

MUGLER, Charles (1958), « Alcméon et les cycles physiologiques de Platon », *Revue des études Grecques* 71, p. 42-50.

MÜLLER, Karl (1848-1870), *Fragmenta historicum Graecorum*, 5 vol., Paris, Firmin Didot.

NAFISSI, Massimo (1999), « From Sparta to Taras : *Nomima*, *Ktiseis*, and Relationships between Colony and Mother City », *in* St. HODKINSON, A. POWELL (eds.), *Sparta : New Perspectives*, London, Duckworth-Classical Press of Wales, p. 245-272

– (2009), « Sparta », *in* K. A. RAAFLAUB, H. VAN WEES (ed.), *A Companion to Archaic Greece*, Malden (Mass.)-Oxford-Chichester, Wiley-Blackwell, p. 117-137.

NAGY, Gregory (1990a), *Greek mythology and poetics*, Ithaca-London, Cornell University Press.

– (1990b), « Thunder and the Birth of Humankind », *in* NAGY 1990a, p. 181-201 (chap. 7).

– (1990c), « Mythical Foundations of Greek Society and the Concept of the City-State », *in* NAGY 1990a p. 276-293 (chap. 12).

NAUCK, August (1886, 2e éd.), *Porphyrii philosophi Platonici opuscula selecta*, Leipzig, Teubner (réimpression Hildesheim, Olms, 1963).

NETZ, Reviel (2014), « The problem of Pythagorean mathematics », *in* C. HUFFMAN (ed.), *A history of Pythagoreanism*, Cambridge, Cambridge University Press, p. 167-184.

NEUBECKER, Annemarie Jeanette (1990), « Altgriechische Musik 1958-1986 », *Lustrum* 32, p. 99-176 et 293-296.

NICHOLSON, Nigel (2016), *The Poetics of Victory in the Greek West : Epinician, Oral Tradition, and the Deinomenid Empire. Greeks overseas*, Oxford-New York, Oxford University Press.

NØJGAARD, Morten (1964), *La fable antique. Tome premier : La fable grecque avant Phèdre*, København, Arnold Busck.

NUTTON, Vivian (1988), *From Democedes to Harvey. Studies in the history of medicine*, London, Variorum Reprints.

ORNAGHI, Massimiliano (2018), « Alcman et les Κολυμβῶσαι : un plongeon métaphorique ? », *in* DESCLOS 2017, p. 143-173.

OSTWALD, Martin, (1969), *Nomos and the Beginnings of the Athenian Democracy*, Oxford, Clarendon Press.

PAGE, Denys Lionel (1967), *Poetae Melici Graeci*, Oxford, Clarendon Press (2e éd. revue et corrigée ; 1re éd., 1962).

PALÙ, Chiara (2005), « L'écriture et les Présocratiques : analyse de l'interprétation de Eric Havelock », *RPhA* 23(2), p. 75-92.

PANEGYRESA, Konstantine P. (2016), « The ancient Greek discovery of the nervous system : Alcmaeon, Praxagoras and Herophilus », *Journal of Clinical Neuroscience* 29, p. 21-24.

PAZZINI, Adalberto (1970), « Alcmeone da Crotone e il suo magistero », *Pagine di Storia della Medicina* 20(1), p. 15-27.

PELOSI, Francesco (2016), « Music for Life : Embryology, Cookery and *Harmonia* in the Hippocratic *On Regimen* », *Greek and Roman Musical Studies* 4(2), p. 191-208.

PÉRILLIÉ, Jean-Louis (2015), « *Symmetria* du Canon de Polyctète et Pythagorisme », *La Règle d'Abraham* 37, p. 51-123.

POCCETTI, Paolo (2017), « La morphologie des anthroponymes grecs en contexte de contact : Grande Grèce et Sicile », *SAGA*, p. 163-199.

PRATO, Carlo (1968), *Tyrtaeus, Fragmenta edidit, Veterum testimonia collegit = Tyrteo*, introduzione, testo critico, testimonianze e commento, Roma, Edizioni dell'Ateneo.

PRIMAVESI, Olivier (2012), « Aristotle, *Metaphysics A* : A New Critical Edition with Introduction », *in* C. STEEL (ed.), *Aristotle's* Metaphysics Alpha, Oxford, Oxford University Press, p. 385-516.

PROVENZA, Antonietta (2014), « Pitagora e le Muse. Per una lettura di Timeo, F 131 *FGrHist* », *in* BELLIA 2014a, p. 79-85.

– (2015), « Correcting ēthos and Purifying the Body », *Greek and Roman Musical Studies* 3, p. 94-115.

PUECH, Aimé (1922), *Pindare. Pythiques*, Paris, Les Belles Lettres.

QUANDT, Wilhelm (1962), *Orphei hymni*, Berlin, Weidmann (3e éd. ; 1re éd. 1955)

RAAFLAUB, Kurt Arnold (1990), « Contemporary Perceptions of Democracy in Fifth-Century Athens », *in* W. R. CONNOR *et al.* (eds.), *Aspects of Athenian Democracy*, København, Museum Tusculanum Press, p. 33-70

– (2004), *The Discovery of Freedom in Ancient Greece*, Chicago, The University of Chicago Press.

RACE, William H. (1982), *The Classical Priamel from Homer to Boethius*, Leiden, Brill.

RAEDER, Johann (1933), *Oribasii Collectionum medicarum reliquiae, Vol. 2. 2 : Libri XLIX-L, Libri certi, Eclogae medicamentorum, Index*, Leipzig-Berlin, Teubner.

RANGOS, Spyridon (2003), « Alcman's Cosmogony Revisited », *Classica et mediaevalia : revue danoise de philologie et d'histoire* n° 54, p. 81-112.

RASHED, Marwan (2008), « De qui la clepsydre est-elle le nom ? Une interprétation du fragment 100 d'Empédocle », *Revue des études Grecques* 121, p. 443-468.

REIBAUD, Laetitia (2012), *Xénophane de Colophon. Œuvre poétique*, Paris, Les Belles Lettres.

RESTANI, Donatella (2016), « Embryology as a Paradigm for Boethius' *musica humana* », *Greek and Roman Musical Studies* 4(2), p. 161-190.

RICHER, Nicolas (2012), *La religion des Spartiates. Croyances et cultes dans l'Antiquité*, Paris, Les Belles Lettres.

RIEDWEG, Christoph (2005), *Pythagoras : His Life, Teaching, and Influence*, Ithaca-London, Cornell University Press.

ROMILLY, Jacqueline de (1953), *Thucydide. La Guerre du Péloponnèse. Tome I : Introduction - Livre I*, Paris, Les Belles Lettres.

RUIJGH, Cornelis J. (1987a), « À propos de ϝισϝο- (*wi-so-wo-*), ἐϝισυ- (*e-wi-su-*) et hom. ἐ(ϝ)εισάμενος », *in* J. KILLEN, J. MELENA, J.-P. OLIVIER (eds.), *Studies in Mycenaean and Classical Greek presented to John Chadwick* (Minos 20-21), Salamanca, Universidad de Salamanca, p. 533-544.

– (1987b), « Μακρὰ τελεία et μακρὰ ἄλογος (Denys d'Halicarnasse, *De la composition des mots*, chap. 17 et 20). Le prolongement de la durée d'une syllabe finale dans le rythme du mot grec », *Mnemosyne* 40, p. 313-352.

– (1989), « Les anapestes de marche dans la versification grecque et le rythme du mot grec », *Mnemosyne* 42, p. 308-330.

RUNIA, David T. (1999), « The *Placita* ascribed to doctor's in Aëtius' Doxography on Physics », *in* Ph. J. VAN DER EIJK (ed.), *Ancient Histories of Medicine. Essays in Medical Doxography and Historiography in Classical Antiquity*, Leiden-Boston-Köln, Brill, 1999, p. 189-250.

SAGA = ALONSO DÉNIZ, Alcorac, DUBOIS, Laurent, LE FEUVRE, Claire, MINON, Sophie (éd.), *La suffixation des anthroponymes grecs antiques (Actes du colloque international de Lyon, 17-19 septembre 2015, Université Jean-Moulin–Lyon 3)*, Genève, Droz, 2017

SALAPATA, Gina (2014), *Heroic Offerings : The Terracotta Plaques from the Spartan Sanctuary of Agamemnon and Kassandra*, Ann Arbor, University of Michigan Press.

SAMAMA, Évelyne (2017), *La médecine de guerre en Grèce ancienne*, Turnhout, Brepols Publishers.

SANDISON, Andrew Tawse (1959), « The first recorded case of inflammatory mastitis. Queen Atossa of Persia and the physician Democedes », *Medical History* 3, p. 317-322.

SANTAMARÍA ÁLVAREZ, Marco Antonio (2016), « Theseus' and Pirithous' Catabasis *in* P. Ibscher col. I (Hes. fr. 280 Merkelbach-West = *Mynias* fr. 7 Bernabé) », *The Journal of Juristic Papyrology* 28 (Proceedings of the 27th International Congress of Papyrology, Warsaw, 29 July – 3 August 2013), p. 37-51.

SARTORI, Franco (1953), *Problemi di storia costituzionale italiota*, Roma, "L'Erma" di Bretschneider.

SASSI, Maria Michela (2005), « Poesie und Kosmogonie : der Fall Alkman », *in* G. RECHENAUER (ed.), *Frühgriechisches Denken*, Göttingen, Vandenhoeck und Ruprecht, p. 63-80.

– (2007), « Ordre cosmique et "*isonomia*" : en repensant *Les Origines de la pensée grecque* de Jean-Pierre Vernant », *Philosophie antique* 7, p. 189-218.

– (2011), « Senofane fra i Sofisti. Dai limiti della conoscenza (21 B 34 DK) al paradosso eristico (Plat. *Men.* 80 d 5-e 5) », *Méthexis* 24, p. 7-20.

– (2013), « Where Epistemology and Religion Meet. What do(es) the god(s) look like ? », *Rhizomata* 1(2), p. 283-307.

– (2015), « Parmenides and Empedocles on *Krasis* and Knowledge », *Apeiron* October 2015, p. 1-19. En ligne : DOI : 10.1515/apeiron-2015-0005.

SAUTEL, Jacques-Hubert (2016), *Denys d'Halicarnasse. Antiquités romaines, Tome VI, Livre VI*, Paris, Les Belles Lettres.

SCHICK, Carla (1955), « Studi sui primordi della prosa greca », *Archivio Glottologico Italiano* 40, p. 89-135.

SCHMID, Siegfried (1950), *-Εος und -ειος bei den griechischen Stoffadjektiven*, Frauenfeld, Huber & Co.

SCHNAPP-GOURBEILLON, Annie (1981), *Lions, héros, masques. Les représentations de l'animal chez Homère*, Paris, Maspero.

SCHUBERT, Charlotte (1997), « Menschenbild und Normwandel in der klassischen Zeit », *in* H. FLASHAR, J. JOUANNA (éd.), *Médecine et Morale dans l'Antiquité. Dix exposés suivis de discussions* (Vandoeuvres-Genève, 19-23 août 1996), Vandœuvres-Genève, Fondation Hardt, p. 121-155.

SGO = MERKELBACH, Reinhold, STAUBER, Josef (1998-2004), *Steinepigramme aus dem griechischen Osten*, 5 vols., Leipzig-Munich, Teubner-Saur.

SHEPHERD, Gillian (2015), « The Emergence of Elites in Archaic Sicily », *in* FISHER, VAN WEES 2015, p. 349-379.

SILVA PEREIRA, Pedro Adriano Galvão Teles da (1984), *Pa. Oxy. 2390 : The Cosmogony. The text of the Commentary on « Alcman's Cosmogony » and some related lexical Research*, Lisboa, Instituto Nacional de Investigação Científica.

SKIMINA, Stanislaw (1937), *État actuel des études sur le rythme de la prose grecque*, Cracow, Imprimerie de l'Université, 1937.

SLATKIN, Laura M. (2011), *The Power of Thetis and Selected Essays*, Washington DC, Center for Hellenic Studies, trustees for Harvard University (1re éd. de *The Power of Thetis*, 1992).

– (2011a), « The Power of Thetis : Allusions and Interpretation in the *Iliad* », *in* SLATKIN 2011, p. 19-95.

– (2011b), « Les Amis Mortels », *in* SLATKIN 2011, p. 120-138.

SNELL, Bruno (1953), *The Discovery of the Mind : The Greek Origins of European Thought*, Cambridge, Harvard University Press (traduction par Th. G. Rosenmeyer de *Die Entdeckung des Geistes. Studien zur Entstehung des europäischen Denkens bei den Griechen*, Hambourg, 1948, 2e éd.).

STÄHLIN, Otto, FRÜCHTEL, Ludwig, TREU, Ursula (1905-1936), *Clemens Alexandrinus.* Band 1, *Protrepticus und Paedagogus* ; Band 2, *Stromata Buch I-VI*, (3e édition, 1960) ; Band 3, *Stromata Buch VII und VIII, Excerpta ex Theodoto, Eclogae propheticae, Quis dives salvetur, Fragmente*, (2e édition, 1970) ; Band 4, *Register*, Leipzig, J. C. Hinrich (rééditions, Berlin, Akademie Verlag).

STEINRÜCK, Martin (2007), *À quoi sert la métrique ? Interprétation littéraire et analyse des formes métriques grecques : une introduction*, Grenoble, Jérôme Millon

STELLA, Luigia Achillea (1939), « Importanza di Alcmeone nella storia del pensiero greco », *Memorie della Reale Accademia Nazionnale dei Lincei* VI, 8(4), p. 233-287.

Stibbe, Conrad M. (1975), « Sparta und Tarent », *Mededelingen van het Nederlands Instituut te Rome* 37, p. 27-46.

Svenbro, Jesper (2004), « Façons grecques de dire "citer" », *in* Darbo-Peschanski 2004, p. 265-279.

Taylor, Rabun (2014), « The Cult of Sirens and Greek Colonial Identity in Southern Italy », *in* B. Alroth, Ch. Scheffer (eds.), *Attitudes towards the Past in Antiquity. Creating Identities (Proceedings of an International Conference held at Stockholm University, 15-17 May 2009)*, Stockholm, Stockholm University-Arja Karivieri Editor, p. 183-189.

Thesleff, Holger (1961), *An Introduction to the Pythagorean Writings of the Hellenistic Period*, Åbo, Åbo Akademi.

Thivel, Antoine (1979), « L'astronomie d'Alcméon », in *L'astronomie dans l'antiquité classique. Actes du colloque tenu à l'Université de Toulouse-le-Mirail les 21-23 octobre 1977*, Paris, Les Belles Lettres, 1979, p. 57-70.

Thomas, Rosalind (1992), *Literacy and Orality in Ancient Greece*, Cambridge-New York, Cambridge University Press.

– (2003), « Prose performance texts : Epideixis and Written Publication in the late 5th. and early 4th.c. », *in* H. E. Yunis (ed.), *Written Texts and the Rise of Literate Culture in Ancient Greece*, Cambridge, Cambridge University Press, p. 162-168.

Timpanaro Cardini, Maria (1938), « Originalità di Alcmeone », *Atene e Roma* 40(3/6), p. 233-244.

– (1940), « Anima, vita e morte in Alcmeone », *Atene e Roma* 42(3/8), p. 213-224.

– (1958), *Pitagorici. Testimonianze e frammenti*, vol. I : *Pitagora, Cercope, Petrone, Brotino, Ippaso, Callifonte e Democede, Parmenisco, Alcmeone, Icco, Parone, Aminia, Menestore, Xuto*, Firenze, La Nuova Italia.

Topitsch, Ernst (1965), « Mythische Modelle in der Erkenntnislehre », *Studium Generale* 18, p. 400-418.

TrGF = Kannicht, Richard, Radt, Stefan, Snell, Bruno (1977-2004), *Tragicorum Graecorum Fragmenta*, 6 vol., Göttingen, Vandenhoeck & Ruprecht (vol. 1 : Tragici minores [Snell, 1986] ; vol. 2 : Fragmenta adespota [Kannicht-Snell, 1981] ; vol. 3 : Aeschylus [Radt, 1985] ; vol. 4 : Sophocles [Radt, 2e éd., 1999] ; vol. 5-6 : Euripides [Kannicht, 2004])

van Dijk, Gert-Jan (1997), *ΑΙΝΟΙ, ΛΟΓΟΙ, ΜΥΘΟΙ : Fables in Archaic, Classical, and Hellenistic Greek Literature. With a Study of the Theory and Terminology oft he Genre*, Leiden-New York-Köln, Brill.

Vegetti, Mario (1965), *Opere di Ippocrate*, Torino, Unione tipografico-Editrice torinese.

Vernant, Jean-Pierre (1962), *Les Origines de la pensée grecque*, Paris, Presses Universitaires de France.

Viredaz, Rémy (2016), ἄνθρωπος, *CEG* 15, 2016 (*RPh* 89/2, 2015), p. 120-121.

Vlastos, Gregory (1946), « Solonian Justice », *Classical Philology* 41, p. 65-83.

– (1953), « *Isonomia* », *American Journal of Philology* 74, p. 337-366.

– (1973), *Platonic Studies*, Princeton, Princeton University Press, p. 164-203 (= « *Isonomia politikē* », *in* J. MAU, E. G. SCHMIDT (eds.), *Isonomia : Studien zur Gleichheitsvorstellung im griechischen Denken*, Berlin, Akademie Verlag, 1964, p. 1-35).

WACHSMUTH, Kurt, HENSE, Otto (1884-1912), *Ioannis Stobaei Anthologium. Volumen Quintum, Anthologii Libri Quarti. Partem Alteram : Libri duo Priores qui inscribi solent Eclogae Physicae et Ethicae* (1909), Berlin, Weidmann (réimpression, Dublin-Zürich, Weidmann, 1974).

WACHTLER, Johannes, (1896), *De Alcmaeone Crotoniata*, Leipzig, Teubner.

WALKER, Jeffrey (2000), *Rhetoric and Poetics in Antiquity*, Oxford, Oxford University Press.

WALZ, Christian (1832-1836), *Rhetores Graeci ex codicibus Florentinis, Mediolanensibus, Monacensibus, Neapolitanis, Parisiensibus, Romanis, Venetis, Taurinensibus et Vindobonensibus*, 9 vols., Stuttgart-Tübingen, J. G. Cotta (réimpressions Osnabrück, Zeller, 1968 ; Charleston, BiblioBazaar, 2010).

WAUGH, Nicki (2012), « Contextual Iconography : The Horses of Artemi Orthia », *in* V. COLTMAN (ed.), *Making Sense of Greek Art*, Exeter, University of Exeter Press, p. 1-16.

WEHRLI, Fritz von (1967), *Aristoxenos*, Basel-Stuttgart, Schwabe & Co.

WELLMANN, Max (1929), « Alkmaion von Kroton », *Archeion* 11(2-3), p. 156-168.

WEST, Martin Litchfield (1967), « Alcman and Pythagoras », *CQ* 17, p. 1-15.

– (1974), *Studies in Greek Elegy and Iambus*, Berlin-New York, W. de Gruyter.

– (1982), *Greek Metre*, Oxford, Clarendon Press.

–(1983), *The Orphic Poems*, Oxford, Clarendon Press.

– (1989-1992), *Iambi et Elegi Graeci ante Alexandrum cantati. Editio altera aucta atque emendata*, Oxford, Oxford University Press, 2 vols. (1re éd., 2 vols., 1971-1972).

WESTERINK, Leendert Gerrit (1948), *Michael Psellus* De omnifaria doctrina. *Critical text and introduction*, Nijmegen, Centrale drukkerji.

WILBERDING, James (2015), « Plato's Embryology », *Early Science and Medicine* 20(2), p. 150-168.

WIMMER, Friedrich (1862), *Theophrasti Eresii Opera quae supersunt omnia*, Vol. III : *Fragmenta continens. Accessit Prisciani Lydi metaphrasis in Theophrasti libros de Sensu et de Phantasia*, Leipzig, Teubner.

WROBEL, Johann (1876), *Platonis Timaeus interprete Chalcidio, cum eiusdem commentario*, Leipzig, Teubner.

ZAFIROPOULOS, Christos A. (2015), *Socrates and Aesop. A Comparative Study of the Introduction of Plato's Phaedo*, Sankt Augustin, Academia Verlag.

ZHMUD, Leonid (2012), *Pythagoras and the Early Pythagoreans*, Oxford, Oxford University Press.

ZOUMPOS, Anastasius Nikolaus (1963-1964), « Εἰς Ἀλκμαίονα », *Ziva Antika* 13, p. 75-76.

Alcméon de Crotone

FRAGMENTS

Remarque préliminaire

Le résultat des analyses précédemment menées conduit le plus naturellement à proposer une nouvelle édition des fragments d'Alcméon qui mette clairement en évidence la cohérence de leur facture rythmique. Étant seules concernées les citations qu'on peut légitimement considérer *verbatim*, cette édition se doit de distinguer ces dernières des autres fragments qui lui sont attribuables. Bien que « *ce dont* le témoignage est témoignage – quand il est un témoignage sur l'œuvre – n[e soit] derechef qu'un fragment » du point de vue du contenu, il convient donc ici, non pas de préférer l'entrelacs des sections A et B de l'édition Diels-Kranz, qui traditionnellement s'y succèdent [1], mais au contraire d'ajouter au sein de la section B une distinction supplémentaire entre, d'un côté les fragments rythmiques aisément détachables de leur contexte (notés **F**), de l'autre les fragments paraphrastiques qui sont si étroitement insérés dans le discours de l'auteur-source qu'ils n'en sont pas syntaxiquement isolables (notés **Fp**).

Des témoignages, ou « fragments-témoins », qui ne sont pas concernés par l'hypothèse de relecture rythmique ici *proposée*, le présent ouvrage ne prétend pas donner une édition nouvelle. Toutefois, afin d'offrir une vision cohérente de l'œuvre alcméonienne, il ne pouvait être question de désolidariser les fragments de forme métrique du riche ensemble qui nous est parvenu et qui nous permet de mesurer l'étendue *polymathique* du savoir bio-physiologique d'Alcméon. Pour cette raison, on trouvera le

1. Pour cette remarque et pour la citation, voir Laks 1997, p. 239, qui juge cet entrelacs possible « quand la documentation est riche et qu'elle provient d'une œuvre unique ». La sous-section D de la nouvelle édition de référence des premiers penseurs grecs, que celui-ci a coproduite avec G. W. Most (Laks, Most 2016), réunissant un vaste et riche ensemble de textes, en est la plus parfaite illustration. Remarquons, avec ces deux éditeurs eux-mêmes (*ibid.*, p. 9), que ce choix de l'entrelacs a pour contrepartie de conduire à « découper les textes de nos sources secondaires » d'une manière qui, pour légitime qu'elle soit, en sacrifie nécessairement la logique interne.

texte de ces fragments-témoins (notés **T**) à la suite des sections **F** et **Fp**, également accompagné d'une nouvelle traduction. À quelques corrections près – presque toujours dans le sens d'un retour aux manuscrits – ils sont reproduits d'après l'édition Diels-Kranz (1951-1952) revue à l'aune de la dernière édition Laks-Most (2016). De la première, ils conservent la forme des témoignages et leur ordre de succession. La seule différence, guidée par un souci de clarté, réside dans la présentation distincte des différents passages qui sont parfois rassemblés, dans l'édition Diels-Kranz, sous une seule et même entrée. Ainsi, par exemple, au fr. 24 A 2 DK correspondent ici les fr. **T2a**, **T2b** et **T2c**.

FRAGMENTS RYTHMIQUES [F]

F1[1]
[24 B 1 DK ; 23 D 4 LM]

F1, 1-4 : Diogène Laërce, *Vies des philosophes* VIII, 83 (*cf.* Dorandi 2009)

Manuscrits (cf. *sigla* Dorandi 2009, p. 60) : B = *Neapolitanus* III B 29 (XIIe siècle) ; P = *Parisinus graecus* 1759 (XIe-XIIe siècle) ; F = *Laurentianus graecus* 69, 13 (XIIIe siècle) ; Q = *Parisinus graecus* 1758 (XIVe siècle) ; Φ = *Vaticanus graecus* 96 ff. 29v-88r (XIIe siècle) ; Φh = *Vaticanus graecus* 96 ff. 19r-29v (XIIe siècle) ; Vi = *Vindobonensis, phil. gr.* 314, ff. 27r-29v (925) ; Z = *Raudnitzianus Lobkowicensis* VI Fc 38 (XVe siècle).

F1, 5 : *Scholia vetera in Pindari Isthmionicas*, I, 56 (Drachmann 1903-1927, vol. 3, p. 205-206 = Alcman, fr. 63 Bergk ; 125 Page ; 293 Calame)

Principaux manuscrits (cf. *sigla* Drachmann 1903-1927, vol. 3, p. XXV-XXVI) : A = *Ambrosianus graecus* 886, C 222 inf. (2e moitié XIIe siècle) ; B = *Vaticanus graecus* 1332 (XIIIe siècle) ; C = *Parisinius graecus* 2774 (XIVe siècle) ; D = *Laurentianus graecus* 32, 52 (XIIIe siècle).

Manuscrits secondaires : E = *Laurentianus graecus* 32, 37 (XIIIe-XIVe siècle) ; F = *Laurentianus graecus* 32, 33 (XIIIe siècle) ; G = *Gottingensis philol.* 29 (XIIIe siècle) ; H = *Vaticanus graecus* 41 (XIVe siècle) ; K = *Vaticanus graecus* 42 (XIVe siècle) ; L = *Vaticanus graecus* 902 (XIVe siècle) ; M = *Perusinus* B 43 (XIIIe-XIVe siècle) ; N = *Ambrosianus* E 103 sup. (fin XIIIe siècle) ; O = *Leidensis* Q 4 (1300) ; P = *Parisinus graecus* 2403 (fin XIIIe siècle) ; Q = *Laurentianus graecus* 32, 35 (XIVe siècle) ; R = *Vaticanus Urbinas* 144 (XIIIe-XIVe siècle) ; T = *Vaticanus graecus* 121 (XIVe-XVe siècle) ; U = *Vindobonensis* 130 (XIIIe siècle) ; Y = *Marcianus graecus* 475 (milieu du XVe siècle).

1. NB : Prétendant reconnaître un témoignage d'Alcméon (= *Locuton*) dans le *Sermo* 7 du *Turba philosophorum*, traduction latine d'un traité d'alchimie médiévale arabe, A. Lebedev (2017, p. 230-232) a proposé une autre reconstruction conjecturale de ce qu'il appelle « the epistemological proem of Alcmaeon's book » à partir du fr. 24 B 1 DK et du fr. 24 A 3 DK augmenté des informations glanées dans le traité médiéval.

Ἀλκμαίων Κροτωνιήτης τάδε ἔλεξε Πειρίθου υἱὸς Βροτίνῳ καὶ Λέοντι καὶ Βαθύλλῳ·

περὶ τῶν ἀφανέων | περὶ τῶν θνητῶν
σαφήνε̆ιαν μὲν / θεοὶ ἔχοντι,
ὡς δὲ ἀνθρώποις | τεκμαίρεσθαι·
<πεῖρά τοι / μαθήσιος ἀρχά>

∪∪ – ∪∪ | ∪∪ – – – ||
∪ – ∪ – – / – ∪ – ∪ ||
– – – – | – – – – ||
– ∪ – / ∪ (/) – ∪ – – ||

1. βροτίνω BP : βροντίνω F || Βαθύλλῳ BP : φαθύλλω F || 1-3. βαθύλλῳ· περὶ τῶν ἀφανέων περὶ τῶν θνητῶν BPF, Gemelli Marciano : βαθύλλῳ· περὶ τῶν ἀφανέων, περὶ τῶν θνητῶν Diels (D.-K.) | βαθύλλῳ περὶ τῶν ἀφανέων· περὶ τῶν θνητῶν Gomperz, Dorandi, L.-M., Kouloumentas (« Alcmaeon and his addressees », Centre Léon Robin – UMR 8061, Paris, 20/06/2015) | περὶ τῶν θνητῶν secl. Cobet | {περὶ τῶν ἀφανέων} περὶ τῶν ἀθηήτων Wachtler post Bernays (ἀθεήτων) || 2. θνητῶν codd. : θήιων Lebedev 2107, p. 227) || 4. ἀνθρώποις codd. : ἀνθρωπίνοις Lebedev 2107, p. 227) || 5. πεῖρά plerique codd., Bergk, Calame : πῆρά Page || μαθήσιος ἀρχά plerique codd. Bergk, Page, Calame : μαθήσι' ἀρχά D.

Voici les paroles qu'Alcméon de Crotone, fils de Peirithous, à Brotinos, Léôn et Bathyllos, a adressées :

Sur les choses invisibles, sur lesquelles – étant mortelles –
les dieux gardent la certitude,
à nous les hommes de conjecturer !
<L'expérience est bien de la connaissance le début.>

F2
[24 A 1, 2-3 DK ; 23 D 3 LM]
cf. 24 A 3, 8 DK

Diogène Laërce, *Vies des philosophes* VIII, 83 (cf. Dorandi 2009)

Manuscrits (cf. *sigla* Dorandi 2009, p. 60) : B = *Neapolitanus* III B 29 (XIIe siècle) ; P = *Parisinus graecus* 1759 (XIe-XIIe siècle) ; F = *Laurentianus graecus* 69, 13 (XIIIe siècle) ; Q = *Parisinus graecus* 1758 (XIVe siècle) ; Φ = *Vaticanus graecus* 96 ff. 29v-88r (XIIe siècle) ; Φh = *Vaticanus graecus* 96 ff. 19r-29v (XIIe siècle) ; Vi = *Vindobonensis, phil. gr.* 314, ff. 27r-29v (925) ; Z = *Raudnitzianus Lobkowicensis* VI Fc 38 (XVe siècle).

δύο τὰ πολλά / ἐστι (/) τῶν ἀνθρωπίνων
∪∪∪ – ∪ / – ∪ (/) – – – ∪ – ||

Cf. Aristote, *Métaphysique* A 5 986a 31 (24 A 3 DK) : φησὶ γὰρ εἶναι δύο τὰ πολλὰ τῶν ἀνθρωπίνων (...).

En deux se tiennent la plupart des choses humaines

F3
[24 B 5 DK ; 23 P 4]

Clément d'Alexandrie, *Stromates* VI, II, 16, 2-3 (Stählin, Früchtel, Treu 1905-1936, vol. 2, p. 435)

Manuscrits des *Stromates* : L = *Laurentianus graecus* 5, 3 (XIe siècle) ; Ath. = *codex Athous (Lawra B 113)* (XIe siècle) ;

Manuscrits de la *Prépartion évangélique* d'Eusèbe de Césarée : B : *Parisinus graecus* 465 (XIIIe siècle) ; I = *Venetus Marcianus graecus* 341 (XVe siècle) ; O = *Bononiensis* 3643 (XIIIe siècle)

(Ἀλκμαίωνος γὰρ τοῦ Κροτωνιάτου[1] λέγοντος)

ἐχθρὸν ἄνδρα / ῥᾶιον φυλάξασθαι (/) ἢ φίλον

– ᴗ – ᴗ / – – ᴗᴗ – – (/) – ᴗᴗ ||

1. κροτωνιάτου L[1] : κρωτωνιάτου L.

D'un homme hostile il est plus facile de se garder que d'un ami

FRAGMENTS PARAPHRASTIQUES [Fp]

Fp1
[24 A 1, 5 DK]
Cf. T1

Diogène Laërce, *Vies des philosophes* VIII, 83 (Dorandi 2009)

Manuscrits (cf. *sigla* Dorandi 2009, p. 60) : B = *Neapolitanus* III B 29 (XIIe siècle) ; P = *Parisinus graecus* 1759 (XIe-XIIe siècle) ; F = *Laurentianus graecus* 69, 13 (XIIIe siècle) ; Q = *Parisinus graecus* 1758 (XIVe siècle) ; Φ = *Vaticanus graecus* 96 ff. 29v-88r (XIIe siècle) ; Φh = *Vaticanus graecus* 96 ff. 19r-29v (XIIe siècle) ; Vi = *Vindobonensis, phil. gr.* 314, ff. 27r-29v (925) ; Z = *Raudnitzianus Lobkowicensis* VI Fc 38 (XVe siècle).

(καὶ)
τὴν σελήνην καθόλου[1] ταύτην ἔχειν ἀΐδιον φύσιν

1. καθόλου ταύτην codd. : καθόλου < … > ταύτην Dorandi | καθόλου <τε τὰ ὑπέρ> ταύτην Diels (D.-K.) | <καὶ ὅλον τὸν οὐρανὸν> καθόλου Zeller | καὶ τὴν σελήνην καὶ θόλον ταύτην Apelt.

(et il considère que)
ce que représente la lune dans sa globalité est d'éternelle nature

Fp2
[24 A 1, 7-8 DK ; 23 D 10 LM]
Cf. T1

Diogène Laërce, *Vies des philosophes* VIII, 83 (Dorandi 2009)

Manuscrits (cf. *sigla* Dorandi 2009, p. 60) : B = *Neapolitanus* III B 29 (XIIIe siècle) ; P = *Parisinus graecus* 1759 (XIe-XIIe siècle) ; F = *Laurentianus graecus* 69, 13 (XIIIe siècle) ;

Q = *Parisinus graecus* 1758 (XIVe siècle) ; Φ = *Vaticanus graecus* 96 ff. 29v-88r (XIIe siècle) ; Φh = *Vaticanus graecus* 96 ff. 19r-29v (XIIe siècle) ; Vi = *Vindobonensis, phil. gr.* 314, ff. 27r-29v (925) ; Z = *Raudnitzianus Lobkowicensis* VI Fc 38 (XVe siècle).

(ἔφη δὲ καὶ)
τὴν ψυχὴν ἀθάνατον, καὶ κινεῖσθαι αὐτὴν[1] συνεχὲς ὡς τὸν ἥλιον

1. αὐτὴν om. F | συνεχὲς BP : συνεχῶς F.

(Il dit aussi que)
l'âme est immortelle et (que) celle-ci se meut continûment comme le soleil

Fp3
[24 B 1a DK ; 23 D 11]
Cf. T5 [24 A 5 DK]

Théophraste, *De Sensu et Sensibilibus*, § 25 (Diels 1879, p. 506-507) = fr. 1 (Wimmer 1862)
Manuscrits : P = *Parisinus graecus* 1921 (XIVe siècle), avec les apports du *Parisinus graecus* 2073 (1545) et du *Venetus Marcianus graecus* 263 (XVe siècle) ; F = *Laurentianus graecus* 87, 20 (XIVe siècle)

ἄνθρωπον γάρ φησι τῶν ἄλλων διαφέρειν ὅτι μόνον[1] ξυνίησι, τὰ δ' ἄλλα αἰσθάνεται μέν, οὐ ξυνίησι δέ.

1. μόνον codd., D.-K. : μόνος corr. Zeller, Diels, L.-M..

Il dit en effet que l'homme diffère des autres animaux en ce qu'il établit des liens entre les choses de façon unique, alors que les autres se contentent de percevoir, sans établir de connexions.

Fp4
[24 B 2 DK ; 23 D 31]

Aristote, *Problemata* 17, 3. 916a 33 (Bekker 1831, vol. 2 ; Mayhew 2011)
Principaux manuscrits : Ya = *Parisinus graecus* 2036 (Xe siècle) ; Ca = *Laurentianus graecus* 87, 4 (XIIIe siècle) ; Na = *Venetus Marcianus graecus* 215 (XVe siècle) ; Q = *Venetus*

Marcianus graecus 200 (XVe siècle) ; Ka = *Venetus Marcianus graecus* IV, 58 (XIIIe siècle) ; Oa = *Venetus Marcianus graecus* 216 (XVe siècle) ; Ap = *Parisinus suppl. graecus* 204 et *Parisinus graecus* 1865 (XVe siècle) ; Xa = *Vaticanus graecus* 1283 (XVe siècle)

τοὺς ἀνθρώπους φησὶν Ἀλκμαίων διὰ τοῦτο ἀπόλλυσθαι, ὅτι οὐ δύνανται τὴν ἀρχὴν τῶι τέλει προσάψαι.

Alcméon dit que les hommes meurent pour la raison qu'ils ne sont pas capables de faire s'abouter le début et la fin.

Fp5
[24 B 3 DK ; 23 D 24]

Aëtiana V.14.1 (Diels 1879, p. 424-425)
Sources principales :
– Ps.-Plutarque : *Placita Philosophorum* 907 B 1-4 (Mau 1971, p. 141)
Manuscrits : A = *Parisinus graecus* 1671 (a. 1296) ; E = *Parisinus graecus* 1672 (début XIVe siècle) ; F = *Parisinus graecus* 1957 (XI[e]siècle) ; M = *Mosquensis graecus* 501 (XII[e]siècle) ; 𝔐 = *Venetus Marcianus graecus* 521 (XIVe-XVe siècle) ; N = *Neapolitanus* 350 III E 28 + *Vaticanus graecus* 1676 (XVe siècle) ; α = *Ambrosianus* 859 (fin XIIIe siècle) ; β = *Vaticanus graecus* 1013 (XIVe siècle) ; γ = *Vaticanus graecus* 139 (fin XIIIe siècle) ; δ = *Vaticanus Reginensis gr.* 80 (XVe siècle) ; υ = Vaticanus Urbinas gr. 98 (XIVe siècle) ; Ω = tous ces manuscrits
– Ps.-Galien : *De historia philosophica* (§ 118, Diels 1879, p. 643)
Manuscrits : Ag = *Laurentianus graecus* 74, 3 (XIIe siècle) ; Bg = *Laurentianus graecus* 58, 2 (XVe siècle)

Ἀλκμαίων· τῶν ἡμιόνων τοὺς μὲν ἄρρενας ἀγόνους παρὰ τὴν λεπτότητα τῆς θορῆς[1], ὅ ἐστι σπέρματος[2] καὶ[3] ψυχρότητα· τὰς δὲ θηλείας παρὰ τὸ μὴ ἀναχάσκειν τὰς μήτρας, ὅ ἐστιν ἀναστομοῦσθαι[4]· οὕτω γὰρ αὐτὸς εἴρηκε.

1. τῆς θορῆς cett. codd. : τοῦ θοροῦ M || 2. ὅ ἐστι σπέρματος Ω, L.-M. : om. Ps.-Gal., del. Diels (D.-K.) || 3. καὶ Ps.-Gal., L.-M. : ἢ Diels (D.-K.), Mau || 4. ὅ ἐστιν ἀναστομοῦσθαι Ω, L.-M. : om. Gal., del. Diels (D.-K.).

Alcméon : chez les mules, les mâles sont stériles du fait de la finesse de l'émission – c'est-à-dire aussi de la froideur de la semence ; les femelles, du fait que la matrice ne s'entrebâille pas – c'est-à-dire qu'elle ne donne aucune ouverture. C'est ainsi, en effet, qu'il s'exprima lui-même.

Fp6
[24 B 4 DK ; 23 D 30]

Aëtiana V.30.1 (Runia 1999, p. 248 ; Diels 1879, p. 442-443)
Sources principales :
– Ps.-Plutarque : *Placita Philosophorum* 911 A 1-9 (Mau 1971, p. 152)
Manuscrits : A = *Parisinus graecus* 1671 (a. 1296) ; E = *Parisinus graecus* 1672 (début XIVe siècle) ; F = *Parisinus graecus* 1957 (XIe siècle) ; M = *Mosquensis graecus* 501 (XIIe siècle) ; 𝔐 = *Venetus Marcianus graecus* 521 (XIVe-XVe siècle) ; N = *Neapolitanus* 350 III E 28 + *Vaticanus graecus* 1676 (XVe siècle) ; α = *Ambrosianus* 859 (fin XIIIe siècle) ; β = *Vaticanus graecus* 1013 (XIVe siècle) ; γ = *Vaticanus graecus* 139 (fin XIIIe siècle) ; δ = *Vaticanus Reginensis gr.* 80 (XVe siècle) ; υ = Vaticanus Urbinas gr. 98 (XIVe siècle) ; Ω = tous ces manuscrits
– Stobée : *Anthologium* 4, 37 [Περὶ ὑγείας καὶ τῆς περὶ τὴν διαμονὴν αὐτῆς προνοίας], 2 + 4, 36 [Περὶ νόσου καὶ τῆς τῶν κατ᾽ αὐτὴν ἀνιαρῶν λυσέως], 29 (Wachsmuth, Hense 1884-1912, vol. 5)
Principaux manuscrits : D = *Laurentianus Pluteus* 8, 22 (XIVe siècle) ; F = *Farnesinus Neapoli. graecus* III D 15 (XIVe siècle) ; Cst = *Codex Sambuci (Canteriana)* (1575) ; P = *Parisinus graecus* 2129 (XVe siècle)

Autres sources :
– Ps.-Galien : *De historia philosophica* (§ 132-133, Diels 1879, p. 647-648)
– Michael Psellos, « Ἐπιλύσεις διαφόρων ἐρωτημάτων (*Élucidation de différentes questions*) », in *De Operatione Daemonum – Accedunt Inedita Opuscula* (Boissonade 1838, p. 63-69)
Cf. Michael Psellos, *De omnifaria doctrina* (§ 17 [Περὶ ὑγείας καὶ νόσου καὶ γήρως], Westerink 1948) : Ὑγείας αἴτιον συνεκτικὸν ἡ τῶν δυνάμεων ἰσονομία, θερμότητος, ψυχρότητος, ὑγρότητος, ξηρότητος· ὅταν δὲ τούτων ἓν καταδυναστεύσῃ τῶν ἄλλων, ἡ νόσος γίνεται.

Ἀλκμαίων· τῆς μὲν ὑγείας[1] εἶναι συνεκτικὴν ἰσονομίαν[2] τῶν δυνάμεων, ὑγροῦ θερμοῦ ξηροῦ ψυχροῦ πικροῦ γλυκέος[3] καὶ τῶν λοιπῶν· τὴν δ᾽ ἐν αὐτοῖς μοναρχίαν νόσου ποιητικήν· φθοροποιὸν γὰρ ἑκατέρου μοναρχία[4]. Καὶ νόσον συμπίπτειν[5] ὡς μὲν ὑφ᾽ οὗ[6] ὑπερβολῇ θερμότητος ἢ ψυχρότητος· ὡς δ᾽ ἐξ ἧς[7] διὰ πλῆθος τροφῆς[8] ἢ ἔνδειαν· ὡς δ᾽ ἐν οἷς[9] ἢ αἷμα ἢ μυελὸν[10] ἢ ἐγκέφαλον·[11] τὴν δὲ ὑγείαν τὴν σύμμετρον τῶν ποιῶν κρᾶσιν[12].

Le texte de D. T. Runia, ici suivi pour l'essentiel, repose principalement sur le témoignage du Ps.-Plutarque.

1. ὑγείας cett. codd. : ὑγιείας M || 2. ἰσονομίαν Ω : <τὴν> ἰσονομίαν Diels (D.-K.) e Psellos (*Ἐπιλύσεις*..., Boissonade 1838, p. 66 et 289), Runia, L.-M. || 3. ὑγροῦ... γλυκέος Ω : ὑγροῦ, ξηροῦ, ψυχροῦ, θερμοῦ, πικροῦ, γλυκέος Diels (D.-K.), L.-M. e Psellos (*ibidem*) || 4. μοναρχία Ω : μοναρχίαν Diels (D.-K.) e Psellos (*ibidem*) || 5. καὶ νόσον συμπίπτειν Diels (D.-K.) e Psellos (*ibidem*), Runia, L.-M. : λέγει δὲ τὰς νόσους συμπιμτειν

Stob. | καὶ νόσων αἰτία Ω || 6. ὑφ' οὗ Stob., Diels (D.-K.), L.-M. : ὑφ' ἔξω Ω | ὑφ' ἔξεως corr. Mau || 7. ὡς δ' ἐξ ἧς Ω : ὡς δ' ἐξ οὗ Stob. | ὡς δὲ ἐξ οὗ Diels (D.-K.) | ὡς δὲ ἕξις Psellos (*ibidem*) || 8. τροφῆς Stob., D.-K., L.-M. : Ω om. | οἷον Diels e Psellos (*ibidem*) || 9. ὡς δ' ἐν οἷς Diels (D.-K.), Mau, L.-M. : ὡς δ' ἐνίοις αβγΑΕ | ὡς δενοῖς Μ || 10. ἢ μυελὸν Stob., Diels (D.-K.), L.-M. : ἐνδέον Ω | ἔνδον Mau (Lachenaud) || 11. ἐγκέφαλον· Ω, Runia : ἐγκέφαλον· <ἐγγίνεσθαι δὲ τούτοις ποτὲ κἀκ τῶν ἔξωθεν αἰτιῶν, ὑδάτων ποιῶν ἢ χώρας ἢ κόπων ἢ ἀνάγκης ἢ τῶν τούτοις παραπλησίων> D.-K., L.-M. e Stob. γίνεσθαι ποτὲ καὶ ὑπὸ τῶν ἔξωθεν αἰτιῶν… παραπλησίων | ἐν γὰρ τούτοις ποτὲ καὶ τῶν ἔσωθεν ἔτι ὑδάτων, φυτῶν, ηἢ χώρας ηἢ τόπων ἀνάγκης, ἢ τῶν τούτοις παραπλησίων. Psellos (*ibidem*) || 12. τὴν δὲ ὑγείαν… κρᾶσιν Ω, Psellos (*ibidem*), D.-K., Runia, L.-M. : om. Stob.

Alcméon : le maintien de la santé réside dans le partage contrebalancé des puissances, l'humide, le chaud, le sec, le froid, l'amer, le doux, et le reste, tandis qu'une domination sans partage entre eux est le déclencheur de la maladie. Destructrice, en effet, est la domination souveraine de l'un ou l'autre des opposés. Aussi la maladie survient-elle, quant à la cause, par excès de chaleur ou de froideur ; quant à son origine, par abondance ou manque de nourriture ; quant à son siège, ou dans le sang, ou dans la moelle, ou dans le cerveau. La santé, de son côté, tient au mélange proportionné des qualités.

FRAGMENTS-TÉMOINS [T][1]

T1 (24 A 1 D.-K. ; 23 P 2, P3, D1a, D3, D4 L.-M.)
Diogène Laërce VIII, 83

Ἀλκμαίων Κροτωνιάτης[1]. καὶ οὗτος Πυθαγόρου διήκουσε. καὶ τὰ πλεῖστά γε [τὰ][2] ἰατρικὰ λέγει, ὅμως δὲ καὶ φυσιολογεῖ ἐνίοτε λέγων, [δύο… ἀνθρωπίνων (**F2**)]. δοκεῖ δὲ πρῶτος φυσικὸν λόγον συγγεγραφέναι, καθά φησι Φαβωρῖνος ἐν Παντοδαπῆι ἱστορίαι[3] [fr. 42 Mensching = 74 Barigazzi]. [καὶ τὴν σελήνην… φύσιν (**Fp1**)]. ἦν δὲ Πειρίθου υἱός, ὡς αὐτὸς ἐναρχόμενος τοῦ συγγράμματός φησιν[4] [Ἀλκμαίων ... τεκμαίρεσθαι (**F1**)] καὶ τὰ ἑξῆς· [ἔφη δὲ καὶ ... ἥλιον (**Fp2**)].

Ante 1 tit. ἀλκμαίων F : om. BP || 2. τὰ in P erasum, om. rec. || 3. ἐν παντοδαπῆ ἱστορίᾳ om. F || 4. ὡς ... φησὶ (sic) om. F[1], suppl. F2mg .

Alcméon de Crotone. Lui aussi a entendu prononcer les leçons de Pythagore. Il parle surtout de sujets médicaux, cependant, s'intéressant aussi au domaine naturel, il a dit : (**F2** ; *cf.* 24 A 3 DK). Il semble qu'il ait été le premier à composer un discours sur la nature, comme Favorinus le rapporte dans son *Histoire variée*, et considère que ce que représente la lune dans sa globalité est d'éternelle nature (**Fp1**).

1. NB : Pour l'identification d'un autre fragment dans le double témoignage d'Aristote sur le blanchiment des cheveux (*Génération des Animaux* E 5, 785 a 33 et *Histoire des Animaux* Γ 11, 518 a 9 : αἱ δὲ πλεῖσται εὐθὺς φύονται λευκαὶ τῶν πολιῶν. ᾗ καὶ δῆλον ὅτι οὐχ αὐότης ἐστιν ἡ πολιότης, ὥσπερ τινές φασιν· οὐδὲν γὰρ φύεται εὐθὺς αὖον, « Dans la plupart des cas, les cheveux grisonnants poussent blancs directement. D'où il est évident que le grisonnement n'est pas un dépérissement, comme le prétendent certains ; car rien ne pousse directement dépéri »), voir Lebedev 2017, p. 237-238. Sous le couvert d'un curieux argument métrique, celui-ci considère les deux mots αὐότης et πολιότης comme des « citations *verbatim* ».

Il était fils de Peirithous, comme il le dit lui-même au commencement de son ouvrage : (**F1** = 24 B 1 DK), etc. Il dit aussi que l'âme est immortelle et que celle-ci se meut continûment comme le soleil (**Fp2**).

T2a (24 A 2, 1-2 D.-K. ; 23 D 1b L.-M.)
Clément d'Alexandrie, *Stromates* I, 78

Ἀλκμαίων γοῦν Περίθου Κροτωνιάτης πρῶτος φυσικὸν λόγον συνέταξεν.

Alcméon de Crotone, fils de Perithous, a élaboré le premier un discours sur la nature.

T2b (24 A 2, 2-5 D.-K. ; 23 D 2 L.-M.)
Galien, *De Elementis ex Hippocrate* I, 9

Τὰ γὰρ τῶν παλαιῶν ἅπαντα Περὶ φύσεως ἐπιγέγραπται, τὰ Μελίσσου, τὰ Παρμενίδου, τὰ Ἐμπεδοκλέους Ἀλκμαίωνός τε καὶ Γοργίου καὶ Προδίκου καὶ τῶν ἄλλων ἁπάντων.

Car tous les écrits des Anciens ont pour titre « Sur la nature », ceux de Mélissos, de Parménide, d'Empédocle, comme aussi bien d'Alcméon, de Gorgias, de Prodicos et de tous les autres.

T2c (24 A 2, 5-10 D.-K.)
Isidore de Séville, *Etymologiae* I, 40, 1 (Lindsay)

Fabulas poetae a fando nominaverunt, quia non sunt res factae, sed tantummodo loquendo fictae. Quae ideo sunt inductae, ut ficto animalium mutorum inter se conloquio imago quaedam hominum vitae nosceretur. Has primus invenisse traditur Alcimon Crotoniensis, appellanturque Aesopicae, quod is apud Phrygas in hac re polluit.

Les poètes ont nommé les fables à partir de *fando* (l'ouï-dire), parce qu'elles ne correspondent pas à des faits réels, mais seulement à des inventions verbales. Celles-ci étaient mises en scène de telle sorte qu'on reconnaisse dans la conversation tenue entre des animaux fictifs, pourtant dénués de parole, une certaine image de la vie des hommes. On rapporte qu'Alcimon de Crotone fut le premier à les inventer et on les appelle Ésopiques parce qu'Ésope, chez les Phrygiens, se distingua particulièrement en la matière.

T3a (24 A 3, 1-13 D.-K. ; 23 P 1, D5, R1 L.-M.)
Aristote, *Métaphysique* A 5 986a 22

Ἕτεροι δὲ τῶν αὐτῶν τούτων τὰς ἀρχὰς δέκα λέγουσιν εἶναι τὰς κατὰ συστοιχίαν λεγομένας, πέρας καὶ ἄπειρον, περιττὸν καὶ ἄρτιον, ἓν καὶ πλῆθος, δεξιὸν καὶ ἀριστερόν, ἄρρεν καὶ θῆλυ, ἠρεμοῦν καὶ κινούμενον, εὐθὺ καὶ καμπύλον, φῶς καὶ σκότος, ἀγαθὸν καὶ κακόν, τετράγωνον καὶ ἑτερόμηκες. ὅνπερ τρόπον ἔοικε καὶ Ἀλκμαίων ὁ Κροτωνιάτης ὑπολαβεῖν, καὶ ἤτοι οὗτος παρ' ἐκείνων ἢ ἐκεῖνοι παρὰ τούτου παρέλαβον τὸν λόγον τοῦτον· καὶ γὰρ ἐγένετο τὴν ἡλικίαν Ἀλκμαίων ἐπὶ[1] γέροντι Πυθαγόραι, ἀπεφήνατο δὲ παραπλησίως τούτοις· φησὶ γὰρ εἶναι δύο τὰ πολλὰ τῶν ἀνθρωπίνων, λέγων τὰς ἐναντιότητας οὐχ ὥσπερ οὗτοι διωρισμένας ἀλλὰ τὰς τυχούσας, οἷον λευκὸν μέλαν, γλυκὺ πικρόν, ἀγαθὸν κακόν, μέγα μικρόν. Οὗτος μὲν οὖν ἀδιορίστως ἀπέρριψε περὶ τῶν λοιπῶν, οἱ δὲ Πυθαγόρειοι καὶ πόσαι καὶ τίνες αἱ ἐναντιώσεις ἀπεφήναντο. Παρὰ μὲν οὖν τούτων ἀμφοῖν τοσοῦτον ἔστι λαβεῖν, ὅτι τἀναντία ἀρχαὶ τῶν ὄντων.

1. ἐπὶ codd., L.-M. : <νέος> ἐπὶ D.-K. *Cf.* p. 101, n. 2.

D'autres, parmi ces mêmes philosophes (pythagoriciens), énoncent dix principes qu'ils apparient en série : limite et illimité, impair et pair, un et multiple, droite et gauche, mâle et femelle, ce qui repose et ce qui est mû, droit et courbe, lumière et obscurité, bon et mauvais, carré et rectangle. C'est précisément une conception de cette sorte que semble avoir accueilli Alcméon de Crotone, qu'il ait reçu un tel discours de ces derniers ou bien ceux-ci de lui, car, de fait, Alcméon atteignit la maturité quand Pythagore était âgé et s'est montré particulièrement proche de ses suiveurs. Il dit en effet que la plupart des choses humaines se tiennent par deux, en formulant les contrariétés non, comme ils le font, de manière prédéterminée, mais comme elles se présentent, telles que blanc / noir, doux / amer, bon / mauvais, grand / petit. Ainsi celui-ci se jeta-t-il de manière indéfinie sur tout le reste, quand les Pythagoriciens firent connaître le nombre et la nature de leurs contrariétés. De ces deux positions, il est au moins possible de retenir que les contraires sont le principe des êtres.

T3b (24 A 3, 14-16 D.-K. ; 1 T 6 L.-M.)
Isocrate, *Sur l'échange* [15], 268

(…) εἰς τοὺς λόγους τῶν παλαιῶν σοφιστῶν, ὧν ὁ μὲν ἄπειρον τὸ πλῆθος ἔφησεν εἶναι τῶν ὄντων, Ἐμπεδοκλῆς δὲ τέτταρα καὶ Νεῖκος καὶ Φιλίαν ἐν αὐτοῖς, Ἴων δ' οὐ πλείω τῶν τριῶν, Ἀλκμέων δὲ δύο μόνα (…)

(…) vers les discours des anciens savants, dont l'un a dit que la multitude des êtres était illimitée ; Empédocle, qu'ils sont quatre, avec en outre, parmi eux, Discorde et Amour ; Ion, qu'ils ne sont pas plus que trois ; Alcméon, seulement deux (…)

T4a (24 A 4, 1-2 D.-K. ; 23 D 6 L.-M.)
Aëtiana II.16.2.3 (Ps.-Plutarque, *cf.* Stobée [Diels 1879, p. 345])

(τῶν μαθηματικῶν τινες) τοὺς πλανήτας τοῖς ἀπλανέσιν ἀπὸ[1] δυσμῶν ἐπ' ἀνατολὰς ἀντιφέρεσθαι. Τούτωι δὲ συνομολογεῖ καὶ Ἀλκμαίων.

1. ἀπλανέσιν ἀπὸ Stob., D.-K., L.-M. : ἀπλανέσιν ἐναντίως, ἀπὸ γὰρ Plut.

(selon certains spécialistes) les planètes opposent aux astres fixes un mouvement partant du couchant vers le levant. Ce à quoi adhère également Alcméon.

T4b (24 A 4, 3 D.-K. ; 23 D 7 L.-M.)
Aëtiana II. 22.4 (Diels 1879, p. 352)

Ἀλκμαίων· πλατὺν εἶναι τὸν ἥλιον.

Alcméon : le soleil est plat.

T4c (24 A 3-5 D.-K. ; 23 D 8 L.-M.)
Aëtiana II.29.3 (Diels 1879, p. 359)

Ἀλκμαίων, Ἡράκλειτος [22 A 12 DK], Ἀντιφῶν [87 B 28 DK] κατὰ τὴν τοῦ σκαφοειδοῦς στροφὴν καὶ τὰς περικλίσεις (ἐκλείπειν τὴν σελήνην).

Selon Alcméon, Héraclite, Antiphon, (l'éclipse de la lune se produit) en vertu du mouvement de rotation propre à sa configuration en corbeille et en vertu de ses inclinaisons.

T5 (24 A 5 D.-K. ; 1 T 15, 23 D 11, D 12a, D 13a, D 15a, D 16, D 18, D 19a L.-M.)
Théophraste, *De Sensu et Sensibilibus*, § 25-26 (Diels 1879, p. 506-507)

Τῶν δὲ μὴ τῶι ὁμοίωι ποιούντων τὴν αἴσθησιν Ἀλκμαίων μὲν πρῶτον 25
ἀφορίζει τὴν πρὸς τὰ ζῶια διαφοράν. [Ἄνθρωπον γάρ φησι τῶν ἄλλων διαφέρειν ὅτι μόνον ξυνίησι, τὰ δ' ἄλλα αἰσθάνεται μέν, οὐ ξυνίησι δέ **(Fp3)**], ὡς ἕτερον ὂν τὸ φρονεῖν καὶ αἰσθάνεσθαι, καὶ οὔ, καθάπερ Ἐμπεδοκλῆς, ταὐτόν· ἔπειτα περὶ ἑκάστης λέγει. Ἀκούειν μὲν οὖν φησι τοῖς ὠσίν, διότι κενὸν ἐν αὐτοῖς ἐνυπάρχει· τοῦτο γὰρ ἠχεῖν (φθέγγεσθαι δὲ τῶι κοίλωι), τὸν ἀέρα δ' ἀντηχεῖν. Ὀσφραίνεσθαι δὲ ῥισὶν ἅμα τῶι ἀναπνεῖν ἀνάγοντα τὸ πνεῦμα πρὸς τὸν ἐγκέφαλον. Γλώττηι δὲ τοὺς χυμοὺς κρίνειν· χλιαρὰν γὰρ οὖσαν καὶ μαλακὴν τήκειν τῆι θερμότητι· δεδέχθαι δὲ καὶ διδόναι[1] διὰ τὴν μανότητα καὶ τῆς ἁπαλότητος[2].

26 Ὀφθαλμοὺς δὲ ὁρᾶν διὰ τοῦ πέριξ ὕδατος. Ὅτι δ' ἔχει πῦρ, δῆλον εἶναι· πληγέντος γὰρ ἐκλάμπειν. Ὁρᾶν δὲ τῶι στίλβοντι καὶ τῶι διαφανεῖ, ὅταν ἀντιφαίνηι, καὶ ὅσον[3] ἂν καθαρώτερον ἦι, μᾶλλον. Ἁπάσας δὲ τὰς αἰσθήσεις συνηρτῆσθαί πως πρὸς τὸν ἐγκέφαλον· διὸ καὶ πληροῦσθαι[4] κινουμένου καὶ μεταλλάττοντος τὴν χώραν· ἐπιλαμβάνειν γὰρ τοὺς πόρους, δι' ὧν αἱ αἰσθήσεις. Περὶ δὲ ἁφῆς οὐκ εἴρηκεν οὔτε πῶς οὔτε τίνι γίνεται. Ἀλλ'[5] Ἀλκμαίων μὲν οὖν ἐπὶ τοσοῦτον ἀφώρικεν.

1. δεδέχθαι et διδόναι codd. : δέχεσθαι et διαδιδόναι corr. Schneider, D.-K., L.-M. || 2. τῆς ἁπαλότητος codd. : ἁπαλότητα corr. Wimmer || 3. ὅσον codd., D.-K. : ὅσωι corr. Schneider, L.-M. || 4. πληροῦσθαι codd. : πηροῦσθαι corr. Koraïs || 5. Ἀλλ' : del. DK. Pour la valeur pragmatique « progressive » que la particule ἀλλά est susceptible d'exprimer, voir Denniston 1954, II (9), p. 21-22 et Basset 1997, § 4. 2.1, p. 84-85 (= 2004, p. 324-325).

25 Parmi ceux qui n'attribuent pas la sensation au semblable, Alcméon identifie en premier lieu une ligne de partage entre les animaux. [Il dit en effet que l'homme diffère des autres animaux en ce qu'il établit des liens entre les choses de façon unique, alors que les autres se contentent de percevoir, sans établir de |connexions (**Fp3**)], considérant en cela la pensée et la sensation distinctes l'une de l'autre et non pas, comme Empédocle, une seule et même chose. Puis il rend compte de chacune des sensations. Nous entendons, dit-il, par les oreilles grâce au vide qui se trouve exister en elles, cela faisant en effet résonance (comme le bruit se fait d'ailleurs entendre par un creux), et l'air, contre-résonance. |Nous sentons par les narines au moment de l'inspiration, quand le souffle remonte vers le cerveau. Par la langue nous discernons les saveurs : étant tiède et souple, leur chaleur en effet la ramollit ; elle est naturellement en état de les recevoir et les transmets par le biais de son inconsistance et grâce à sa plasticité[1].

1. Il n'est pas facile de rendre, en français, la nuance exprimée ici par les deux compléments de moyens que distinguent les manuscrits, l'un prépositionnel διὰ τὴν μανότητα, l'autre au génitif seul, à valeur ablative, τῆς ἁπαλότητος. Suivant une structure binaire, tout se passe comme si le premier avait à voir avec le premier infinitif δεδέχθαι – la notion de « séparation » et de « traversée » de la préposition διά (*DELG*, s. v. διά, p. 264) reprenant à sa façon la valeur aspectuelle essive et résultative du parfait ; le second, avec l'infinitif imperfectif διδόναι – le cas du génitif venant souligner l'origine de son procès verbal. Pour le génitif ablatif, qui, en attique, se suffit à lui-même pour exprimer le point de départ d'une action, si la notion exprimée n'est pas prise dans un sens uniquement spatial et strictement concret, voir Humbert 1960, § 462, p. 278.

Les yeux voient à travers l'eau qui les entoure ; mais, qu'ils contiennent 26
du feu, est évident : l'œil est-il frappé qu'en effet il étincelle. C'est par sa brillance et sa limpidité que nous voyons chaque fois qu'il réfléchit la lumière, et plus il est pur, mieux nous voyons. Tous les sens sont en quelque sorte suspendus au cerveau. C'est aussi pourquoi les mouvements et les changements de lieu ont un effet saturant : cela comprime les pores, par lesquels se produisent les sensations. Quant au toucher, il n'a dit ni comment ni par quel biais il se produit. Voilà donc jusqu'à quel point ont abouti les déterminations d'Alcméon.

T6 (24 A 6 D.-K. ; 23 D 12b L.-M.)
Aëtiana IV.16.2 (Ps.-Plutarque, cf. Stobée [Diels 1879, p. 406])

Ἀλκμαίων· ἀκούειν ἡμᾶς τῶι κενῶι τῶι ἐντὸς τοῦ ὠτός· τοῦτο γὰρ εἶναι τὸ διηχοῦν κατὰ τὴν τοῦ πνεύματος εἰσβολήν[1]· πάντα γὰρ τὰ κοῖλα[2] ἠχεῖ.

1. εἰσβολήν Stob., D.-K. : ἐμβολήν Plut., L.-M. || 2. κοῖλα Stob., D.-K. : κενὰ Plut., L.-M.

Alcméon : nous entendons grâce au vide qui est à l'intérieur de l'oreille, car c'est cela qui fait résonnance en fonction du souffle d'air qui vient le frapper. Toute chose creuse, en effet, résonne.

T7 (24 A 7 D.-K. ; 23 D 14, R 2 L.-M.)
Aristote, *Historia Animalium* A 11. 492a 13

Κεφαλῆς μόριον, δι' οὗ ἀκούει, ἄπνουν, τὸ οὖς· Ἀλκμαίων γὰρ οὐκ ἀληθῆ λέγει, φάμενος ἀναπνεῖν τὰς αἶγας κατὰ τὰ ὦτα.

L'oreille est la partie de la tête par laquelle on entend, et non par laquelle passe le souffle : Alcméon ne dit pas vrai lorsqu'il affirme que les chèvres inspirent par les oreilles.

T8 (24 A 8 D.-K. ; 23 D 13, D 19b et 13b L.-M.)
Aëtiana IV.17.1 (Diels 1879, p. 407)

Ἀλκμαίων· ἐν τῶι ἐγκεφάλωι εἶναι τὸ ἡγεμονικόν· τούτωι οὖν ὀσφραίνεσθαι ἕλκοντι διὰ τῶν ἀναπνοῶν τὰς ὀσμάς.

Alcméon : le principe directeur se trouve dans le cerveau ; c'est donc lui qui nous donne l'odorat, en attirant à lui les odeurs par le biais des inspirations.

T9 (24 A 9 D.-K. ; 23 D 15b L.-M.)
Aëtiana IV.18.1 (Diels 1879, p. 407)

Ἀλκμαίων· τῶι ὑγρῶι καὶ τῶι χλιαρῶι τῶι ἐν τῆι γλώττηι πρὸς τῆι μαλακότητι διακρίνεσθαι τοὺς χυμούς.

Alcméon : c'est par l'humidité et la tiédeur inhérentes à la langue, en plus de sa souplesse, que l'on distingue les saveurs.

T10a (24 A 10, 1-2 D.-K. ; 23 D 17 L.-M.)
Aëtiana IV.13.12 (Diels 1879, p. 404)

Ἀλκμαίων· κατὰ τὴν τοῦ διαφανοῦς ἀντίληψιν (τὴν ὅρασιν γίνεσθαι).

Alcméon : (la vue se produit) selon la propension à réfléchir la transparence.

T10b (24 A 10, 2-18 D.-K. ; 23 R 6 L.-M.)
C(h)alcidius, *In Timaeo* (C. 246, Bakhouche 2011, vol. 1, p. 474-477 + vol. 2, p. 819 ; § 246, Magee 2016, p. 508-511 [279, Wrobel 1876])

Demonstranda igitur oculi natura est, de qua cum plerique alii tum Alcmaeo Crotoniensis in physicis exercitatus quique primus exsectionem adgredi est ausus, et Callisthenes, Aristotelis auditor, et Herophilus multa et praeclara in lucem protulerunt : duas esse angustas semitas, quae a cerebri sede, in qua est sita potestas animae summa ac principalis, ad oculorum cavernas meent naturalem spiritum continentes. Quae cum ex uno initio eademque radice progressae aliquantisper coniunctae sint in frontis intimis, separatae bivii specie perveniunt ad oculorum concavas sedes, qua superciliorum obliqui tramites porriguntur, sinuataeque illic tunicarum gremio naturalem umorem recipiente globos complent munitos tegmine palpebrarum, ex quo appellantur orbes. Porro quod ex una sede progrediantur luciferae semitae, docet quidem sectio principaliter ; nihilo minus tamen intelligitur ex eo quoque, quod uterque oculus moveatur una nec alter sine altero moveri queat. Oculi porro ipsius continentiam in quattuor membranis seu tunicis notaverunt disparili soliditate. Quarum differentiam proprietatemque si quis persequi velit, maiorem proposita materia suscipiet laborem.

Cf. Hippocrate, *De locis in homine (Des lieux dans l'homme)* II, 2 (VI 278 Littré)

La nature de l'œil demande donc à être expliquée ; à son sujet, entre autres très nombreux penseurs, Alcméon de Crotone – expert dans le domaine de la nature et le premier à avoir osé pratiquer la dissection – ainsi que Callisthène, disciple d'Aristote, et Hérophile firent la lumière sur de nombreux points importants : il existe deux conduits étroits qui, partant du cerveau où se trouve la puissance souveraine et directrice de l'âme, cheminent jusqu'aux cavités oculaires en transportant le souffle naturel. Tandis qu'en partant d'un point de départ et d'une source uniques, ces derniers se confondent sur une certaine distance dans la partie la plus profonde du front, ils se séparent alors en deux branches pour rejoindre les orbites oculaires, selon un tracé oblique qui est celui des sourcils. C'est là, au terme de leurs détours, qu'ils aboutissent à des globes qui, sous la protection des paupières, contiennent l'humeur vitale au sein de minces tissus, d'où le nom d'*orbes* qu'on leur donne. Que l'origine de ces canaux conducteurs de lumière est unique, c'est, certes, principalement la dissection qui nous le montre ; cela s'explique aussi, cependant, rien moins que par le fait que les deux yeux remuent ensemble et que l'un ne saurait remuer sans que l'autre remue aussi. On a de surcroît constaté que l'œil lui-même est constitué de quatre membranes, ou tissus, de consistance différente. Qui voudrait connaître les propriétés qui les différencient les unes des autres, s'engagerait dans une entreprise bien trop grande pour le sujet considéré[1].

T10c (24 A 10, 18-21 D.-K.)
Hippocrate, *De carnibus (Des chairs)* XVII, 1 (VIII 606 Littré)

Πολλὰ δὲ ταῦτ' ἐστὶ τὰ δέρματα πρὸ τοῦ ὁρέοντος διαφανέα ὁκοῖόν περ αὐτό ἐστιν· τούτωι γὰρ τῶι διαφανεῖ ἀνταυγεῖ τὸ φῶς καὶ τὰ λαμπρὰ πάντα· τούτωι οὖν ὁρῆι τῶι ἀνταυγέοντι.

Nombreuses sont les membranes qui, positionnées devant la zone de vision, sont transparentes de la même manière que cette dernière ; c'est en effet dans cet endroit de transparence que se réfléchissent la lumière et toutes choses brillantes. C'est donc par cette zone réfléchissante que l'on est capable de voir.

T10d (24 A 10, 22-24 D.-K.)
Aristote, *De Generatione Animalium* B 6. 744a 8

Ἀλλ' ἀπὸ τῆς περὶ τὸν ἐγκέφαλον ὑγρότητος ἀποκρίνεται τὸ καθαρώτατον διὰ τῶν πόρων, οἳ φαίνονται φέροντες ἀπ' αὐτῶν πρὸς τὴν μήνιγγα τὴν περὶ τὸν ἐγκέφαλον.

Mais, de l'humidité qui est dans le cerveau, le plus pur est extrait et passe au travers de canaux qui s'avèrent cheminer depuis les yeux jusqu'à la méninge qui entoure le cerveau.

T11a (24 A 11, 1-8 D.-K.)
Platon, *Phédon* 96 a 5-b 8

1. La note plaisante que J. Magee fait, dans ce passage, au sujet de la dissection, mérite d'être citée : « The discussion of medical dissection seems an almost humorous pendant to the image of Plato's successors carving his philosophy up into pieces » (Magee 2016, p. 751).

Ἄκουε τοίνυν ὡς ἐροῦντος. Ἐγὼ γάρ, ἔφη, ὦ Κέβης, νέος ὢν θαυμαστῶς ὡς ἐπεθύμησα ταύτης τῆς σοφίας ἣν δὴ καλοῦσι περὶ φύσεως ἱστορίαν. (...) Καὶ πολλάκις ἐμαυτὸν ἄνω κάτω μετέβαλλον, σκοπῶν πρῶτον τὰ τοιάδε· ἆρ' ἐπειδὰν τὸ θερμὸν καὶ τὸ ψυχρὸν σηπεδόνα τινὰ λάβηι ὥς τινες ἔλεγον, τότε δὴ τὰ ζῶια συντρέφεται; καὶ πότερον τὸ αἷμά ἐστιν ὧι φρονοῦμεν ἢ ὁ ἀὴρ ἢ τὸ πῦρ; ἢ τούτων μὲν οὐδέν, ὁ δ' ἐγκέφαλός ἐστιν ὁ τὰς αἰσθήσεις παρέχων τοῦ ἀκούειν καὶ ὁρᾶν καὶ ὀσφραίνεσθαι, ἐκ τούτων δὲ γίγνοιτο μνήμη καὶ δόξα, ἐκ δὲ μνήμης καὶ δόξης λαβούσης τὸ ἠρεμεῖν, κατὰ ταῦτα γίγνεσθαι ἐπιστήμην;

Écoute-moi donc te raconter ! Car, pour ma part, Cébès – poursuivit Socrate – lorsque que j'étais jeune, ce fut merveille avec quelle passion je me consacrai à cette pratique savante qu'on appelle « enquête sur la nature ». (…) Et bien souvent je me retrouvais sens dessus dessous lorsque d'abord j'examinais ces choses : est-ce, par association du chaud et du froid, sous l'effet de quelque putréfaction que, comme certains l'ont énoncé, se constituent les animaux ? ou encore, est-ce par le sang que nous vient la pensée, ou bien par l'air ou par le feu ? ou n'est-ce rien de tout cela, mais plutôt le cerveau qui, en donnant lieu aux sensations de l'ouïe, de la vue et de l'odorat, ferait à partir d'elles advenir la mémoire et l'opinion, puis à partir de la mémoire et de l'opinion préalablement passée par la stabilité, par un tel processus, ferait advenir la connaissance ?

T11b (24 A 11, 9-11 D.-K. ; 29 T 23 L.-M.)
Hippocrate, *De Morbo Sacro (La maladie sacrée)* 14, 19-20 (17, 24-25 Jones) et 17, 1 (20, 1 Jones)

Ὁκόσον δ' ἂν ἀτρεμήσηι ὁ ἐγκέφαλος χρόνον, τοσοῦτον καὶ φρονεῖ 14
ἄνθρωπος.
Διό φημι τὸν ἐγκέφαλον εἶναι τὸν ἑρμηνεύοντα τὴν ξύνεσιν. 17

Mais chaque fois que le cerveau reste sans subir de mouvement, 14
l'homme dispose de toutes ses facultés.
Voilà pourquoi j'affirme que le cerveau est l'interprète de la conscience. 17

T12a (24 A 12, 1-5 D.-K. ; 23 D 9 L.-M.)
Aristote, *De Anima* A 2. 405a 29

Παραπλησίως δὲ τούτοις καὶ Ἀλκμαίων ἔοικεν ὑπολαβεῖν περὶ ψυχῆς· φησὶ γὰρ αὐτὴν ἀθάνατον εἶναι διὰ τὸ ἐοικέναι τοῖς ἀθανάτοις· τοῦτο δ' ὑπάρχειν αὐτῆι ὡς ἀεὶ κινουμένηι· κινεῖσθαι γὰρ καὶ τὰ θεῖα πάντα συνεχῶς ἀεί, σελήνην, ἥλιον, τοὺς ἀστέρας καὶ τὸν οὐρανὸν ὅλον.

Sur la question de l'âme, il semble qu'Alcméon ait accueilli à peu près les mêmes idées que ceux-ci (*i. e.* ceux qui font état de la mobilité naturelle de l'âme). Il dit en effet qu'elle est immortelle de par sa ressemblance aux immortels et que cela tient au mouvement perpétuel qui l'anime. Car tout ce qui est divin se meut, de même, continûment, la lune, le soleil, les astres et le ciel tout entier.

T12b (24 A 12, 5-7 D.-K. ; 23 R 5 L.-M.)
Cicéron, *De Natura Deorum* I, 11, 27

Crotoniates autem Alcmaeo, qui soli et lunae reliquisque sideribus omnibus animoque praeterea divinitatem dedit, non sensit sese mortalibus rebus immortalitatem dare.

Alcméon de Crotone, qui attribua la divinité au soleil, à la lune et à tous les autres astres, ainsi qu'à l'âme de surcroît, ne s'est pas rendu compte que c'est à choses mortelles qu'il attribuait l'immortalité.

T12c (24 A 12, 8 D.-K. ; 23 R 4 L.-M.)
Clément d'Alexandrie, *Protrepticus* 66

Ὁ γάρ τοι Κροτωνιάτης Ἀλκμαίων θεοὺς ᾤετο τοὺς ἀστέρας εἶναι ἐμψύχους ὄντας.

Alcméon de Crotone, en vérité, considérait que les astres étaient des entités divines animées du souffle de la vie.

T12d (24 A 12, 9-10 D.-K. ; 23 R 3 L.-M.)
Aëtiana IV.2.2 (Diels 1879, p. 386)

(περὶ ψυχῆς)
Ἀλκμαίων· φύσιν αὐτοκίνητον κατ' ἀίδιον κίνησιν καὶ διὰ τοῦτο ἀθάνατον αὐτὴν καὶ προσεμφερῆ τοῖς θείοις ὑπολαμβάνει.

Alcméon : l'âme est de nature à se mouvoir d'elle-même d'un mouvement éternel et c'est pour cela qu'il la juge immortelle et la met en rapport direct avec les choses divines.

T13a (24 A 13, 1 D.-K. ; 23 D 21 L.-M.)
Aëtiana V.3.3 (Diels 1879, p. 417)

Ἀλκμαίων· ἐγκεφάλου μέρος (sc. εἶναι τὸ σπέρμα).

Alcméon : (la semence est) une partie du cerveau.

T13b (24 A 13, 2-11 D.-K. ; 19 D 44, 23 D 22-23, D 26 L.-M.)
Censorinus, *De die natali (Du jour natal)* 5, 2-4.

Sed hanc opinionem (sc. e medullis semen profluere) nonnulli refellunt, ut Anaxagoras [59 A 107], Democritus [68 A 141] et Alcmaeon Crotoniates : hi enim post gregum contentionem non medullis modo, verum et adipe multaque carne mares exhauriri respondent. Illud quoque ambiguam facit inter auctores opinionem, utrumne ex patris tantummodo semine partus nascatur, ut Diogenes [64 A 27] et Hippon [38 A 13] Stoicique scripserunt, an etiam ex matris, quod Anaxagorae et Alcmaeoni nec non Parmenidi [28 A 54] Empedoclique et Epicuro visum est. De conformatione autem partus nihilo minus definite se scire Alcmaeon confessus est, ratus neminem posse perspicere quid primum in infante formetur.

Mais cette opinion (à savoir, que la semence provient de la moelle), certains la réfutent, comme Anaxagore, Démocrite et Alcméon de Crotone : ils font en effet observer qu'après l'effort soutenu du bétail (pendant le coït), ce n'est pas seulement de leur moelle que les mâles sont vidés, mais aussi de leur graisse et de beaucoup de leur chair. Autre question, de même, qui suscite une opinion controversée parmi les spécialistes, est de savoir si l'enfant naît seulement de la semence du père, comme l'ont écrit Diogène, Hippon et les Stoïciens, ou également de celle de la mère, comme en furent d'avis Anaxagore et Alcméon, tout autant que Parménide, Empédocle et Épicure. Quant à la formation de l'embryon, Alcméon a admis ne rien savoir qui soit précis, convaincu qu'il était que personne ne pouvait observer clairement ce qui se formait en premier chez l'enfant.

T13c (24 A 13, 12 D.-K. ; 23 D 27 L.-M.)
Aëtiana V.17.3 (Diels 1879, p. 427)

Ἀλκμαίων· τὴν κεφαλήν, ἐν ἧι ἐστι τὸ ἡγεμονικόν (sc. πρῶτον τελεσιουργεῖσθαι ἐν τῆι γαστρί).

Alcméon : la tête, dans laquelle se trouve le principe directeur (est la première à arriver au terme de sa formation dans le ventre).

T14 (24A 14 D.-K. ; 23 D 25 L.-M.)
Censorinus, *De die natali (Du jour natal)* 6, 4

Nam ex quo parente seminis amplius fuit, eius sexum repraesentari dixit Alcmaeon.

Alcméon a dit que c'est à partir de celui des deux parents dont la semence est la plus abondante que le sexe de l'enfant advenait.

T15 (24 A 15 D.-K. ; 23 D 20 L.-M.)
Aristote, *Historia Animalium*, H 1. 581a 12

Φέρειν δὲ σπέρμα πρῶτον ἄρχεται τὸ ἄρρεν ὡς ἐπὶ τὸ πολὺ ἐν τοῖς ἔτεσι τοῖς δὶς ἑπτὰ τετελεσμένοις· ἅμα δὲ καὶ τρίχωσις τῆς ἥβης ἄρχεται, καθάπερ καὶ τὰ φυτὰ μέλλοντα σπέρμα φέρειν ἀνθεῖν πρῶτον Ἀλκμαίων φησὶν ὁ Κροτωνιάτης.

Cf. Solon, fr. 27, 3-4 West :

τοὺς δ' ἑτέρους ὅτε δὴ τελέσηι θεὸς ἕπτ' ἐνιαυτούς,
ἥβης δὲ φάνει σήματα γεινομένης.

Le mâle commence en général à produire de la semence vers l'âge de deux fois sept ans accomplis. C'est aussi à ce moment que commence à pousser le duvet de la puberté, exactement comme les plantes sur le point de produire leurs graines se mettent d'abord à fleurir, comme le dit Alcméon de Crotone.

Cf. Solon :
Quand le dieu a mené à son terme sept autres années
Les signes de la puberté naissante il montre au grand jour

T16 (24 A 16 D.-K. ; 23 D 29 L.-M.)
Aristote, *De Generatione Animalium* Γ 2. 752b 22

Τοῖς μὲν γὰρ ζωιοτοκουμένοις ἐν ἄλλωι μορίωι γίνεται ἡ τροφή, τὸ καλούμενον γάλα, ἐν τοῖς μαστοῖς· τοῖς δ' ὄρνισι τοῦτο ποιεῖ ἡ φύσις ἐν τοῖς ὠιοῖς, τοὐναντίον μέντοι ἢ οἵ τε ἄνθρωποι οἴονται καὶ Ἀλκμαίων φησὶν ὁ Κροτωνιάτης· οὐ γὰρ τὸ λευκόν ἐστι γάλα, ἀλλὰ τὸ ὠχρόν. Τοῦτο γάρ ἐστιν ἡ τροφὴ τοῖς νεοττοῖς· οἱ δ' οἴονται τὸ λευκὸν διὰ τὴν [5]ὁμοιότητα τοῦ χρώματος.

Pour les petits des vivipares, c'est dans une autre partie du corps que la nourriture se développe, que l'on appelle le lait et qui se trouve dans les mamelles de la mère ; chez les oiseaux, la nature le fait se former dans les œufs, mais de façon toute différente de ce que la plupart croit et de ce que dit Alcméon de Crotone, car ce n'est pas le blanc qui est le lait, mais le jaune. C'est lui qui constitue la nourriture des oisillons, et ce n'est qu'à cause de la ressemblance de couleur que l'on croit que c'est le blanc.

T17a (24 A 17, 1-2 D.-K. ; 23 D 28 L.-M.)
Aëtiana V.16.3 (Diels 1879, p. 426)

Ἀλκμαίων· δι' ὅλου τοῦ σώματος τρέφεσθαι (τὰ ἔμβρυα)· ἀναλαμβάνειν γὰρ αὐτῶι ὥσπερ σπογγιᾶι τὰ ἀπὸ τῆς τροφῆς θρεπτικά.

Alcméon : (les embryons) se nourrissent par l'entremise du corps dans son ensemble. C'est par lui, comme au moyen d'une éponge, qu'ils absorbent les éléments de la nourriture qui sont propres à leur développement.

T17b (24 A 17, 3-5 D.-K.)
Oribase (à partir de Rufus), *Collectiones Medicae, Libri incerti* 38 [Περὶ κομιδῆς παιδίου], 9, 3-6 (Raeder 1933) = *Corpus Medicorum Graecorum* VI, 2. 2, 136

Ἔνεστι περίττωμα τοῖς τηλικούτοις ἐν τῶι ἐντέρωι ὃ χρὴ ἐξάγειν, οὐχ ὥσπερ Ἀλκμαίων οἴεται ὅτι ἐν ταῖς μήτραις ὂν τὸ παιδίον ἤσθιεν στόματι· τοῦτο γὰρ οὐδένα τρόπον δυνατόν.

Le résidu excrémentiel, pour les individus de cet âge, se situe dans la partie intestinale – dont il doit être évacué ; non, comme le croit Alcméon, qu'étant dans la matrice, l'enfant l'ingère par la bouche, car cela n'est en aucune manière possible.

T18 (24 A 18 D.-K. ; 23 D 32 L.-M.)
Aëtiana V.24.1 (Diels 1879, p. 435)

Ἀλκμαίων ἀναχωρήσει τοῦ αἵματος εἰς τὰς ὁμόρους[1] φλέβας ὕπνον γίνεσθαί φησι, τὴν δὲ ἐξέγερσιν διάχυσιν, τὴν δὲ παντελῆ ἀναχώρησιν θάνατον.

1. ὁμόρους codd. : αἱμόρρους corr. Reiske, D.-K., L.-M.

Alcméon dit que c'est suite à un reflux du sang vers les veines limitrophes que survient le sommeil, tandis que son afflux correspond au réveil et son retrait total à la mort.

T19 (23 D 33 L.-M.)
Nicolas de Damas, *De plantis* I, 44 (Drossaart Lulofs, Poortman 1989, p. 141)

(...) ق ال رجل ي قال ل ه ال قماون ان الارض أم ال ن بات و ال شمس اب وه.

Un homme du nom d'Alcméon dit que la terre est la mère des végétaux et que le soleil est leur père[1].

1. Je tiens à remercier ici Assia Ajroudi à qui je dois cette traduction. Elle ne diffère pas de beaucoup de celle que proposent, quant à eux, Laks, Most (2016, p. 835 et n. 1), d'après la version anglaise de Drossaart Lulofs, Poortman (1989) : « [...] un homme appelé Alcméon dit que la terre est la mère des plantes et le soleil leur père ».

GLOSSAIRE INDEXÉ DE MÉTRIQUE ET DE PROSODIE

Abrègement en hiatus (*correptio epica*) : abrègement d'une voyelle longue immédiatement placée devant une autre voyelle (27, 39).

Adonéen (– ⏑⏑ – – *ou* – ⏑⏑ – x) : séquence (ou *kôlon*) asymétrique de tradition « éolienne », aussi considérée par certains spécialistes comme prototypique de l'hexamètre dactylique (79).

Anaclase, Anaclastique : phénomène de redistribution des positions longues et brèves à l'intérieur d'une séquence rythmique (29, 79).

Anapeste (⏑⏑ –) : unité métrique *isochronique* correspondant à la succession de deux syllabes brèves (ou, selon West 1982, p. 18-19, *biceps* contractible en une longue) et d'une syllabe longue (24).

Biceps (⏑⏑) : succession de deux syllabes brèves contractibles en une longue, correspondant au temps « faible » (*arbsis* ou *position mutabilior*) de l'anapeste et du dactyle (23, 39).

Catalexe : phénomène de troncation d'un *kôlon* (81).

Choriambe (– ⏑⏑ –) : unité métrique correspondant à la succession d'une syllabe longue, de deux brèves et d'une longue.

Césure : lieu de jointure ou « coupe », qui reste difficile à interpréter, entre deux séquences métriques (ou *kôla*) (79).

Contraction (– → ⏑⏑) : réalisation d'un élément long en deux éléments brefs.

Crétique (– ⏑ –) : unité métrique correspondant à la succession d'une syllabe longue, de d'une brève et d'une longue. Les séquences crétiques pourrait être d'origine crétoise, mais leur usage dut être divers. Alcman en a composées des formes catalectiques à six unités régulières. Les rythmes créto-péoniques, à multiples résolutions possibles des syllabes longues, en sont, quant à eux, une sorte de variation libre et complexe (28, 79).

Créto-péonique : *voir* péon-crétique (28, 79).

Cyclico-choriambique : rythme dactylo-anapestique, propre à l'ancienne élégie parénétique, où les structures choriambiques relativement fréquentes (à commencer par celles des *elegeia*) entretenaient, comme autant de « base tonale », une hésitation rythmique latente susceptible d'infléchir la cadence majoritairement dactylique de l'épode élégiaque vers un flot anapestique. Alors que sa réalisation, chez Tyrtée, se fait généralement en quatre temps (« rythme quaternaire »), chez Kallinos, au contraire, il donne lieu à un déploiement ternaire (*cf.* Année 2017, p. 225-234).

Cyclique (pied) : *voir logaédique* (28).

Dactyle (– ⏑⏑) : unité métrique *isochronique* correspondant à la succession d'une syllabe longue et de deux syllabes brèves (ou *biceps* contractible en une longue).

Diérèse (*métrique*) : césure invariable située entre deux syllabes longues fixes (39, 79, 81).

Diérèse (*prosodique*): διαίρεσις, résolution d'une diphtongue en deux syllabes distinctes (62, 79).

Dimètre anapestique (⏑⏑ – ⏑⏑ –| ⏑⏑ – ⏑⏑ –||) : double dipodie anapestique correspondant au cycle parfait de deux pas (23, 26-28, 31, 39).

Dimètre choriambique anaclastique : type de *kôlon* « éolien » de sept à huit syllabes se finissant par un choriambe (29).

Dimètre iambique (x – ⏑ – x – ⏑ –) : séquence (ou *kôlon*) analysable en quatre unités iambiques, de tradition plutôt « éolienne » (29).

Dimètre trochaïque (– ⏑ – x – ⏑ – x) : séquence analysable en quatre unités trochaïques.

Dipodie anapestique (⏑⏑ – ⏑ –) : διποδία, séquence de deux unités anapestiques correspondant à l'accomplissement d'un pas complet.

Dipodie tochaïque (– ⏑ – ⏑) : séquence mélique libre constituée de deux unités trochaïques.

Distique élégiaque : *voir* épode élégiaque (23).

Dodrans (– ⏑⏑ – ⏑ –) : séquence (ou *kôlon*) asymétrique de tradition « éolienne ».

Dodrans inversé (o o – ⏑⏑ –) : séquence (ou *kôlon*) asymétrique de tradition « éolienne », où au moins l'une des deux premières syllabes doit être longue.

« **Dove-tailing** » : phénomène de recouvrement ou de continuité lexicale entre deux *kôla*, qui tend à en rendre la jointure rythmique imperceptible ou plus fondue (79).

Elegeion, elegeia (– ⏑⏑ – ⏑⏑ – | – ⏑⏑ – ⏑⏑ –) : séquence (ou vers) symétrique, traditionnellement appelée à tort « pentamètre », qui fait suite à l'hexamètre dans ce qui constitue l'unité métrique élégiaque (ou épode élégiaque). Il est formé de deux *hemiepes* soudés par une diérèse. Dans le second, les brèves ne sont généralement pas contractibles (*cf.* Année 2017, p. 180-186) (25).

Enoplion (x – ⏑⏑ – ⏑⏑ – x *ou* ⏑⏑ – ⏑⏑ – ⏑⏑ – x) : séquence (ou *kôlon*) considérée comme prototypique de l'hexamètre dactylique (29, 39).

Épode, épodique : composition dont l'unité métrique est assimilable à un vers très long mais est constituée, contrairement à l'hexamètre, de plus de deux segments (ou *kôla*)[1] (28, 163).

Épode élégiaque (ou **unité épodique élégiaque**) : unité rythmique, assimilable à une strophe minimale, constituée d'un hexamètre dactylique et d'un *elegeion* (*cf.* Année 2017, p. 180-186).

Glyconien (x x – ⏑⏑ – ⏑ –) : séquences (ou *kôla*) asymétriques de tradition « éolienne ».

Glyconique : ensemble de séquences (ou *kôla*) issues des différents réagencements possibles, notamment par processus anaclastiques, du glyconien (26, 28).

Hemiepes (– ⏑⏑ – ⏑⏑ –) : séquence (ou *kôlon*) caractéristique de l'*elegeion* et de l'hexamètre dactylique (29, 59, 62).

Hémistiche : l'une des deux parties d'un vers (correspond donc généralement à un *kôlon*) (24, 62, 80).

Hexamètre dactylique : séquence métrique, ou vers, éminemment représentatif de la tradition héroïco-narrative des épopées homériques et des poèmes hésiodiques, qui est constitué d'une succession de cinq séquences dactyliques suivies d'une sixième dissyllabique, et qui résulte de la réunion ancienne de deux *kôla* dactyliques (24, 25, 27, 51, 55, 57, 59, 62, 77, 100) .

Holoanapestique : séquence métrique entièrement réalisée en anapestes (⏑⏑ –).

Holodactylique : séquence métrique entièrement réalisée en dactyles (– ⏑⏑).

Holospondaïque : séquence métrique entièrement réalisée en spondées (– –) (27, 29).

1. Voir Steinrück 2007, p. 48 et n. 49, ainsi que, dans Année 2017, Ka. *test.* 5 A (= 15 GP *Fragmenta Sangallensia, Du pentamètre* [Keil 1874, vol. 6, p. 639, 14-18]), qui insiste bien sur la nature « épodique » du « pentamètre » kallinéen.

Hypodochmius (– ⏑ – ⏑ –) : séquence iambo-trochaïque libre appartenant à la série des vers *dochmiaques* assez largement employés dans la poésie dramatique et chez Pindare. À propos du *dochmiaque* (⏑ – – ⏑ –) et des problèmes d'interprétation que pose sa nature protéiforme, voir Andreatta 2014. A. D'Angour (2015, p. 196) rappelle qu'il est connu pour « exhibiting qualities of agitation or passion », « irregular pattern of heavy and light syllables », « tendency to admit extensive resolution and to drag syllables (so that they become heavy where they are standardly light in that position of the meter) », « cross-rhythms and offbeat stresses », et que cela lui confère une forte potentialité mnémonique (62).

Iambe (⏑ –) : unité métrique *isosyllabique* correspondant à la succession d'une syllabe brève et d'une syllabe longue (28).

Isochronique : rythme marqué par la succession d'une syllabe longue et de deux brèves généralement contractibles en une longue (type dactylique ou anapestique) (29).

Isosyllabique : rythme marqué par la succession d'une syllabe longue et d'une syllabe brève (type iambique ou trochaïque) (29).

Kat'enoplion : expression remontant au métricien Damon (ve siècle *a. C.*) et reprise par Bruno Gentili pour désigner un rythme mixte, composé d'unités paires (comme le dactyle et l'anapeste) et d'unités impaires (comme l'iambe et le trochée).

Kat'enoplion-épitrites : expression de Bruno Gentili pour désigner un ensemble mixte où, aux séquences rythmique du groupe *kat'enoplion*, se joignent des unités choriambique et crétiques et des séquences asymétriques assimilables au *lekythion* (104).

Kôlométrique : adjectif néologique utilisé comme dérivé du nom *kôlon* (29, 79, 81).

Kôlon, kôla : combinaison(s) d'unités métriques primaires héritées, pour les plus anciens, de prototypes indo-européens (28, 81).

Lekythion (– ⏑ – x – ⏑ –) : séquence (ou *kôlon*) asymétrique de tradition « éolienne » (81).

Logaédique : mouvement semi-rythmique de type glyconique supposant l'existence de pieds dactylo-anapestiques « cycliques », c'est-à-dire dont le ratio temporel impliquait une réalisation plus rapide qu'à l'ordinaire (28, 29).

Longum (–) : élément long correspondant au temps « fort », ou « frappé » (*thésis* ou *position stabilior*). (28)

Metron, Metra : unité(s) de mesure linéaire(s) du rythme composée(s) de deux pieds (44).

Pentamètre : *voir elegeion* (25, 59, 163).

Penthémimère (x – ⏑ – x) : séquence (ou *kôlon*) asymétrique de tradition « éolienne ».

Penthémimère anapestique (⏑⏑ – ⏑⏑ – x) : séquence (ou *kôlon*) considérée comme prototypique de l'hexamètre dactylique, proche du *reizianum* (28, 79, 80).

Péon-crétiques (ou séquences créto-péoniques) : unités rythmiques entrant dans la composition des péans hymniques en l'honneur d'Apollon. On en compte neuf formes qui toutes peuvent être ramenées à un crétique : *péon premier* (⏑ – ⏑ ⏑, avec résolution possible de la longue eu deux brèves : ⏑⏑ ⏑ ⏑ ⏑) ; *péon quatrième* (⏑ ⏑ ⏑ –, avec résolution possible de la longue eu deux brèves : ⏑ ⏑ ⏑ ⏑⏑) ; *crétique* (– ⏑ –, avec résolution possible des longues eu deux brèves : ⏑⏑ – ⏑ ; – ⏑ ⏑⏑ ; ⏑⏑ ⏑ ⏑⏑) ; *pentabraque* (⏑ ⏑ ⏑ ⏑).

Pied : πούς, unité de mesure linéaire du rythme remontant à Aristophane (*Grenouilles*, v. 1323) (28).

Priamel : figure poétique traditionnelle des compositions archaïques consistant en l'élaboration catalogique plus ou moins longue d'un arrière-plan destiné, par contraste, à servir de révélateur à un *climax* (55, 56).

Princeps : voir *longum*

Reizianum (x – – – *ou* x – ⏑⏑ – x) : séquence (ou *kôlon*) asymétrique de tradition « éolienne » (29, 39, 79).

Résolution (⏑⏑ → –) : réalisation de deux éléments brefs en un élément long. (39)

Rime léonine : identité phonico-syllabique entre la fin des deux hémistiches d'un vers (24, 84).

« **Rythme quaternaire** » : réalisation typiquement tyrtéenne, en quatre temps plus ou moins variables, du rythme *cyclico*-choriambique des épodes élégiaques (*cf.* Année 2017, p. 640-649).

Spondée (– –) : unité métrique correspondant à la succession de deux syllabes longues.

Synaphie (*parfois sandhi*) : phénomène de liaison entre des mots ou des unités métriques (79).

Syncopation : phénomène musical correspondant au réagencement temporel de séquences ⏑ – –, – – ⏑, – ⏑ –, – – pour les faire correspondre à des dipodies (ou mètres) iambiques ou trochaïques. Comme le note A. D'Angour (2015, p. 196), le terme signifie « literally "elided beats", but in practice a prolongation of syllables » (28).

Synizèse : « articulation occasionnelle en une seule syllabe de deux voyelle en hiatus (dont la première est le plus souvent un ε) »[1] (23, 27-29, 79).

Tétramètre trochaïque catalectique : séquence (ou vers) de tradition « ionienne » dont le schéma métrique, à l'époque archaïque, comporte des longues résolubles. On l'interprète comme la réunion de deux *kôla* assimilables à un dimètre trochaïque et à un *lekythion*[2] :

⏖ ⏑ ⏖ x ⏖ ⏑ ⏖ x | ⏖ ⏑ ⏖ x – ⏑ – || (81).

Trimètre iambique : séquence (ou vers) de tradition « ionienne » dont le schéma métrique, à l'époque archaïque, comporte des longues résolubles. On l'interprète comme la réunion de deux *kôla* assimilables à un *penthémimère* et à un *lekythion*[3] :

x ⏖ ⏑ ⏖ x | ⏖ ⏑ / ⏖ x – ⏑ – ||

Il arrive que la première unité iambique se réalise sous la forme : ⏑⏑ –.

Trimètre trochaïque : séquence rythmique analysable en trois *metra* trochaïques.

Trochée (– ⏑) : unité métrique *isosyllabique* correspondant à la succession d'une syllabe longue et d'une syllabe brève.

1. *Cf.* Lejeune 1972, § 285, p. 257.
2. *Cf.* West 1982, p. 40.
3. *Cf.* West 1982, p. 40.

TABLE DE CONCORDANCES

Année / Diels-Kranz et Laks-Most ; **Diels-Kranz** /Année et Laks-Most ; **Laks-Most** / Année et Diels-Kranz

A	DK	LM	DK	A	LM	LM	A	DK
F1	24B1	23D4	**24B1**	F1, 1-4	2 3 D 4 , D10	**P1**	T3	24A3
F2	2 4 A 1 , 2-3	23D3	**24B1a**	Fp3	(23D11)	**P2**	T1	24A1
F3	24B5	23P4	**24B2**	Fp4	23D31	**P3**	T1	24A1
Fp1	24A1, 5	-	**24B3**	Fp5	23D24	**P4**	F3	24B5
Fp2	2 4 A 1 , 7-8	23D10	**24B4**	Fp6	23D30	**D1a**	T1	24A1
Fp3	24B1a	(23D11)	**24B5**	F3	23P4	**D1b**	T2a	24A2
Fp4	24B2	23D31	**24A1**	T1, F2, Fp1, Fp2	2 3 P 2 , P3, D1a, D3, D4	**D2**	T2b	24A2
Fp5	24B3	23D24	**24A2**	T2a-c	2 3 D 1 b, D2	**D3**	F2	24A1
Fp6	24B4	23D30	**24A3**	T3a-b	1 T 6 , 2 3 P 1 , D5, R1	**D4**	F1, 1-4	2 4 A 1 , B1
T1	24A1	23P2, P3, D1a, D3, D4	**24A4**	T4	23D6-8	**D5**	T3a	24A3
			24A5	T5	1 T 1 5 , 23 D 1 1 , D 1 2 a , D 1 3 a , D 1 5 a , D 1 6 , D 1 8 , D19a	**D6**	T4a	24A4
T2a	2 4 A 2 , 1-2	23D1b	**24A6**	T6	23D12b	**D7**	T4b	24A4

T2b	24A2, 2-5	23D2	**24A7**	T7	23D14, R2	**D8**	T4c	24A4
T2c	24A2, 5-10	-	**24A8**	T8	23D13b, D19b	**D9**	T12a	24A12
T3a	24A3, 1-13	23P1, D5, R1	**24A9**	T9	23D15b	**D10**	Fp2	24B1
T3b	24A3, 14-16	1T6	**24A10**	T10a-d	23D17, R6	**D11**	T5	24A5
T4a	24A4, 1-2	23D6	**24A11**	T11a-b	29T23	**D12a**	T5	24A5
T4b	24A4, 3	23D7	**24A12**	T12a-d	23D9, R3-5	**D12b**	T6	24A6
T4c	24A4, 3-5	23D8	**24A13**	T13a-c	19D44, 23D21-23, D26-27, 25D84-85	**D13a**	T5	24A5
T5	24A5	1T15, 23D11, D12a, D13a, D15a, D16, D18, D19a	**24A14**	T14	23D25	**D13b**	T8	24A8
T6	24A6	23D12b	**24A15**	T15	23D20	**D14**	T7	24A7
T7	24A7	23D14, R2	**24A16**	T16	23D29	**D15a**	T5	24A5
T8	24A8	23D13b, D19b	**24A17**	T17a-b	23D28	**D15b**	T9	24A9
T9	24A9	23D15b	**24A18**	T18	23D32	**D16**	T5	24A5
T10a	24A10, 1-2	23D17				**D17**	T10a	24A10
T10b	24A10, 2-18	23R6				**D18**	T5	24A5
T10c	24A10, 18-21	-				**D19a**	T5	24A5
T10d	24A10, 22-24	-				**D19b**	T8	24A8
T11a	24A11, 1-8	-				**D20**	T15	24A15
T11b	24A11, 9-11	29T23				**D21**	T13a	24A13
T12a	24A12, 1-5	23D9				**D22**	T13b	24A13

T12b	24A12, 5-7	23R5				D23	T13b	24A13
T12c	24A12, 8	23R4				D24	Fp5	24B3
T12d	24A12, 9-10	23R3				D25	T14	24A14
T13a	24A13, 1	23D21				D26	T13b	24A13
T13b	24A13, 2-11	19D44, 23D22-23, D26				D27	T13c	24A13
T13c	24A13, 12	23D27				D28	T17a	24A17
T14	24A14	23D25				D29	T16	24A16
T15	24A15	23D20				D30	Fp6	24B4
T16	24A16	23D29				D31	Fp4	24B2
T17a	24A17, 1-2	23D28				D32	T18	24A18
T17b	24A17, 3-5	-				D33	T 19	-
T18	24A18	23D32				R1	T3a	24A3
T19	-	23D33				R2	T7	24A7
						R3	T12d	24A12
						R4	T12c	24A12
						R5	T12b	24A12
						R6	T10b	24A10

INDICES

Index verborum

Index nominum

Noms anciens: hommes, dieux, lieux

Auteurs modernes

Index locorum

Index rerum

TABLE DES MATIÈRES

Magali Année

POUR UNE RÉINTERPRÉTATION RYTHMIQUE DES FRAGMENTS D'ALCMÉON

Alcméon de Crotone

FRAGMENTS